本著作属于 2016 年度国家社会科学基金项目《中国"调审合一"体系下法庭话语的博弈机制研究（项目编号：16BYY068）》和 2020 年度天津市哲学社会科学规划项目《基于平行语料库的法律术语翻译研究（项目编号：TJYYQN20-002）》阶段性成果。

法律交往
语用学研究

郑东升◎著

FALÜ JIAOWANG

YUYONGXUE YANJIU

中国政法大学出版社

2022·北京

图书在版编目（ＣＩＰ）数据

法律交往语用学研究/郑东升著. —北京:中国政法大学出版社,2022.2
ISBN 978-7-5764-0382-4

Ⅰ.①法… Ⅱ.①郑… Ⅲ.①法律语言学－语用学－研究 Ⅳ.①D90-055

中国版本图书馆 CIP 数据核字(2022)第 037598 号

出 版 者	中国政法大学出版社
地　　址	北京市海淀区西土城路 25 号
邮寄地址	北京 100088 信箱 8034 分箱　邮编 100088
网　　址	http://www.cuplpress.com (网络实名: 中国政法大学出版社)
电　　话	010-58908586(编辑部) 58908334(邮购部)
编辑邮箱	zhengfadch@126.com
承　　印	北京中科印刷有限公司
开　　本	880mm×1230mm　1/32
印　　张	8.125
字　　数	220 千字
版　　次	2022 年 2 月第 1 版
印　　次	2022 年 2 月第 1 次印刷
定　　价	49.00 元

目　录

法律交往语用学理论框架

语言是什么？似乎从有了人类之后，对此概念的争论就开始了。有人认为"太初有道"，"道"就是语言；有人认为语言就是"逻各斯"[1]，是人类思维的最初表现形式，可见人类有了思维的同时就存在语言了；经典马克思主义者认为，语言是思想的直接现实，是一种思维表征，是意识形态的表现形式[2]。总之，对于语言是什么，有诸多不同观点。

我们不可否认的是，当代世界的交流交往，已经使得我们共同生活在一个"地球村"里，无人能够隔绝于世。相互之间的沟通交往，不可避免地成为语言现身的最佳场景。无论是面对面的直接交流交往，还是通过技术手段实现的间接交流交往，都是交流交往的不同实现形式，都是以语言为媒介的交流交往。简而言之，在人类活动的整个过程中，语言成为不可或缺的材料或者媒介。在法律领域，语言同样是我们交往的媒介，成功的法律交往背后必然有合法的语言哲学理论。

作为社会学家和哲学家，哈贝马斯指出了语言在人类社会交往过程中的重要作用，并将语言看成人类的沟通媒介。人类

---

[1] 王健平：《语言哲学》，中共中央党校出版社 2003 年版，第 4 页。

[2] 《马克思恩格斯全集》（第 3 卷），人民出版社 2002 年版，第 34、525 页。

交往成功与否，都需要语言介入。如同哈贝马斯所说："您只能在个人行动中把握社会，社会就表现在这些行动中，要在交往行动的网络中把握社会。反过来说，凡构成社会的一切，均落实在语言中。"[1]哈贝马斯充分认识到，社会学意义上的语言交往，是人类成功交往、达成共识的重要媒介。在认识交往的过程中，不可避免地需要认识语言及其意义，这就成了本书开篇的必要性所在。语言、意义、行为、共识等概念，都在法律交往语用哲学的视野内经常出现。法律作为一种职业，也常常被看作是一种通过语言实现的职业。本书试图从哈贝马斯的法律社会学和法治国理论出发，提炼出其具有重要价值的法律交往语言哲学理论，使其成为法律交往语用学的重要组成部分。

第一节　语言学转向下的法律交往

哈贝马斯在《后形而上学思想》的开篇部分，提出了一个问题："20 世纪哲学究竟在何种程度上堪称现代哲学？"[2]他认为，20 世纪哲学共有四种思潮，即分析哲学、现象学、西方马克思主义与结构主义，它们之间虽然各具特色，但还是思想大河中的一条条溪流而已。

20 世纪哲学所具备的典型特征是，它从传统意义的语义学那里获得了灵感，使得出现了意识哲学向语言哲学的范式转换，这可以看作是哲学研究的一次创新，因为它把哲学放在了一个更加可靠的研究方法基础之上，我们称其为"哲学的语言学转

---

〔1〕［德］德特勒夫·霍斯特：《哈贝马斯》，鲁路译，中国人民大学出版社2010 年版，第 37 页。

〔2〕［德］于尔根·哈贝马斯：《后形而上学思想》，曹卫东、付德根译，译林出版社 2001 年版，第 3 页。

向"。"语言学转向带来的是两种不同的做法：一个是后现代对现代性的规范自我理解的'克服'，另一个则是从主体间性的角度对发生歧义的古典现代性概念加以转化。"[1]语言在之前的哲学中仅仅被作为一种工具看待，并没有实现其应有的尊严，但是到了20世纪，分析哲学中的语言学流派，尤其是在以维特根斯坦为代表的语言使用论者那里，语言已经成为哲学的主人。哲学不再是意识哲学中的主客体关系，而是语言与世界之间的关系。一切人类交往的基础都寄居在语言中。当代哲学家如果不懂语言哲学，也就不是合格的哲学家了。对于语言研究，各个研究领域都存在着不同的进路与流派，但在语言的使用上，显得纯而又纯的语义学落伍了，语用学走入了当代语言哲学的舞台中心，并深入社会科学的各个领域。在当代语言哲学家行列中，哈贝马斯由于其普遍语用学和交往行动理论所具有的巨大影响，被语言学界所高度关注，更为法律领域尤其是法治国领域提供了具有启示意义的交往语用学理论。

一、可用于法律交往中的语言理论

哈贝马斯认为，语言学转向的意义非常重大，因为它是对意识哲学的重大打击，以弗雷格为起点的逻辑学与语义学，经过洪堡为其方法论打下了基础。总体来说，哈贝马斯还是采纳了比勒的语言图式理论，没有采纳乔姆斯基的语言天赋理论。他认为，语言作为一种索绪尔所说的社会符号，它与言说者、世界、听者之间都有密切关系。但是，在当代意义理论中，弗雷格的语义分析方法终究是一种命题分析，没有考虑到维特根斯坦有关语言的使用，包括言语意向与语境，前者就是格莱斯

---

〔1〕〔德〕尤尔根·哈贝马斯：《后民族结构》，曹卫东译，上海人民出版社2002年版，第177页。

意向语义学的领地，后者是奥斯汀言语行为理论的场域。在哈贝马斯看来，比勒的语言功能理论之所以非常优越，是因为能够和意义分析理论的方法和洞见联系起来，并使之成为指向达成理解的交往行动理论的核心内容，如果我们能将有效性概念超越命题真值，并且确定有效性条件不再基于语义学层面的句子，而是基于语用学层面的话语上。出于此种目的，语言哲学中的范式辩护是由奥斯汀引入，非常具有进步意义，因为它和"语言的逻各斯特征"决裂开来。

依照哈贝马斯的看法，从弗雷格开始的真值条件语义学认为，如果知晓了陈述句为真的条件，我们就理解了这个陈述句。但是不巧的是，是句子而不是言语行为，或者是命题句而不是非陈述句，在此作为原型对待。依照此种理论，有效性问题完全在于语言与事实整体性这一世界的联系之中。因为有效性与陈述真值画了等号，意义与语言表达的有效性之间的关系，唯有在事实得以确立的言语模式中才能产生。但如比勒已经观察到的那样，表征功能仅仅是语言三大基本功能之一。在交往层面使用句子的同时，言说者表达意图或主体经验，表征事态或世界发生的事物，并与听者发生了联系。言说者与别人就某事达成理解的三大基本方面，在此三种功能中得以反映出来。这三层联系存在于一个语言表达的意义与如下三方面之间的联系：言语表达的意图；言语表达的内容；以及在言语行为中所使用的方式。

哈贝马斯认为，非常不足的是，意义理论的三大著名进路的每一方面，都仅仅从意义的三大射线的一条出发。这三大射线一直捆绑在一起，成为语言的焦点，每一进路试图从语言的单一功能解释意义的整个图谱。从格莱斯到本内特与希福为代表的意向主义语义学，运用既定情境中使用的表达，将言说者的意图或者希望得到理解的意图作为根本意义看待；从弗雷格经早期维特根斯坦到达米特为代表的形式语义学，将句子或事态为真的条件作为其出发点；以及后期维特根斯坦拓展的意义使用论，作为互动的习惯语境的最终情形，在此语境中语言表达满足了实践功能。上述有关意义的三大相互竞争理论，都完全与达成理解的进程之一个方面相联系。他们希望结识语言表达的意义，或者从意向意义视角出发，或从字面意义视角出发，或从作为言语意义的互动使用视角出发。这三大方面的每种情形，已在比勒的语言模型中作了论述，它们都导致"瓶颈"产生，未能完全解释意义本身。跟随奥斯汀，塞尔发展的言语行为理论试图解决这些困难，但并非没有可加批判之处。

言语行为理论不像格莱斯的语义学那样，简单地将达成理解的语言进程归结为策略行为，而是将言说者意图放在了适当位置。在强调言后行为成分的同时，言语行为理论也考虑到了言语的人际表征，及其作为行为的特征；但是，在维特根斯坦的语用学中，没有排除所有的有效性诉求，它们超越特定的语言游戏的规定视角，以及原则上同样合法的语言游戏的规定视角。对于"满足性条件"这一概念，言语行为理论也极其尊重语言与世界、句子与事态之间的联系。将命题真值的满足性条件作为对有效性的一维定义，使得言语行为理论仍旧局限于真值条件语义学的认知层面。哈贝马斯在此发现了其缺陷，让我们认识到不仅是表征功能，而且是所有的语言功能都倾注了有效性诉求。

二、法律语用学中的交往行动理论

哈贝马斯的法律交往语用哲学所具备的典型特征，就是从语言的社会性功能出发，整合了欧陆与英美语言哲学的众多成果，发展出了自己的交往行动理论。不过，哈贝马斯的交往行动理论有一个发展历程，其早期的语言哲学作品与观点，主要体现在他提出的"普遍语用学"理论，这一概念在其在普林斯顿大学所做的高斯讲座中得到了集中体现。高斯讲座之后不久，哈贝马斯发现自己的普遍语用学还是非常肤浅，在托马斯·麦卡锡的建议下，着手了《交往行动理论》的写作。该著作可以看作是哈贝马斯学术道路上具有里程碑意义的著作，其视角不仅宏大，而且涉猎宽广。在当前的社科界，每当谈到哈贝马斯，都将此著作作为必须了解其学术的奠基性作品加以引用。简直可以这样说，不读《交往行动理论》，就难以理解哈贝马斯的语言哲学观。同时，他发表的《什么是普遍语用学?》论文，可以说是对于交往行动理论的语言学基础作出了详细的分析，是其语言学研究的一篇典型论文[1]。《交往行动理论》出版之后，哈贝马斯的重要语言哲学著作，当属《后形而上学思想》。该著作将 20 世纪的哲学进行语言哲学方面的梳理与评论，也是其言语有效性理论的集中体现。依照哈贝马斯本人的说法，尽管《后形而上学思想》一书是一个论文集，但其内部脉络还是清楚的。他认为，20 世纪的形而上学出现了语言学转向，语言分析中也出现了实用主义转型，理性批判也出现了语境主义变体。

在《后形而上学思想》一书之后，另一部具备里程碑意义的社会学、法学著作，也可看作是一部法律交往语用哲学的优秀著作，当属《在事实与规范之间》。从主题上看，它讨论的是法律问题，或者是法治国主题，实际上可以看作是语言哲学理论应用到法治国领域的重要见证，是法律交往语用哲学魅力的重要体现。如果我们要理解语言表达的意义，同时又要实现语

---

〔1〕〔英〕威廉姆·奥斯维特：《哈贝马斯》，沈亚生译，黑龙江人民出版社 1999 年版，第 41 页。

言的有效性，这就需要将语言这一媒介加以理想化，从而进入到语言使用或者说语用学的视野。此刻理想化了的语言获得了一种行动理论的意义，其前提就是在使用语言时，要以达成理解作为取向[1]。语言交往成为实现社会秩序的规范有效性基础，承认秩序的有效性和合法性，必然通过语言及其使用的有效性和合法性展开。"合法性""商谈"等概念原本属于法学与政治学领域的基础概念，在哈贝马斯的这部著作中得到了语言学层面的解释，这是哈贝马斯对于语言哲学的又一重要贡献。在此部著作中，哈贝马斯将法律看作是事实性与有效性之间的一种社会媒介，其意义与真理是内在于语言之中的事实性与有效性之间的张力。作为社会学视野中的法律，每当谈及应当、正义、权利、合法性等概念，都无法脱离语用学范畴。也就是说，该著作贯穿其中的一条红线，就是言语有效性与合法性的诸多诉求，交往、商谈等前提条件都在法律交往语用哲学中同样出现。

从语言学的角度出发看待哈贝马斯的学术观点，必然会将"交往行动"作为核心概念加以研究。在语言学转向背景下，几乎所有学科都受到语言哲学的影响与启迪，促使它们重新认识语言本质及其意义，并将此任务摆在了各个学科领域面前。认识语言，必然牵涉人的因素，从而使得语言、人、社会、行动等概念纠缠在了一起，哈贝马斯认识到了交往的重要性，并对交往概念加以重构，成为其对法律交往语用哲学做出的重要贡献。

哈贝马斯的学术成果颇丰，涉及不同领域、不同主题，但贯穿其中的一条脉络，就是其语言哲学理论，即哈贝马斯所称

----

　　[1]　[德]哈贝马斯：《在事实与规范之间：关于法律和民主法治国的商谈理论》，童世骏译，生活·读书·新知三联书店2003年版，第21页。

的"普遍语用学"或者"交往行动理论"。他认为,交往行动概念是和另外三个论题交织在一起,即交往理性、生活世界、交往体系命令,也就是说,交往行动概念促使社会生活联系观念化[1]。在国内学术界,哈贝马斯在哲学、政治学、社会学与法学等领域都受到了重视,并被称为西方马克思主义学派的代表人物之一,但在语言学领域受关注的程度还远远不够,继续介绍与研究哈贝马斯语言哲学的必要性非常明显。基于以上考虑,本书试图对哈贝马斯的语言哲学进行尝试性研究,介绍其主要内容,构建其法律交往语用学哲学框架,并在此基础上适当加以评论,期望通过本书抛砖引玉,能对法律交往语用哲学研究做出些许贡献。

第二节　法治国前提下的交往理性

在《交往行动理论》导言部分,哈贝马斯提出了"哲学的基本论题就是理性"这一观点,而理性的反思离不开认识、语言和行动。现代经验科学理论都提出了规范性、普遍性的要求,但是它们需要解释真实社会的科学史,科学的理性观念,即工具理性、道德理性和美学理性[2]。理解理性行动,是理解一切行动的关键,这必然要涉及行动理性的理论问题,涉及行动理论的方法论问题,涉及行动理论的经验论问题,这是任何社会学解决合理性问题都必须提出的要求[3]。

---

〔1〕 [德]哈贝马斯:《交往行动理论·第一卷——行动的合理性和社会合理化》,洪佩郁、蔺青译,重庆出版社1994年版,第6页。

〔2〕 [德]哈贝马斯:《交往行动理论·第一卷——行动的合理性和社会合理化》,洪佩郁、蔺青译,重庆出版社1994年版,第16页。

〔3〕 [德]哈贝马斯:《交往行动理论·第一卷——行动的合理性和社会合理化》,洪佩郁、蔺青译,重庆出版社1994年版,第20~21页。

在当代哲学领域，现代性的危机在一定意义上可说是理性的危机，它表现为理性的分裂[1]。福柯深入批判了主体哲学的局限性，同时运用权力理论来消解主体性。海德格尔和德里达曾经使用视域融合和自我的此在，构筑主体的生活世界。但是，这些范式都需要具有言语能力和行为能力的主体理解范式[2]。哈贝马斯的交往行动理论旨在克服这一危机，或者说是合理解决真理和道德善的问题的途径。由于他的最终目的是要证明世界的合理性，他不得不把交往行动理论先验化、形式化与理想化。如果哈贝马斯心目中理想的交往行动在这个世界上根本不存在，而只能是他的一种理论建构的话，那么他想证明的世界的合理性也就只能存在于理论之中了。交往行动之所以体现了理性的统一性，是因为在人类所有行动模式中，只有它最全面地体现了语言所有的沟通功能，而语言则是人类一切行动的基本媒介。

哈贝马斯认为，当代哲学中存在着价值虚无主义倾向，晚期资本主义社会所发生的各种危机，其根源在于当今人类理性的工具化，也就是工具理性的广泛存在。要克服资本主义发展中的理性危机，就必须重构其文化基础，建构其新的理性。这种"新的理性"，就是交往理性，它是不同利益主体通过交往商谈，达成理解与共识，也是人们应该努力追求的价值目标。

交往理性的内核，就是"交往行动"这一概念。哈贝马斯在语言哲学上的贡献，就是体现在对此概念的建构上。分析交往行动，首先就必须阐明交往理性，而在论证实践或日常实践

---

〔1〕　张汝伦："哈贝马斯交往行动理论批判"，载《江苏行政学院学报》2008年第6期，第5~10页。

〔2〕　［德］于尔根·哈贝马斯：《现代性的哲学话语》，曹卫东等译，译林出版社2008年版，第308~309页。

当中，交往理性始终处于在场状态。生活世界可以看作是交往行动付诸实现的前提条件，反之，生活世界又必须通过交往行动完成自身的再生产。但是，生活世界的符号结构与交往理性之间保持着一种内在的联系；行为者要想提出可以批判检验的有效性诉求，并用一种"肯定"或"否定"的在场来回应这些要求，他们在日常生活当中就离不开交往理性。[1]

哈贝马斯认为，如果哲学的基本论题就是理性，那么理解与解释世界的合理性，就成了哲学的首要问题。在西方逻各斯中心主义的框架下，认为只有语言呈现事态的功能，才是人的一种垄断能力。但是，人和动物都有召唤和表达功能，所以只有再现功能对于理性具有构成意义，这就直接和语言的三大功能联系了起来[2]。在社会学领域，理解合理行动的方向，是理解一切行动方向的关键。依照韦伯对行动类型的划分，我们需要从理论、方法论、经验层面上提出合理性问题。具体来说，交往理性不能脱离处于客观世界的意义理论描述，不能脱离主观世界的思想理解，不能脱离社会世界的指导性理论，这就分别要面对真实性、真诚性、规范性的问题[3]。

交往行动需要具备合理性前提。哈贝马斯的交往行动理论，是以"合理性"为现代哲学的主题展开的。"理性"或者"合理性"是一个临时性概念，它不太涉及知识本身，而是涉及具有言语和行动能力的主体如何获得和运用知识的问题。他的探讨是立足于韦伯的肩上，将社会学中的合理性问题作为其交往

---

〔1〕〔德〕尤尔根·哈贝马斯：《后民族结构》，曹卫东译，上海人民出版社2002年版，第200页。

〔2〕〔德〕于尔根·哈贝马斯：《现代性的哲学话语》，曹卫东等译，译林出版社2008年版，第324~325页。

〔3〕〔德〕哈贝马斯：《交往行动理论·第一卷——行动的合理性和社会合理化》，洪佩郁、蔺青译，重庆出版社1994年版，第6页。

行动理论的理论铺垫。他认为，对合理行动的理解是理解一切行动的核心。我们考察一个交往行动的"合理性"，归根结底就是通过商谈，促使自愿联合并获得认可的力量的中心经验。[1] 有论据的论断与有效的行动，是合理性的标志。

作为具备语言能力与行动能力的主体，如何获得与运用知识，就需要有合理性行动。这一论断要求具备真实性，提出论据且得到论证，它涉及世界上事态的存在状态；也需要具备真诚性，它涉及我们如何干预世界；也需要具备正确性或规范性，它涉及我们可以加以论证其合理性。借用图尔敏的论证理论说法，就是"任何一个参与论证者都是通过商谈、回答提出的论点，或者反驳其他人的主张而表现出自己的合理性或者不合理性。如果他公开论证，他将掌握问题的实质，或者探求途径，采用其中一种合理的方式解决这些问题；如果他对论证置之不理，那么，在比较时，他可能忽视相反的论点，或者用教条的方式回答问题，所以，他无论采取哪种方式，都是不'合理的'"。[2]"谁要是系统地自欺欺人，他的行动就是不合理的。但是，谁要是能够解释自己的不合理性，他就是一个具备主体合理性的人，因为他不仅具备判断能力与合理性的行动，具备道德判断力与可信任的实践力，具备敏锐的评价与美学表达力，而且具备能力针对自己的主观性此种反思行动，具备能力洞察对自己认识方面、道德实践方面与美学实践方面表达的一系列不合理的限制。"[3]"图尔敏论证理论的基本模式，是根据这些

〔1〕 ［德］哈贝马斯：《交往行动理论·第一卷——行动的合理性和社会合理化》，洪佩郁、蔺青译，重庆出版社 1994 年版，第 25 页。

〔2〕 ［德］哈贝马斯：《交往行动理论·第一卷——行动的合理性和社会合理化》，洪佩郁、蔺青译，重庆出版社 1994 年版，第 35 页。

〔3〕 ［德］哈贝马斯：《交往行动理论·第一卷——行动的合理性和社会合理化》，洪佩郁、蔺青译，重庆出版社 1994 年版，第 39 页。

表达隐含地提出的真实性诉求，正确性诉求，合适性诉求，可理解性诉求，或者形式优美性诉求而决定的。此种基本模式也可以进行一种论断形式的语义学分析。它可以从命题真实性角度，对广义上用来确定事实的阐述原理表示肯定或否定的态度；从行动的正确性角度，对用来为行动辩护的规范原理表示肯定或者否定的态度；从价值标准的合适性角度，对用来评价某种东西的评价原理表示肯定或者否定的态度；从象征性表达可理解性或形式优美性角度，对用来解释谈话、分类、计算、演绎、判断等活动的说明表示肯定或否定的态度。"[1]哈贝马斯认为，从社会学观点出发，以"交往行动"开始研究语言哲学，实在是合情合理。"社会中协调行动的必要性，产生了交往的某种需要，如果出于满足需要出发，有可能有效协调行动的话，就必须得到满足。"[2]总之，理性的标志，或者是合理性的标志，就是可以正确认识事实和目的手段关系，可以真诚表达愿望且坚持实践结论，可以遵循认可的规范且合法行动的，就是合理的[3]。

在哈贝马斯的法律交往语用哲学中，交往本身就是一种言语行为。交往过程要面对三个世界，即客观世界、主观世界与社会世界。作为语言行为的交往过程，就意味着实现言语的有效性诉求，分别面对着三个世界，语言不能只停留在可理解性层面，而要在客观世界具备命题的真实性、主观世界中具备意图的真诚性，以及社会世界具备规范的正确性，缺少其中的任

---

〔1〕［德］哈贝马斯：《交往行动理论·第一卷——行动的合理性和社会合理化》，洪佩郁、蔺青译，重庆出版社1994年版，第61~62页。

〔2〕［德］康洁瑟："语言的共性与历时进程"，载［德］阿佩尔编：《语用学与哲学》，法兰克福1976年版，第278页。

〔3〕［德］哈贝马斯：《交往行动理论·第一卷——行动的合理性和社会合理化》，洪佩郁、蔺青译，重庆出版社1994年版，第31页。

· 012 ·

何一项，都会导致言语行为交往的失效，从而使得交往的意义丧失。正是在这样的有效性诉求背景下，社会交往才使得主体具备了合法性与规范意义，才使得我们达成了相互理解、达成共识并能协调彼此的行动。

对于个人的合理性，应该看其是否合理地行动，他们的表达是否有充足论据，是否中肯且有效，道德实践是否可靠，评价是否明智确切，表达是否诚恳且自我批评，解释是否让人充分理解[1]。

哈贝马斯在进行批判时，应用的就是语言方式，他将交往行动看作是人类交往的最根本方式，这就需要交往参与者具备交往能力，并通过理想言语情境得出交往理性。如果说交往行动是交往理论的核心范畴，那么交往行动中蕴含的交往合理性，就构成交往行动的中心议题。依照埃德加的看法，哈贝马斯的交往理性概念，是一种通过公开讨论解决问题、消除冲突的过程，是合理解决真理和道德问题的途径[2]。它是所有相关人员进行的自由且公开的讨论，获得最后的决断，这种决断依靠的是论证的力量，而非任何形式的强迫。通过哈贝马斯的论述，我们可以发现其具备如下特征[3]：

第一，交往理性是寄居于语言之中的一种能力。"相互理解作为目的，寓居于人的语言中。"在哈贝马斯看来，语言或人的"交往能力"内在地具有主体间性的一致性，并使之成为可能条件。哈贝马斯认为，此种语言交往能力不同于传统的意识哲学

---

〔1〕　[德] 哈贝马斯：《交往行动理论·第一卷——行动的合理性和社会合理化》，洪佩郁、蔺青译，重庆出版社1994年版，第66~67页。

〔2〕　[英] 安德鲁·埃德加：《哈贝马斯：关键概念》，杨礼银、朱松峰译，江苏人民出版2009年版，第25页。

〔3〕　艾四林："哈贝马斯交往理论评析"，载《清华大学学报（哲学社会科学版）》1995年第3期，第11~18页。

中的理性。

第二，交往理性具备主体间性的特点。交往合理性的核心是主体间存在的关系，它处理的是主体间如何达成一致的可能性条件；并与其他主体相互关联。哈贝马斯认为，此种具有主体间性的交往合理性，要与传统独白式特征的主客体之间关系的理性概念相互区分开来。

第三，交往理性具有程序正义的特点。交往合理性不是实质性、实体性的，从形式上看，它是一种纯程序性的操作规则，或者是一种商谈过程的论证程序。这又与传统哲学所追求的实体理性等诸概念有所不同。

第四，交往理性具备开放性、暂时性、可误性的特点。交往合理性通过交往、论证、说服等程序，达成一种主体间的共识。此种共识具有暂时、脆弱等特点，且本身是"可错误的"与"不完全的"，因为主体间的交往与商谈归根结底都必须诉诸合法理由，但此种理性究竟是什么，并非绝对的、不变的，可以讨论与批判。

总之，交往理性内嵌于交往行动之中，具有媒介性、主体间性、程序性的特征。

法律交往语用学中的核心概念

在本章中，我们首先阐述哈贝马斯有关法律交往语用哲学中的几个基本概念，这对于进一步研究哈贝马斯在法律哲学中的贡献，具有非常重要的意义。我们以其交往行动理论、普遍语用学等核心理论及其内容为载体，将"语言""意义""行为""交往行动"等具备决定性价值的概念作为分析对象。对于其他相关概念，笔者将在后面的章节，结合所探讨的内容与法律交往主题加以研究，敬请读者谅解。

第一节　语言与意义

语言具备广义与狭义之分[1]。广义的语言是所有可以产生意义的社会符号，狭义的语言包括语言与言语。"语言是人类代代相传的符号系统，包括词法、句法与词汇。它潜存于特定语言共同体所有成员的意识中，是共同体约定俗成的社会性产物……言语则是说话人说出或者理解的全部具体内容。"[2]在语言哲

---

〔1〕　冯文敬："从索绪尔的言语到哈贝马斯的语言交往：语言的在与是"，载《外语学刊》2012年第5期，第16~19页。

〔2〕　李洪儒："索绪尔语言学的语言本体论预设——语言主观意义论题的提出"，载《外语学刊》2010年第6期。

学框架内，每当谈及语言，似乎无所不包。语言哲学既有分析主义、结构主义，也有直觉主义、解构主义等。依照现代语言学之父索绪尔的观点，语言与言语是两门不同的语言学，语言研究是主要研究对象，言语研究则是次要研究对象。此种二元对立思想与二元对立范畴的区分成为索绪尔给后人留下的"疑难"[1]。我们看到，索绪尔对语言的二分所产生的结果，就是将抽象的语言与具体的语言载体（言语）看成不同的对象，是人类意识载体的既有存在与现实载体的两方面内容。在哈贝马斯的眼里，语言更多是人类实现沟通交往的产物，语言是否能够实现其意义，关键在于人与人之间是否实现了真正的沟通交往，是否实现了达成一致，是否实现了共识。

一、语言

哈贝马斯的普遍语用学理论告诉我们，语言的形式语用研究具备知识特点，可以进行形式语义分析。也就是说，哈贝马斯认为，语言可以进行形式研究，对语言的形式研究是语言具有语义特征的证明，也是语言哲学研究的根本任务。起初，哈贝马斯采用了"形式语用学"这一表述，其目标是要重构语言理论，包括有语言能力主体的直觉性语言知识的重构，以及有能力言说者对自己语言所拥有的直觉性规则意识的重构。哈贝马斯的重构论认为，语言的形式特征就是语言的普遍性、根本性特征，他借鉴了乔姆斯基的语言能力天赋论与语言知识论，尤其是关于语言就是人类天然存在的能力的一种观点。

哈贝马斯认为，语言具有双重结构，包括命题成分和语旨成分。前者涉及一个世界，后者引发社会关系。同一命题可以

---

[1] ［法］保罗·利科主编：《哲学主要趋向》，李幼蒸、徐奕春译，商务印书馆 1988 年版，第 339 页。

和不同语旨成分搭配，同一语旨成分可以和不同命题成分搭配[1]。语言是交往的本体。语言是一个独立存在的表征体系，而不仅仅是一种交流手段或技巧。成功交往的条件是以语言为媒介的相互理解与达成共识，是以语言方式搭建的。哈贝马斯继承了海德格尔、伽达默尔等的主体间性概念，认为达成的言语理解具备本体论的特征。"海德格尔把理解看作是人类存在的基本特征。伽达默尔认为，理解是历史生活的基本特征……我不想对这个观点此种系统的论述，但想肯定一点，在过去几十年里，关于社会科学基础的方法论讨论所得出的结论基本上都是一致的：……理解必须被看作不是一种特殊的对于社会世界、社会科学的记载方法，而是通过社会成员此种的生产与再生产的人类社会的本体论条件。"[2]哈贝马斯所建构的交往概念，承认语言存在本体，它的语法性语句形式，通过语言本体的使用，让交往中的人与世界发生联系，"交往行动概念中所出现的是另外一个语言媒介前提，它所反映的是行为者自身与世界之间的关联"。[3]

生活世界是语言活动的存在方式。温奇认为，"语言"是构成的世界观及其生活方式的载体。"世界观中蕴藏着文化知识，依靠文化知识，不同的语言共同体又来分析各自的世界。每一种文化都用它的语言建立起与现实的联系。"[4]哈贝马斯认为，

---

〔1〕［英］安德鲁·埃德加：《哈贝马斯：关键概念》，杨礼银、朱松峰译，江苏人民出版 2009 年版，第 52 页。

〔2〕［德］哈贝马斯：《交往行动理论·第一卷——行动的合理性和社会合理化》，洪佩郁、蔺青译，重庆出版社 1994 年版，第 107 页。

〔3〕［德］哈贝马斯：《交往行动理论·第一卷——行动的合埋性和社会合理化》，洪佩郁、蔺青译，重庆出版社 1994 年版，第 94 页。

〔4〕［德］哈贝马斯：《交往行动理论·第一卷——行动的合理性和社会合理化》，洪佩郁、蔺青译，重庆出版社 1994 年版，第 57 页。

交往行动把语言看成一种达成全面沟通、独立存在、人际联系的媒介。在沟通过程中，言说者与听众从各自的生活世界出发，与主观世界、客观世界、社会世界发生联系，并进入一个共同语境。哈贝马斯将生活世界分为三个组成部分：内在的主观世界，是指自然，是全部欲望、感觉、意向等；外在且自然存在的客观世界，意指成年主体能够感知、操纵并在现实中加以客观化的内容部分；作为交往系统的社会世界，是指成年主体可以在某种非遵从性态度中加以理解的现实中前符号化结构的那一部分，诸如合法的人际联系就属于此类部分，例如，传统、制度、文化价值等。在具体交往过程中，通过达成共识的主体间性世界，与组成整个人类共同体的社会世界，与自然世界紧密相连。通过语言交往，人与人的世界统一起来，"交往行动最终依赖的是具体的语境，而这些语境本身又是互动参与者的生活世界的片段。依靠维特根斯坦对背景知识的分析，生活世界概念可以成为交往行动的补充概念"。[1]

哈贝马斯指出："交往行动概念，首先把语言作为参与者与世界发生关系，相互提出可以接受与驳斥的运用要求的理解过程中的一种媒体。"[2]语言作为一种交往媒体，是为"理解"服务的，而行动者通过相互理解使自己的行动得到合作，以实现一定的目的。我们把语言为媒介的交往形式，当作一种理想的交往模式。其实，哈贝马斯的"交往行动"就是一种对语言的使用行动，即"言语行动"，就是交往者为达成主体之间的理解与一致而进行的"对话"。人在本质上首先是语言符号交往行

---

〔1〕〔德〕哈贝马斯：《交往行动理论·第一卷——行动的合理性和社会合理化》，洪佩郁、蔺青译，重庆出版社1994年版，第266页。

〔2〕邹兴明："哈贝马斯'交往行动'概念述评"，载《重庆社会科学》2003年第3期，第38~42页。

动的主体，主体之间的默契与合作是社会交往的重要组成部分。

"言语行为"是交往行动的存在形式。受现代逻辑语言学派的影响，哈贝马斯认为，交往理性表现在语言的交流互动之中。语言的可理解性，就体现出交流本身就是一种交往理性的功能。他强调，语言作为最基本的交往媒介，并不是独白式的形式逻辑语言，而是对话式的日常互动语言。通过日常语言的有效沟通，主体间的"交往行动"就可以达成以理解为指向，与在主体间共处的情境中作出一致同意，并展开"交感式活动"。那么，日常语言又是如何达成有效性沟通的呢？哈贝马斯认为，这只有通过参与者在互动过程中，相互提出有效性交流，并得到交互主体性认定，理解能在协调行动这一动机中起作用。哈贝马斯认为，"普遍语用学"就是分析说话行为，研究语言的交往功能，探讨言者与听者之间的关系，阐述二者如何通过语言或者言语行为达成相互理解，达成一致与共识的学说。进而，将日常语言的运用行为分为"认知化的运用"与"互动式的运用"后者因与建立人际联系过程中所拥有的"交往性经验"相联系，成为其交往行动理论的核心。

二、意义

通常认为，语言哲学的核心概念就是"意义"，无论是古希腊的"逻各斯"，还是古代中国的"道"，都是从研究意义的本质入手来认识世界本质的。同样，对于哈贝马斯来说，厘清"意义"概念非常关键，不谈意义，就不能说是真正的语言哲学研究。哈贝马斯将"语言"与"劳动""交往"都作为了具备同等重要性的人类基本特征来看待。也就是说，不仅仅是劳动创造了人类，语言、交往也同样是人类不同于其他动物的根本性区别，是语言交往创造了人类。作为西方马克思主义学派的代表人物之一，哈贝马斯从哲学的语言学转向中发现了语言交往的重要性，并将其作为自己的交往语用哲学的根基。

具体而言，哈贝马斯将"意义"定位为语言意义，语言意义包括词汇意义与句子意义，意义的产生需要符号与意图同时存在。符号可以是口头的，诸如口语或言语，也可以是非口头的，诸如肢体、艺术、音乐等表征形式。在语言哲学层面谈论意义，哈贝马斯更关心的是人的言语与行为能够产生意义的诸多条件。也就是说，在什么情形下，一个句子或言语行为才能有意义。

作为哲学家与社会学家的哈贝马斯认为，社会科学的每一种理论都有其理论进路，也就是说，它们对各自的研究内容的定义方式各不相同，而使用"概念策略"这一方式，非常具备说服力与澄清力。哈贝马斯认为："对于概念策略，在社会科学理论领域具备基础重要性的第一个决定是，是否承认或拒绝将'意义'作为原初术语来看待。我采用的意义范式是词汇或句子意义。这样，我就认为不存在纯粹或先验的言说者意图；意义总是具备或发现其表征符号；要清楚表达意义，意图必须可以采用符号形式并得以表达。"[1]

将"意义"定义为语言学意义，即字词或句子所指的意义，并对语言交往是否应被看作是社会科学的客体领域的构成性特征，这在哈贝马斯看来，是个"元理论决定"，这是其语言哲学的基础所进行的第一个判断。

语言建构了意义，语言的形式也多种多样。语言通常是以言语形式表现出来，也可能是以非言语形式表现出来。言语这一表达形式，虽然在语言学中通常是指人们相互之间此种口头交流的载体，但是哈贝马斯认为，可以将其看作是自然语言或

---

[1] Habermas, *On the Pragmatics of Social Interaction*, Trans, by Barbara Fultner, MIT. 2001, pp. 3~4.

语言上的派生物的一个组成部分。例如，它可能属于符号系统，诸如聋哑人之间通过哑语能够交流，盲人通过盲文可以交流等等。非言语的表达形式多种多样，它可能采用行为的形式或肢体表达的方式，比如，做一个鬼脸或者打一个手势，或者采用艺术或音乐表征方式，比如，画一幅画或者表演一段舞蹈等都可以实现。

对于语言与非语言的表达意义，哈贝马斯借用了塞尔的观点，认为对于非言语的表达意义，原则上或者大体上可以在言语上实现："意味着一切都可以言说。"〔1〕但是，可以言说的一切，未必可以通过非言语的方式加以表达。比如，有时候我们会使用可以观察的外部行为或者可以传播的信息来描述语言，同时可以通过学习理论来解释语言进程。这样，建构的意义形式，如同其他物理客体一样可以作为客体加以看待。通过学习理论，我们可以概念框架方式得以描述外部世界，这一框架不局限于任何一门语言，并可通过实证理论实现"此种"研究。相反，如果语言的概念类型框架就是建构的意义形式，诸如人、表述以及机构等方面，并能够成为语言中需要解释的现象的原因，那么语言就构成了客体。如果我们使用此种概念框架来对客体领域本身的结构进行"此种"特征化，"意义"就具备了社会科学中原初术语的地位，语言本身成为客体，也成为我们相互交往的媒介。

哈贝马斯认为，我们可以通过如下三对概念来澄清这一"元理论决定"，从而认识所谓的"意义"，这三对概念分别是外部行为与行动、观察与理解、意义规约论与意义本质论。同时，基于本书内容布局需要，我们也选择意义、语言、行为、

---

〔1〕　Habermas, *On the Pragmatics of Social Interaction*, Trans, by Barbara Fultner, MIT. 2001, pp. 19~21.

行动等作为核心概念加以分析。

交往行动概念的内涵是，达成理解的目的内在于语言之中。达成理解是一具备规范性的概念，它超越语法表达的简单理解。言说者与另一方就某事达成理解，双方达成"此种"一致，当且仅当他们接受正确的言说。对某事达成一致的衡量标准是言语有效性的主体间承认，并在原则上可加批判。当然，理解语言表达的意义，与通过言语的帮助达成对事物的理解而且有效，这是两种不同的事物。我们必须明确区分获得有效性的言语与有效的言语。不论怎样，意义问题不能完全远离有效性问题。意义理论的基本问题，即何谓理解了一个语言表达的意义，不能离开语境问题，在此语境中，这一表达被接受为有效表达。如果人们不知道如何使用言语表达，就不会轻易知晓何谓理解了一个言语表达的意义，也就难以与别人达成对某事的理解。人们可从理解语言表达的条件看出，通过语言表达而形成的言语行为，对于所说的内容具备内在的理性驱动从而达成一致这一指向。

第二节　行为与行动

一般来说，每当我们谈及语言，多指的是语言所具有的行为特征，这在言语行为理论那里更是如此。而在哈贝马斯这里，语言不仅仅是一种行为，更是实现行动意义的媒介和载体。哈贝马斯认为，行为概念可以区分为外部行为与行动，前者多是物理活动，尤其是日常活动或者手工活动，非常具有典型性，我们通过外部观察就可以获得，后者需要一种规范前提才能理解。行动应该是一种行为，但是如果没有意向性的存在，就不是行为。行动具有意向性，而行为不具有意向性，这是二者的区别之一。但是，还需要考虑与行动的遵守规则的特点联系起来，即与"意义的同一性"联系起来[1]。行动总是有意向的，从而使得意向需要"此种"理解，如果理解了意向，并且能达成一致，共识就产生了。在社会学意义上，行为可以区分为策略行为与交往行动，前者多是一种目的性行为，缺乏共识基础，因而不具备合法性基础，后者是一种共识前提下的意见一致，是以相互理解为前提，从而具备了合法性基础。此刻的语言承担了媒介作用，也充当了协调行动和社会秩序的整合剂。

一、行为

哈贝马斯认为，只有将"意义"作为社会学的原初术语看待，我们才能区分开"外部行为"与"行动"。这对概念是在韦伯对行动概念的类型学划分时就涉及了，并成为哈贝马斯对奥斯汀、塞尔等人的言语行为理论进一步提升的关键概念。认识了行为和行动概念，对于正确把握哈贝马斯的法律交往语用哲学理论具有非常关键的意义。

（一）外部行为

哈贝马斯首先指出，一般来说，行为是指"外部行为"。"外部行为"可以通过观察获得，当然我们不必要明确区分所谓的"外部行为的诸多可观察的事件"，与"不能理解为外部行为的事件"。通过将"外部行为"描述为"可观察的运动"，我们将这些运动看作是有机体具备的运动。从此处可以看出，哈贝马斯语言中的外部行为，是在有机体的运动中产生的，经过我们的肉眼观察，这是一种物理意义上的观察，从而获得了外部行为的意义。

这样我们就会认为："广义上存在一个实体 X，它对这一行

---

[1] 童世骏：《批判与实践——论哈贝马斯的批判理论》，生活·读书·新知三联书店 2007 年版，第 54~55 页。

为负责。"[1]当然，我们对上述表述要有所保留，并且只能在引号状态下使用。比如说，动物不能在相同的意义上为其自身运动负责。也就是说，狮子饿了咬死了一头有主的牲畜，在社会学意义上，狮子不能为其行为负责，除非狮子有自己的主人。狮子的主人应对此行为负责，因为他没尽到看管好狮子的义务。这就是说，此种动物行为，不同于能够说话并且对其行动的认知需要负责的主体，即"行动中的人"。显然，我们将运动作为"外部行为"的模式加以看待，它来自于对于"社会生活世界前理解"的个人行为。在哈贝马斯的概念区分中，外部行为显然是在人的概念意义上进行的，而且不是一种单纯的物理行为，而是一种社会行为。这一版本使得我们能够区分"外部行为"，即哈贝马斯所理解的"意向行动"，与不能在此种描述下加以理解的"外部行为"，这就是我们要首先介绍行为概念的一个重要原因。

要区分开上述两个概念，首先要明白"言语"与"行为"之间的区别。在哈贝马斯的视野中，"言语"是指可以实施言语行为的载体，通过它我们可以实施命令、坦白、断定等；"行为"通常是指人类日常的活动，尤其是肢体上的物理活动，比如奔跑、递交等。

言语是一种行为，但是言语行为不同于简单的非言语行为，前者是用来达成共识的，后者是运用手段来实现既定目的的。也就是说，我们使用的语言是用来交往的，不像其他物理行为是为实现一种预期目的的。比如说，我们拿起杯子喝一口水，这是一个单纯的物理行为，其目的应该是满足解渴这一目的。

哈贝马斯所称的"外部行为"，是一种总体上的意向行为，是受规范制约或指向规则的行为。在此区分"规则"与"规

---

〔1〕 Habermas, *On the Pragmatics of Social Interaction*, Trans, by Barbara Fultner, MIT. 2001, p. 5.

范"也非常必要，"规则"与"规范"不像事件那样发生，而是存在于"主体间承认"的意义之中。"规范"具备语义内容：即，"一个意义，每当它得到主体的遵守，便成为外部行为的理由或动机，对这个主体来说，事物是有意义的"[1]。也就是说，在这样的规范前提下，我们才能谈论"行动"。

哈贝马斯指出，我们要将行为指向规则的行为者的意向与其规则的意义相适应，从而产生规范性意义，唯有此种规范性指导下的"外部行为"，我们才称其为"行动"。唯有"行动"，我们才能谈及意向。可观察的外部行为当且仅当该行为能够理解为由行为主体产生，并且该主体理解规范的意义并有意遵守该规范，才能说满足了一个压倒性规范。这就是"行动"的定义。

同时在一定时间段内，可观察的"外部行为"，事实上能够与既定规范保持一致，而不受规范制约。这就是我们需要区分"规律性外部行为"与"受规则制约的外部行为"或者"行动"的原因。通过归纳我们发现：这些规范或者存在或者不存在。对照来说，我们必须理解规则的意义；它们具备规范有效性。我们可以打破规则；但是违反了规范，就是无意义的说法。对于规则来说，本身隐含一个可被接受或拒绝的实践。换句话说，对于"外部行为"的规定，我们可以加以肯定或否定。同样，规范存在于意向行动的语境中，以及一系列"外部行为"的回应之中。对于前者，我们能够从规范后面，跟随特定随机性这一事实演绎出这一观点，然而我们必须将观点建立在可观察外部行为的归纳之上。

对"外部行为"与"行动"加以区分，导致我们进一步区分作为外部行为回应的经验的不同模式与我们可以理解的行动。

---

[1] Habermas, *On the Pragmatics of Social Interaction*, Trans, by Barbara Fultner, MIT, 2001, p. 5.

即，我们要区分开"观察"与"理解"。

哈贝马斯认为，我们可以"观察"外部行为以及外部行为的规则。也就是说，外部行为的规则可以通过"观察"获得，但是我们只有通过"理解"才能知晓何为"行动"。只有"观察"，不算是"行动"，没有"理解"，就谈不上"行动"二字。这就需要对意义类型进行再一次区分，虽然这二者都是经验的两种模式，但是我们不能像观察"外部行为"一样观察"行动"。因为，如果一既定外部行为被描述为一个行动，我们必须将该外部行为的特征与建立在其上的规则联系起来，并且得到规范性层面来理解这些规则的意义。当然，通过理解意义来理解行动的结构要依赖观察。

现在我们通过例子，比较一下上面两个概念：

1. 我发现一只苍蝇在窗户上嗡嗡叫。
2. 我发现约翰下班回来。

通过第一个句子，我们可以来报告对一个"外部行为的观察"。简单来说，第一个句子中的"发现"，就是我们通过肉眼所发现的外部世界的物理行为，它是作为人的认知主体对于外部行为的直接观察而获得的。

但是对于第二个句子，我们用它来描述一个"观察到的行动"。此种"发现"后面的宾语，是约翰的一种社会行为，我们只能通过理解此种行为，来实现"发现"约翰下班。换句话说，前面两个句子中同样使用了"发现"这一表述，都报告了言说者当时观察到的事件。但是不同之处在于，前者中的"发现"的意义，是观察一个事件可以理解为一个"外部行为"，而后者中的"发现"，是指理解了一个"行动"。

当然，这一理解是建立在对所发生的事情的观察之上的，诸如门铃响了，有人进屋了，等等；但是，我们所观察的外部行为要素或事件，是通过参照行动的结构得以阐释的。后者存在于规范之中。在此种情形下，规范实现的方式，就是工作时间与上下班交通的社会规范。只有对此种规范以及应用条件熟悉，才能知晓在一个既定发生的时间内，可以解释为使用了规范的事件。比如，"我发现约翰下班回来"这一行为，意味着我将一个观察到的事件理解为满足了一个规范：即，将其看作一特定行动，在此种情形下看作是下班回来。发现、观察或者认识一个行动，总是牵涉了解一个规范，或者说行为者的相应意图，并且在理解规范或意图的启示下，牵涉阐释运动、事态或者是外部行为。

哈贝马斯认为，"理解"过程，是具备语言能力与行动能力的主体达成统一的一个过程。在此过程中，参与者的目的是为了达成"意见一致"，这就需要他们能够合理动员，并对表述内容加以赞同。此种"意见一致"不能从工具性方面达成，不能从策略性方面达成，而是以共同信任与共识为基础。

对事件事态的观察，可以同物理计量的语言游戏联系起来，但是对于客体行动，只能通过交往经验才能实现。换句话说，要描述事物，只能通过语言句子来描述所观察的一切，只能通过还原到物理上可计量的认可程序加以证实，但要解释诸如"行动"这样的符号形式的意义，只能在描述人的语言语句与表述中得以表征。从原则上说，任何掌握一门自然语言的人，如果语言都有意义并对他人可以理解的话，通过"交往能力"，就能够理解无限量的表达。那么，意义是规约的还是本质的，这就涉及关于语言意义讨论的另一对重要概念，"意义规约论"与"意义本质论"。

哈贝马斯认为，意义理论可以划分为规约论和本质论两种。

所谓规约论与本质论，在哈贝马斯的语言哲学层面，分别是指语言意义是规约产生的，还是语言意义是本质内在的。如果语言的意义是人们共同缔结规约产生的，从而也是后天产生的，那就是规约论的进路；如果语言的意义不依人的意志为转移，而是先天就具备的，是内在于语言本身的，那就是本质论的进路。这两种理论进路，可被认为是后天论与先天论的另一个版本。

哈贝马斯认为，不论如何衡量象征表述意义，行动理论的经验基础都不同于行为主义理论。为了充分描述意义建构，包括一个言语或行动，只能在参照产生表述的主体知识中得到检验。行动主体可能难以将指向其外部行为的规范清晰化，但是行动主体掌握了规范并且可以遵循规范，这说明他对规则具备内在的了解。基于这一知识，他总是可以决定自己的外部行为，回应是否符合一个为大家知晓的规则，即，它是否可以被理解为"行动"。

在既定情况下，主体可以决定是否与规范一致或不一致，以及在何种程度上偏离了相关规范。此种情境与语言学中的言语非常相似。通常来说，作为具备言语能力的言说者，可以解释清楚自然语言的语法规则，这些规则仅仅不完全地形成与理解句子。但是，每位充分社会化的言说者一定具备能力与知识，能够让他区分语音与发声，也能区分开语义有效、句法完善的句子与那些偏离了语义与句法的句子，并可依照偏离程度，正确排列这些句子。此种先天的规则知识，主体都会具备并可随时说出，这就提供了行动理论的必要经验基础。但是，行为主义理论完全依赖所观察到的数据，这充分说明，上述两种理论之间存在结构上的重要差异，以及它们与各自研究客体领域之间的联系也不同。

作为通过意义的理解来解释相关现象的"规约论"，这种规则知识建立在能够进行表达的言说者与行动者之上。它要服务于重构规则系统，并且在意义建构形成过程中，句子与行动就产生了出来。由于这些规则是生成性的，不必直接读懂其"表层结构"，而是关注"底层结构"，因为它是言说者内在知识的一部分，这一点一定为人所知。该理论的目标是重构规则系统，解释表层结构下规约生成的内在逻辑。

哈贝马斯认为，这些"表层结构"与可观察的事件的经验规定相一致。我们可以对"表层结构"下面的抽象规则系统重构，从后面的经验性规定得出关于自然的规律来。假设性的重构提出的这一"在场"，是经验科学的独白理论所没有的，因为后者是指物理上可以衡量的事件的客体领域，此种命名论的原初术语基本上是通过"规约论"引介进来的。这些术语提供了理论建构，通过处于承认诸如规律一样的假设变化中得以证实。

对照来说，能够说话与行动的主体知识的理性重构，确实提出了一个"本质论"诉求。在有效操作的生成性的结构重构中，用到的原初术语不是通过规约引介进来的，而是与类型的联系过程中产生的，这些类型必定能够从主体自我理解中生发出来。哈贝马斯认为，"本质论"认可如下事实："假设性重构如果正确的话，不是与客观化现实的结构保持一致，而是与具备判断能力的主体所具备的内在知识结构保持一致。"[1]

哈贝马斯通过展示上述三对基础概念，对于"意义"是否应该看作是社会科学的原创术语作了元理论的探讨。此种探讨可以"主观主义"进路展开，也可以"客观主义"进路展开。如果该理论将社会看作是关于生活的意义结构系统，并且看作是依照隐性抽象规则，不断开展生产的象征表达与结构的系统

---

[1] Habermas, *On the Pragmatics of Social Interaction*, Trans, by Barbara Fultner, MIT, 2001, p. 10.

的话，我们称其为"主观主义"进路。它的任务是重构一个进程，并且生产出来了一个意义结构的社会现实。

对照来说，如果该理论没有内在地将社会生活进程看作是一个建构进程的话，即没有看作是一个意义结构生产的生活进程，而是看作一个外在的自然进程，我们称其为"客观主义"进路，这一自然进程如同其他进程一样，可以在其经验性规定中加以观察，也可以通过独白假设的手段得以解释。在此种意义上，所有严格意义上的外部行为理论，诸如经典学习理论，都是"客观主义"进路。

在"主观主义"与"客观主义"两种进路之间，哈贝马斯不愿做出抉择，而是限定自身于"客观主义"进路的理论方案上。他称其为"社会的生成性理论"，这对于如何建立一门关于最重要的"生成性社会理论"的类型学，对于社会科学的理论形成具有重要意义，鉴于我们关注的是法律交往语用哲学层面，笔者在此不再加以分析。

（二）策略行为

哈贝马斯认为，不论是哪种社会科学理论形式，都往往将客体领域定义为策略类型的行动，或者"策略行为"。此种策略类型的行动，在哈贝马斯那里，不是真正意义上的行动，而是一种狭义上的策略行为而已。

在哈贝马斯看来，"策略行为"可以看作是"交往行动"的一种有限情形，是言谈者之间的"日常语言交往"，是作为一种维持共识的手段存在然后终止，尽管彼此都认为对对方持一种客观化态度，相互之间通过非言语行为对语境与行为者施加了影响。之所以是有限情形下的交往行动，是因为"策略行为"建立在对手段的目的理性选择的规则之上，而且原则上都是每个行动者自己做出了这一选择。

一般来说，"策略行为"中的行为准则，取决于竞争语境下利益最大化与损失最小化。因此，另一个自我不再是另外的自我，我能满足（或者没满足）基于主体间承认规范的另外的自我的期望。反而，作为我的对手，我试图通过惩罚与奖励的手段间接影响对方的决定。

哈贝马斯给了如下的例子加以澄清：

S：你给 Y 一些钱。

在此例子中，我们可以得到如下两种情形：

1. S：我要你给 Y 一些钱。

H：不，你没有权利要我这样做。

2. S：我要你给 Y 一些钱，否则我就告诉警察你已经卷入了这件事。

H：不，我根本没有把柄在你手里。[1]

在第一种情形中，S 是要求 H 给 Y 一些钱，但是其规范性诉求在 H 的回答中发现已经被悬置了，因为 H 拒绝了 S 的要求。

在第二种情形中，S 同样是要求 H 给 Y 一些钱，但是其规范性诉求在 H 的回答中也被悬置起来，因为 H 的否定回答涉及的是对一种威胁的拒绝。

此两种情形都是策略行为的典型例子。策略行为中的言语与行动之间，不存在共识背景下的有效性诉求，语言仅仅作为一种交流媒介，并没有普遍的约束力存在其中。在哈贝马斯看来，策略行为框架下的语言或者言语，充其量是个媒介，并不

---

〔1〕〔德〕于尔根·哈贝马斯：《后形而上学思想》，曹卫东、付德根译，译林出版社 2001 年版，第 62~63 页。

具有共识基础，也不具有合理性，更谈不上交往理性框架的语言交往层次。

依照哈贝马斯的看法，每当人们面临冲突时，常常做出如下选择：或者中断交往，或者转向策略行为。前者就是对冲突拖延不决，后者就是对冲突见个分晓。而走出这种困境的出路，就是对策略行为进行规范性调节，对此行动者们自己要达成理解。此种规范，必须通过事实性的强制和合法的有效性，才能赢得人们的遵守，这就是现代法的核心，可惜的是，它更适合于对私人利益的策略性追求，而不适合对社会利益和公共利益的维护[1]。

二、行动

在探讨行动概念时，哈贝马斯注意到了韦伯对行动概念的类型学分类，即社会行动可以是目的合理的、价值合理的、有感情的、传统的行动四者之中的一种。表1是韦伯的行为类型划分情况[2]：

表1　行为的经典类型

合理性的行为类型（降序）	主体意义覆盖如下因素：			
	手段	结果	价值	后果
目的–理性	+	+	+	+
价值–理性	+	+	+	−
情感	+	+	−	−
传统	+	−	−	−

---

〔1〕〔德〕哈贝马斯：《在事实与规范之间：关于法律和民主法治国的商谈理论》，童世骏译，生活·读书·新知三联书店2003年版，第32~33页。

〔2〕Habermas，"Social Action，Purposive Activity，and Communication"，*On the Pragmatics of Communication*，Trans，by Maeve Cooke，MIT，1998，p. 115.

此种分类，不是将具备语言能力与行动能力的主体作为基础，而是以一种独自的行动主体的目的活动作为基础，这是对行动主体意识的限制，是对目的手段的放大。此种类型学分类在后文有进一步介绍，在此略过。

首先，行动参与者所属的世界联系，要取决于其行动可能具备的合理性。在社会科学中，行动的概念，大体上可以归结于如下四种基本概念：

（一）目的行为

这是一种旨在实现一种目的的行为，也就是有目的地、因果地介入客观世界的行为。此种行动概念，从亚里士多德以来就是哲学理论的中心点，是指行动者采用适当方式或手段实现一种目的，此种目的是功利主义的，因而是一种策略行为[1]。这一概念曾被诺伊曼、莫根史特恩、迪尔凯姆、帕森斯、戈弗曼、米德、加尔芬克尔利用，对社会科学理论做不同解释。无论如何，我们都可以一言蔽之，行动者为了实现某种目的，从而采取某种手段。目的论行动是行动者与客观世界之间的关系，他们之间存在着事态关系，并且表现为命题内容。此种关系表达，可以通过真实性的标准加以判断。语言在此行动过程中仅仅是一个工具，此种言语行为，只能是为了实现自己的目的与意图而使用的，意向语义学就是其基础理论。

目的行为涉及的是行动者与客观世界的关系。在这种行动中，行动者通过选择一定状况下有效益的手段，并以适当的方式运用此种手段来实现一种目的，即促使一种"希望状况"的出现，这是一种功利主义行为。哈贝马斯认为，在韦伯与法兰克福学派中，所谓合理的行动，即主要指此种行动。

---

〔1〕〔德〕哈贝马斯：《交往行动理论·第一卷——行动的合理性和社会合理化》，洪佩郁、蔺青译，重庆出版社1994年版，第119~120页。

在哈贝马斯的交往语用哲学中，曾经探讨了关于"意向行动"是否是以"目的理性行动"的方式概念化，还是以交往行动的方式概念化的问题。通过"目的理性行动"，我们理解了"工具行动"或"理性选择"，或者是两者的结合体。"工具行动"服从技术规则，这些规则基于经验知识，隐含着可观察的事件的条件性预测，不论是物理事件还是社会事件，都是这样的情形。这样，这些预测可被证明为正确或错误。"理性选择"受到基于分析性知识的策略制约，这些策略暗含着来源于优先规则（价值系统）与决定程序。产生的这些命题可能正确，也可能不正确。"目的理性行动"在既定条件下实现了确定的目标。但是，依照现实的有效控制标准，"工具行动"所采用的手段可能适当，也可能不适当，"策略行为"仅仅依赖对可能的外部行为选择的正确评估之上，这是单纯使用价值或准则的结果。

（二）规范行为

这是一种社会集团的成员以共同价值观为取向的行为。此种行动需要行动者与社会成员具备共同价值，他们存在着相互一致的意见与观点，从而能够满足一种普遍化的行动要求[1]。规范行为，是行动者与社会世界之间的关系，他们之间存在着合法与否的关系，并且表现为规范是否正确。此种关系表达，可以通过正确性的标准加以判断。语言在此行动过程中，是一种提供价值、取得一致意见的媒介，此种言语行为主要是文化主义概念下的语言科学。

规范行为涉及的是行动者与社会世界、客观世界的关系。它是一个群体在受到共同价值约束下的行动，其中心概念就是"遵循规范"。"规范表达了在一种社会集团中所存在的相互意见

---

〔1〕〔德〕哈贝马斯：《交往行动理论·第一卷——行动的合理性和社会合理化》，洪佩郁、蔺青译，重庆出版社1994年版，第120页。

一致的状况。"[1] 也就是说，如果一种规范被大家认可，适用且合法，就成为规范了，即认可意味着合法。这里的"规范"，就是这个社会群体中的各个个体成员所具备的共同价值期望。因此，遵循规范就意味着满足一种普遍化的行动要求。如果我们的行动与现存规范相一致，或者与现存规范相背离，从而我们就可以判断一个规范是否合法，是否被认可。

（三）戏剧行为

这是一种行动者在公众中通过或多或少有意识地显露其主观性，从而造成一种关于他本人形象或印象的行为。行动者处于公众之中，通过自我表现，展示自己的意图与思想等内容，此种行动不是自发的，而是吸引观众的一种表达方式[2]。戏剧行为，是行动者与主观世界之间的关系，他们之间存在着真诚与否的关系，并且表现为意图是否真诚。此种关系表达，可以通过真诚性的标准加以判断。语言在此行动过程中是一种自我表达的媒介，并被同化为文体与美学的表达方式。

戏剧行为涉及的是行动者与主观世界、客观世界（包括社会客体）之间的关系。它是指行动者在一个观众与社会面前，有意识地表现自己的主观性的行为，其目的是"以一定的方式加以自我表述，当行动者表现出自己的主观性的东西时，他是想让观众以一定的方式发现与接受自己的东西"。[3] 戏剧行为的中心概念就是自我表现，即通过自我表现来达成吸引观众与听众的目的，让观众与听众接受自己的主观性。也就是说，参

---

[1]　[德] 哈贝马斯：《交往行动理论·第一卷——行动的合理性和社会合理化》，洪佩郁、蔺青译，重庆出版社1994年版，第120页。

[2]　[德] 哈贝马斯：《交往行动理论·第一卷——行动的合理性和社会合理化》，洪佩郁、蔺青译，重庆出版社1994年版，第121页。

[3]　[德] 哈贝马斯：《交往行动理论·第一卷——行动的合理性和社会合理化》，洪佩郁、蔺青译，重庆出版社1994年版，第128页。

与者可以表达自己对自己的态度，也可以向其他参与者表达自己对他人的态度。

（四）交往行动

这是一种主体之间通过符号协调的互动，至少需要两个以上言语行为主体的内部活动。它以语言为媒介，通过对话，达成人与人之间的相互理解与一致。前面的三种行动模式，都是具备片面地构思语言使用的。交往行动是具备行为能力与语言能力的主体，试图通过理解这一方式，达成与他者的意见一致，语言在其中具备非常重要的地位[1]。此种行动同时表达一种命题性内容，一种个人内部关系的存在，以及一种言语行为人意向的复合。此种交往行动，是受到维特根斯坦的直接影响而产生的，并把语言看作是行动者与世界之间发生关系的纽带，相互之间达成理解的媒介。

交往行动涉及的是个人之间以语言为媒介的互动，是行动者个人之间具备（口头上或外部行动方面）的关系，是交往主体的内部活动。它通过生活世界的知识同时论及主观世界、客观世界与社会世界，且借助语言来把握世界，其中心概念就是解释或理解。

哈贝马斯认为，自己尚未澄清在其他类型的行为中的交往行动的植入，即指向达成理解的行为。似乎指向行为人成功的行为，诸如竞争行为或竞争性游戏等"策略行为"整体上，是与目的理性行为的功利模式相对应的行为模式，以及诸如在音乐会或舞会中显示的行为等，尚未充分分析的象征行为类型整体上，是象征表达的非命题系统限制的行为模式。它们不同于"交往行动"，因为其个体有效性诉求被悬置起来，包括在策略

---

〔1〕 ［德］哈贝马斯：《交往行动理论·第一卷——行动的合理性和社会合理化》，洪佩郁、蔺青译，重庆出版社1994年版，第121-122页。

行为中的真诚性，以及在象征行为中的真实性。

在哈贝马斯看来，目的行为、规范行为、戏剧行为之所以不是真正的交往行动[1]，就因为它们对语言在行为中的作用的认识是片面的：在目的行为中，语言仅仅被理解为出于各自目的的人们之间的非直接相互理解；在规范调节行为中，语言只是纯粹表达一种已有的规范性趋同工具，语言只具有传播文化价值的作用；在戏剧行为中，语言是作为"自我表演"的中介，语言被片面地理解为表达文风与美学的手段。而在交往行动中，语言的各个向度都得到了考虑、发挥了作用。在哈贝马斯看来，交往行动理论是唯一全面理解语言在社会中行为功能的理论，而非支离破碎地去理解语言的"相互理解性中介功能"，而是把语言的相互理解功能视为协调行为机制。也就是说，以上四种人类行为，除了在与世界的关系方面存在着侧重点不同之外，它们在对待语言的态度上也存在着极大的差距。在前三种行为模式中，"语言"被片面地构思出来，从而把语言的一种职能论题化了。目的行为把交往看作仅为实现自身目的的人的间接理解；规范行为把交往看成仅为认可规范性而争取意见一致的行为；戏剧行为把交往看成吸引观众的自我表演。交往行动则关注到语言的所有职能，并注意到行动者在三个世界面前对待语言的不同态度。行动者首先将语言看作一种理解媒介，且作为一种以语言方式加以构思，并以形式语用学的不同使用方式作为基础[2]。表2是哈贝马斯对社会行为的简单划分方式，有助

---

[1] 艾四林："哈贝马斯交往理论评析"，载《清华大学学报（哲学社会科学版）》1995年第3期，第11~18页。

[2] ［德］哈贝马斯：《交往行动理论·第一卷——行动的合理性和社会合理化》，洪佩郁、蔺青译，重庆出版社1994年版，第135页。

于了解交往行动及其合法性所在[1]:

表2 行为类型

行为情境	行为指向	
	指向成功	指向达成理解
非社会的	工具行为	-
社会的	策略行为	交往行动

第三节 交往能力与交往行动

一、交往能力

哈贝马斯对交往能力的定义是:"为了随心所欲地参加一个正常的对话,除了语言能力以外,言说者还必须具备能够进行言说与符号互动的基本能力,我们将此种能力称之为交往能力。"进一步说,所谓交往能力,就是"以相互理解为指向的言说者把完美构成的语句嵌入到与实在的关系之中"的能力,它主要包括以下三个维度:①"选择命题句的能力",通过此种方式,使听者能够分享言说者的知识,承担言语行为的陈述性功能;②"表达言说者本人的意向的能力",使听者能够相信言说者,承担言语行为的意向表达功能;③"实施言语行为的能力",使听者能够在共同的价值取向中认同言说者,承担言语行为的以言行事功能[2]。

此种交往能力,首先在于在交往行动中的主体,必须是一

---

〔1〕 Habermas, "Social Action, Purposive Activity, and Communication", *On the Pragmatics of Communication*, Trans, by Maeve Cooke, MIT, 1998, p. 118.

〔2〕 刘晗:"哈贝马斯基于交往的话语理论及其规范问题",载《上海交通大学学报(哲学社会科学版)》2010年第5期,第62~68页。

个具备理性和一定反思能力的主体[1]。也就是说，在交往过程中，言说主体必须认识到，在面对他者的言说，并且知晓自己的言说是以达成理解与共识为目的的。再者，人类的知识与经验，一般通过观察和理解这两种方式加以获得。一种是通过观察所获得的感觉经验，这是观察者独立于观察对象之外，通过审视对象而产生的结果；另一种是通过理解所获得的交往经验，这是通过对话语的理解加以实现的。在达成理解的交往经验中，言说主体不会独立于物体之外，而是深处此种交往关系之中，并受此种交往关系制约。换句话说，如果一个主体试图超越此种交往关系，那么此种交往关系就不存在了，交往经验也就无法获得。纯粹以自我为中心的主体性，在交往行动中无法得到充分表现，因为每个人都在交往之中，也就陷入一种关系或者一种规范之中。在此情形下，主体依照一定逻辑与社会规范互动与交往。在逻辑学中，主体不是作为规定者，而是仅仅作为被规定者而要求得到规定的东西；同样在社会学中，所谓的社会的主体既不是反映的主体，也不是认识的主体，而仅仅在各种社会环境与制度中才能得以规定的东西。因此，哈贝马斯在《什么是普遍语用学》中，引用20世纪西方哲学范式转换的先行者阿佩尔的告诫："对于话语交往的分析，我们必须放弃作为一种客观的观察者态度，而是要将自己置于话语交往之中，作为话语参与者的一员才能够进行分析。因为，话语意义的理解者，本身同时也是交往过程的参与者，他不可能独立于交往过程，建立自己客观的视角。正如维特根斯坦所言，语言游戏中没有旁观者。每个交往者都处在与他人共建起来的符号化的主

---

[1]　刘晗："哈贝马斯基于交往的话语理论及其规范问题"，载《上海交通大学学报（哲学社会科学版）》2010年第5期。

体间联系网络之中。"[1] 因此，交往行动中，规范变得必不可少。

二、交往行动

在探讨"交往行动"之前，我们应该梳理一下"交往"概念。"交往"一词，是指人与人之间相互联系与沟通。起初指代口头交流，到马克思、恩格斯那里，才把该词引入哲学与社会学领域，并将其上升为概念与范畴。一百多年来，"交往"概念传播到几乎所有学术领域，有关"交往"的研究也在不断加深过程中，并成为诸多学科尤其是哲学与社会学领域面对的必然课题，并形成了独特的"交往理论""交往学"等研究热点。哈贝马斯在"交往"概念的基础上，发展出了"交往理性"这一概念。同时，"交往"概念，有"互动""交通"等意义。马克思与恩格斯在《德意志意识形态》中最早提出"交往"概念时，使用的就是"Verkehr"。目前，这个词的使用范围极广，囊括个人、社团、诸多国家的物质交往与精神交往，因而其意义大大突破了我们今天所理解的"Verkehr"的内涵。马克思、恩格斯甚至得出这样的结论：共产主义乃是"交往形式本身的生产"。此种提法既有其内在逻辑，但不排除"共产主义"（Communism）与"交往（Communication）"二词之间在词源上的亲近性，即前缀"Co-"。由此可见，"交往"强调的不是"相互"，而是"共同"，旨在通过使用符号形式（包括前符号、符号与元符号），来协调彼此的行为在场，获得沟通与共识[2]。巴赫金认为，"交往"是所有存在的基本方式，"交往"具体表

〔1〕 ［德〕阿佩尔编：《语用学与哲学》，法兰克福 1976 年版，第 174~272 页。
〔2〕 曹卫东："Communication（交往）"，载《读书》1995 年第 2 期，第 118~120 页。

现为对话，对话是"已在"与"未在"相互之间的不断转换。维果斯基则致力于研究思维（认知）如何成为语言，及通过符号的社会交往就是语言，并且探讨了交往话语如何成为话语性思维的。至此，马克思主义的"交往"概念，已经随着语言学转向而产生了本体化倾向。

交往行动是哈贝马斯交往语用哲学理论的核心概念。"交往行动"构成哈贝马斯交往理论的核心范畴[1]。通过分析、比较，我们可以了解交往行动与其他社会行为的区别，并可突出交往行动的特殊地位。内在于交往行动之中的合理性，是语言性、互主体性、程序性、可误性、开放性，这不同于传统的意识理性，体现了哈贝马斯对理性的重构。"生活世界"与"系统"是交往行动的补充概念，是从行为理论过渡到社会理论的桥梁，这一对范畴的提出表明了哈贝马斯对"社会"的重新理解。对社会的诊断，是交往理论社会批判实质的集中体现。

除了前文所述的三种行为外，哈贝马斯提出的交往行动与前三种行为，都可作为素材进入一种以话语为媒介的交往行动[2]。也就是说，主体的这三种行为，都可以从一个角度进入主体间性的交往。前面三种不同世界与不同的行为进入话语，从而彰显了话语的三种功能视角。这三种功能，就是我们反复提及的话语能呈现某些东西、表达某种意向，建立某种人际联系的功能。简而言之，就是"陈述性语句可用于呈现事物的存在状态（或在非断言性言语行为中间接地提及它们）；意向性动词、情态、语气形式以及其他等，可用于表达言说者的意向；

---

[1] 艾四林："哈贝马斯交往理论评析"，载《清华大学学报（哲学社会科学版）》1995年第3期，第11~18页。
[2] 刘晗："哈贝马斯基于交往的话语理论及其规范问题"，载《上海交通大学学报（哲学社会科学版）》2010年第5期，第62~68页。

施行性短语、'以言行事'的表征物一类，则可用于建立言说者与听者之间的人际联系。"[1]总之，依照哈贝马斯的说法，"所谓交往行动，是一些以语言为中介的互动。在互动过程中，所有的参与者通过他们的言语行为行事，所追求的都是以言行事的目的，而且只有这一个目的。"[2]

在明确了上述四类社会行为概念后，哈贝马斯就着手从诸社会行为各自不同的世界联系网络的本体论前提与有效性诉求，以及从行动协调机制的角度出发，阐释诸社会行为的差异[3]。从行为角色与世界的关系角度来看，目的行为、规范调节行为、戏剧行为都只单方面地涉及客观世界、社会世界与主观世界，唯有交往行动通过生活世界协调地处理各个角色所面临的、既不同而又共有的三个世界：客观世界、社会世界与主观世界；从行为的有效性角度来看，目的行为、规范调节行为、戏剧行为都只片面地涉及真实性、正确性、真诚性，唯交往行动全面地同所有三个有效性诉求相关联；从行为协调机制角度来看，在目的行为、规范调节行为、戏剧行为中，"影响"起着协调行为的作用，而在交往行动中，起着行为协调作用的是"共识"。

由于交往行动将三种不同的行为纳入自身，由于交往内容差异，交往方式也就呈现差异。由此，其规范有效性诉求也会有侧重。当参与者就某事使用话语交往时，话语在具体语境中一般被主题化、核心化，"在语言的认知化运用中，借助于断言性言语行为的帮助，我们把一个话语的陈述性内容主题化；而

---

[1] ［德］哈贝马斯：《交往与社会进化》，张博树译，重庆出版社1989年版，第29页。

[2] 傅永军："交往行为的意义及其解释"，载《武汉大学学报（人文科学版）》2011年第2期，第61~68页。

[3] 艾四林："哈贝马斯交往理论评析"，载《清华大学学报（哲学社会科学版）》1995年第3期，第11~18页。

在语言的互动式运用中，借助于调节性语言行为的帮助，我们把那种被建立的人际联系类型主题化"。也就是说，参与者在使用话语时，其主题是明确的，目标也是确定的。因此，在主体使用何种类型言语行为时，话语的有效性诉求也是非常明确的。有些参与者使用话语是为陈述内容，这是语言的认知化运用，这时候他使用的是断言性言语行为；或者，其使用话语的目的主要是为调节参与者之间的关系，这是语言的互动式运用；或者，其使用话语的目的是为呈现自己的内心世界。因此，从不同角度出发，话语主题化与核心化也就存在差异。因此，在主题化话语中，话语的有效性诉求也是有所侧重与偏向的。就客观世界而言，话语的功能是呈现某些东西；就社会世界而言，话语的功能是建立某种合法的人际联系；就主观世界而言，话语的功能是表达某个意向。因此，话语面向不同世界，普遍语用学对之提出的有效性诉求也就有所区别。对于话语面对的客观世界而言，要求话语必须吻合真实性这一有效性诉求；对于话语面向的主观世界来说，则要求话语必须吻合真诚性这一有效性诉求；当话语面对的是社会世界，对话语的有效性诉求则是其具有正确性。在各种不同主题化话语中，有些语言的有效性诉求占据主导地位，有些占据非主导地位。

通过"交往行动"，我们理解了以符号为媒介的互动。它受到约束性规范制约，并定义了关于行为的相互期望，它得到至少两个行动主体间的理解、承认与认可，使得交往行动的意义在象征性表达中客观化，并通过日常语言交往得以实现。

技术规则与策略的有效性，需要依赖实证上真实，或分析上正确的命题的有效性，同时社会规范的有效性通过主体间承认得以确保。此种主体间的承认，建立在关于价值或相互理解基础之上。具体来说，作为一个能力不足的行为，违反了已经证明的技术规则或正确的策略，本身会受到谴责，因为其缺乏成功而遭遇失败。也就是说，此种"惩罚"建立在现实隐患而导致的失败之上。另一方面，偏离行为违反了优先规范而导致制裁，它在外部通过规制规则连接在一起。目的理性的行动的学术规则，给我们提供了技术性机制，而内化的规范提供给我们个体结构机制。技能能让我们解决问题，但是动机能让我们与规范保持一致。

下面的表 3 是对上述定义加以总结，同时需要更精确地加以分析，但遗憾的是，哈贝马斯并没有做出进一步论述[1]。

表 3　行动规则

社会规范技术与策略规则	
语言学定义手段	主体间共享的日常语言不受语境约束的语言
定义要素	对行为的相互规范性期望条件述谓；条件命令句
习得机制	角色内化技能与素质的学习
行动类型的功能	维持机构解决问题 （与基于相互强化的规范保持一致）（目标实现以目的–结果联系为定义方式）
对违反规则的制裁	基于规约性法律的惩罚；缺乏成功； 社会权威的丧失；现实前的失败

进一步说，"交往行动"与"策略行为"之间的差异，主要不在于行为人的态度，而在于其结构特征。这就提醒我们，对成功的言语行为来说，进行形式语用学分析确实非常必要。

---

〔1〕 Habermas, *On the Pragmatics of Social Interaction*, Trans, by Barbara Fultner, MIT, 2001, p. 13.

因为在交往行动中，以达成理解为取向的语言使用的结果，要凌驾于行为的基本目的结果之上，并对行为人加以限制，要求他们采用施为性态度——此种态度更多负载的是预设，而不是策略行为人的客观性态度。通过达成理解的行为为媒介的互动，与策略行为相比，展示的是一个更加丰富与严格的结构。

第四节　普遍性原则与理想言语情境

哈贝马斯的普遍性原则包括两个要点：第一个要点是他认为一些跨越语言与文化的交往行动具有普遍预设存在；第二个要点是交往者的认知水平越高，他在道德判断中越会对规范和原则采取一种普遍主义立场[1]。在哈贝马斯的商谈伦理学中，普遍主义是道德概念的一个方面。哈贝马斯的普遍性原则，继承并改造了康德的规范普遍性原则。在康德看来，人的行为是在命令下进行的，命令有两种，一种是假言命令，另一种是定言命令。假言命令是有条件的，定言命令又叫绝对命令，是无条件的。人类所遵循的规范是绝对命令的结果。绝对命令进入主体内心世界，在理性层面演化成一种主体无条件服从的律令。它表现为一种主体不受外界任何条件的干预、也不受主体的感性欲望的操纵，因此是一种普遍规范。人的行为只有服从于主体内在最高的规范原则，才被认为是善的。此种行为规范的普遍性体现为："不论做什么，总应该做到你的意志所遵循的准则永远同时能够成为一条普遍的立法原则。"这是康德道德哲学三原则之一。

具备双重结构的言语行为，已经论证了言语与行为的内在

---

〔1〕　童世骏：《批判与实践——论哈贝马斯的批判理论》，生活·读书·新知三联书店2007年版，第71页。

一致性，可是在现实语境下，"生活世界的殖民化"导致两者经常有所出入。合理性交往经常表现为系统扭曲交往或是无效交往，交往参与者经常是说一套做一套，言语与行为难以达成真正的统一[1]。为避免诸如系统扭曲等交往障碍的发生，哈贝马斯对交往情境进行了理想化设计，这就是"理想言语情境"。

一、普遍性原则

哈贝马斯提到，交往中的普遍性原则何以可能[2]。哈贝马斯的普遍性原则，只限制在道德行动领域、道德讨论、道德论证领域，而非一种无限制的普遍主义。哈贝马斯在交往对话中形成的共识，也具备普遍性这一点。哈贝马斯认为，共识与规范之所以可能，在于它们被参与者普遍适用。此种普遍性，不是来自先验，而是来自辩论。因此，哈贝马斯在此引出了交往的第二条原则，这条原则就是对话伦理原则。这条原则所关心的主题，是交往过程中每个交往行动的参与者作为自由平等的主体，在日常生活的实践互动中，应该根据什么样的预设来进行论辩，以获得众人皆可接受的决议或共识。辩论、对话所形成的规范是相互妥协的结果，所以对话的参与者都会普遍接受，"只要一切有关的人能够参加一种实践的对话，每个有效的规范就将会得到他们的赞同"。在哈贝马斯这里，对话之所以可能，在于交往的所有的参与者都认同一种普遍性的规范。从另一个方面说，在哈贝马斯的商谈伦理学中，对话、商谈之所以可能，在于话语的参与者是以普遍性原则为基础的。"如果规范得到了普

〔1〕 刘志丹："交往如何可能：哈贝马斯普遍语用学新探"，载《中南大学学报（社会科学版）》2012年第1期，第34~39页。

〔2〕 刘晗："哈贝马斯基于交往的话语理论及其规范问题"，载《上海交通大学学报（哲学社会科学版）》2010年第5期，第62~68页。

遍的遵循，从而满足了每个人的利益，那么这常常会产生一定的影响和后果，这种影响和后果可以被所有的相关方所接受"[1]，这就是普遍性原则。任何一个人，如果接受论证话语普遍的与必要的交往前提，并且知道证明一种行动规范意味着什么，都会自觉地将普遍原则作为有效性的前提加以看待。

哈贝马斯打破了康德意义上的普遍性的先验性。他认为，此种普遍性，是所有参加对话的个体之间，经过辩论所达成的。此种普遍性，可能是各种不同意见标准妥协的结果，也可能是大家所谓的"英雄所见略同"。此种普遍性，由于是所有参与对话的主体间相互协商的结果，所以它们能够为所有参加对话的主体所接受，对他们具备普遍性。所谓辩论或者对话原则，就是让一切与规范有关的人来参与规范的制订。在规范的制订过程中，每个跟规范有关的主体都可以发表自己的观点，提出自己的意见，对别人提出的规范进行充分修正。在此交往过程中，无人拥有特权以命令的形式来发布他的规范，与规范本身相关的主体都是平等的，他们每个人的意见都被尊重。参与者对规范加以商谈，商谈的目的，就是为了寻找有关的个体都能接受的规范。正是在此意义上，此种规范本身也具备了普遍性。

由此看来，哈贝马斯的普遍性原则，是所有参与者通过交往所形成的结果。此种普遍性存在于所有交往对话的主体间，是相互协商的结果，具备经验性的特点。在哈贝马斯的视野中，通过话语交往，对话参与者相互达成理解，最后形成共识。此种共识，就是一种普遍性原则的产物，是一种通过辩论达成的共识。

普遍性原则提出之后，也遭到了一些学者的质疑和批评。

---

〔1〕　王晓升：《商谈道德与商议民主——哈贝马斯政治伦理思想研究》，社会科学文献出版社 2009 年版，第 117 页。

·047·

他们认为："道德命题不是建立在对于整个社会的普遍利益的认识的基础之上；普遍性原则能否把人们引导到对于道德规范的一致赞同上，实际上还存疑。"[1]

二、理想言语情境

我们知道，哈贝马斯试图通过语言分析来论证如下的观点：我们对道德、自由、自主观念的追求，已经预设了我们是追求一种理想生活方式的。通过使用第一人称的语句，我们和别人沟通交往、达成一致和理解，就显示出了我们需要一种"理想言语情境"了。[2]这种理想言语情境，是要在理想的对话情境中做出商谈式论证的人，都必须遵守的那些条件。

哈贝马斯认为，我们如果想达成共识，就需要论辩中的参与者共同预设了诸如"理想言语情境"这一事物。"理想言语情境"的定义特征是，任何在其条件下可达成的共识，都本身属于理性共识。唯有"理想言语情境"的期望，保证我们达成任何共识，这是理性共识的一个诉求。同时，这一期望是关键性标准，它也能用来对任何事实上达成的共识提出问题，也能考察它是否是真正相互理解的指示器。理想言语情境可以看作是完美的交往，所有参与者都可自由表达自己的观点，最后的结论是无可置疑且被普遍遵守，这一切都须依赖更好的论证加以保证。真理共识论似乎要优越于任何其他真理论，但是不可否认的是，即使它能打破论辩的回环，唯一的条件就是在每个话语中，都共同需要预设一个"理想言语情境"。显然，这个或类

---

〔1〕 王晓升：《商谈道德与商议民主——哈贝马斯政治伦理思想研究》，社会科学文献出版社2009年版，第139~140页。

〔2〕 阮新邦、林端主编：《解读〈沟通行动论〉》，上海人民出版社2003年版，第4~5页。

似的期望非常必要，以免有效性诉求的话语履行依赖于偶然达成的共识。问题仍旧在于，是否有可能设计一个"理想言语情境"。第一，如果所有言语需要至少两个主体达成对于事物的理解，或者如果必要的话，在话语上达成对于争议的有效性诉求间的相互理解；第二，如果相互理解意味着带来理性共识；以及第三，如果真共识与假共识之间能够通过理想言语情境区分开，即通过诉诸反事实构想的一致加以区分，似乎它已经出现在理想条件之下，那么这一理想化必须涉及一个预期，即我们必须花一切可能参与的时间，参与到论辩中来，而且似乎通过言说者在行为中具备交往能力这一工具。

　　具体说来，"理想言语情境"主要是指[1]：①所有对话参与者都有均等机会，运用交往式言语行为，即他们都有均等机会言说，或者提出质疑。此种机会均等的作用在于，他们可以随时开始一个交往行动并使之继续下去；②所有的对话参与者们都有均等的机会运用记述式言语行为，即他们都有均等机会做出阐释、断言、说明与论证，并建立或驳斥有效性诉求，任何意见都将得到考虑与深思；③言说者们都有均等机会运用表现式言语行为，即他们都有均等机会表达他们的好恶、情感与愿望，因为，只有个人之间言语空间和谐及情感联系互补，才能确保行为主体采取真诚态度，保证行为主体袒露内心真情实感；④互动参与者们都有均等机会运用调解式言语行为，即他们都有均等机会做出命令、允许、承诺、自我辩护，从而排除某种片面的行为义务与规范判断，避免话语特权。

　　如何才能通过言语行为手段设计一个"理想言语情境"，让每个有能力的言说者都知道如何实施呢？对于区分真假共识，

---

〔1〕〔德〕德特勒夫·霍斯特：《哈贝马斯》，鲁路译，中国人民大学出版社2010年版，第57~58页。

如果交往既不受外在偶然力量的限制，也不受产生于交往结构本身的限制的话，我们称言语情境是理想化的情境。只有首要力量成为更好论辩的特征化的非强制力量，允许宣称句在方法论上以专家方式得到证实，并允许对实践事务的决定达成理性的驱动，"理想言语情境"才排除了交往系统的扭曲。

唯有所有参与者有对称分布的机会去选择与实施言语行为，交往结构本身才能避免产生限制条件。作为对话角色，不仅可以相互变换，而且事实上有均等机会实施言语行为，从此整体假设中，我们可以得到上述言语行为每种类型的特定角色。如果所有参与者具备同等机会适用交往，并通过言谈来回应、回答并继续交往，然后适用陈述类的平等机会来提出诠释、宣称、解释与证立，并建立或否决其有效性诉求，能够成为一种创立基础的方式。在此基础上，没有偏见或未经考察的信仰，将仍旧免除长期的主题化与批评。这些决定就是理想制约言语行为的决定，我们要将其适用到话语之中。不过，因为它们并没能够将"理想言语情境"条件具体化，这确保不受限制，而且没有垄断性谈论进入话语之中，事实上是引诱交往主体服从强迫。进一步说，言说者的意图既不自欺，也不欺人。因此，"理想言语情境"直接指涉互动语境如何组织，并间接指涉话语。话语免于行动或互动的强迫结构，需要一个理想言语情境，显然唯有在纯粹交往行动的条件下才是可以想象的。因此，另外两个特殊假设是指互动中使用的制约言语行为的规则。

作为"理想言语情境"，只承认作为"行动者"的言说者有同等机会使用表征类。因为唯有个人的言语范围中的和谐互惠，以及亲近与距离之间的互补性波动，确保主体对自身与他者来说是透明的。如果必要的话，他们的所为所信，可以将其非言语表达翻译成语言中的言语。对于这一未受损害的自我表征的相互性，对应着行为期望的互补相互性。它在行动规范意义上排除了优先权，这些规范知识单边约束。反过来说，如果对话者有同等机会适用规范类，即如果有同等机会来命令或反对、允许或阻止、许诺或背诺，请求某人或要求某人这么做等等，权利与义务的此种对称性，都要能够确保平等分布。它与交往类具备同等机会，一起保证随时从互动语境中撤离的可能性，以及进入对有效性诉求主题化的话语之中的可能性。

"理想言语情境"的反事实条件，也可能构想为生活解放形式的必要条件，因为要决定选择与实施言语行为的机会对称分布，对于通过命题的命题、言说者与其言语的关系以及对规范的遵守，就是以言语方式重新把握真理、自由与正义的理想。这些术语相互诠释对方，它们一起定义一种生活方式，其遵从的准则是，所有与公共相关的事务要通过进入话语加以解决。在此过程中，一定要预设，如果我们依此意图参与到交往中并长久维持下去，我们就一定会达成共识，并且是理性共识。哈贝马斯的建构是想展示：我们确实能够预设一个"理想言语情境"，每个有能力的言说者如果想参与到话语中来，他一定能这么做，他采取的是上述四类言语行为手段，并且仅有这四类。因此，哈贝马斯建议对言语行为做出系统论述，反过来可以通过如下观点得到证立，即如果它们同时能用来设计一个"理想言语情境"的话，言语行为只能起语用普遍词的功能。

"理想言语情境"的主要作用，就是排除言说者之间的交流障碍。此种障碍，既包括来自外部情境的偶然影响，也包括由交往结构自身所产生的约束功能。"如果交往既没有受到外在的偶然力量的阻碍，更重要的，也没有受到交往结构本身的强制，那么，我将此种言语情境称为理想的言语情境。"排除交往障碍，就是排除所有系统扭曲交往以后，交往所唯一能够依靠的，就是典型的更好论证的非强制性力量。此种力量保障了交往共识的合理性特征，因此所得共识是理性共识。哈贝马斯认为，在理想言语情境下，可能的参与者们在选择与施行言语行为时拥有均等机会，这就可以避免交往结构自身产生强制。这不仅要求对话角色普遍互换，而且承担这些角色的机会均等，即施行言语行为的机会均等。

但是，哈贝马斯的"理想言语情境"也有不切实际的一面，理想的交往行动要求人们放弃各自利益，这在拥有共同生活世界的对话者之间难以做到，诸如性别、阶级与种族差异无法消除、无法彻底悬置[1]。交往行动如果没有这些差异背景，人与人之间的对话就只能是一个理论设想。交往行动的参与者如果面对现实的人，哈贝马斯所谓的交往行动几乎不可能存在。如果为没有特定社会群体的生活世界提供讨论背景，讨论本身就变得没有意义；但哈贝马斯却主张，我们应假定其他参与者与我们有相同立足点。因此，这样的对话实际上徒具形式。哈贝马斯只在乎提供一个合理对话形式，用一张大网来囊括所有的生活世界中的交往，并且期待所有人能够达成一致和共识，这是不可能发生的事情。在此种意义上，哈贝马斯并不真正在乎达成什么具体共识，因此有人批判他否认日常生活丰富化，也就不足为怪了。

维特根斯坦在《哲学研究》中说："人们在它们使用的语言中一致。这不是观点的一致，而是生活形式的一致。"[2]在他看来，语言不是纯粹的形式化的工具，而是生活形式。不同生活

---

[1] 张汝伦："哈贝马斯交往行动理论批判"，载《江苏行政学院学报》2008年第6期，第5~10页。

[2] ［奥］维特根斯坦：《哲学研究》，李步楼译，商务印书馆1996年版，第193页。

世界的人，显然有不同的生活形式，他们取得一致的先决条件是生活形式的一致。人们如何才能取得生活形式的一致呢？如何对生活形式与生活世界加以反思与批判？在取得一致之前，还是在取得一致之后？取得一致之前，即便能对自己的生活世界与生活形式加以反思与批判，也不存在与他人的一致；而如果是对他人的生活世界与生活形式加以批判的话，显然缺乏一个批判者与被批判者都接受的一致标准。如果是在取得了一致之后，那么在生活形式还不一致的情况下，对话者或交往者的语言也不尽一致，那么只有通过交往才能达成的一致有可能吗？最后，我们可以发现，即便是非常有理性的人进行交往，也并不总是为了求得一致，而常常求同存异，这恰好相反，是为了表示不同，同样为有理性的人所坚持。哈贝马斯将交往行动规定为以达成一致为目的，而将交往理性作为其理论基点，只能是一厢情愿而已。由此有人认为，由于没有将语言理解为生活形式，即人基本的实践样式，难以探明人类行动的不同模式的具体构成要素。哈贝马斯的交往行动理论，仅是西方理性主义的翻版乌托邦而已，难以达成使理性统一的目的。

法律交往语用学中的行动理论 第三章

哈贝马斯的交往行动理论，一方面吸收了洛克的意义沟通论、休谟的共感论、费希特与黑格尔的相互承认论，特别是融合了黑格尔"人伦体系"中的关于劳动与人相互作用的辩证关系理论；另一方面，又吸收了现代的行为主义语言哲学、解释学、结构主义与精神分析学等一些学派的观点与方法[1]。依照黑斯[2]的看法，哈贝马斯是一个实用主义哲学家，他不同于皮尔斯、米德、阿佩尔的地方，就是他使用并发展了"超验语用学""形式语用学"或者说"普遍语用学"这一概念。在分析哲学的语用学转向中，我们注意到语言在限制事态概念中扮演着重要角色。语言的界限，就是我们世界的界限。哈贝马斯有关话语的三大中心模式，就是给予真实性、真诚性、正确性的有效性诉求以具体内容。

哈贝马斯认为，普遍化原则只能应用在社会化媒介环境中，日常行为受到一系列社会规范的制约，社会机构通过此类规范

---

〔1〕 欧力同："交往理论的演变：从近代到当代"，载《上海社会科学院学术季刊》1995年第4期，第126~135页。

〔2〕 J. Heath, *A Companion to Pragmatism*, Edited by J. Shook, J. Margolis, Blackwell, 2006, pp. 120~126.

证立其行为的合法性。每当规范受到挑战，机构就会进入实践话语范畴，并受普遍化原则的制约。这一普遍化原则的具体表征就是普遍语用学理论，在实践中落实在交往过程中。在此基础上，哈贝马斯所构建的交往理论以"言语行为理论"为出发点与基础、以解释学为基本方法，使交往理论具体化为"交往行动理论"。

哈贝马斯认为，语言是"最基本的交往媒介"，言语行为是交往行动的基本单位，并以"达成理解"为根本目的。交往行动理论研究了言语行为的构成、特性，及其在建立与改善人际联系中的作用，以及语言交往的种类与模型，并从解释学角度，深入研究了言语行为的可理解性的前提条件、言语行为的有效性基础等，特别是研究了现代社会中交往的操纵性、压抑性与系统扭曲性问题。总之，哈贝马斯力图使交往理论完成哲学的语言学转向，这是他不同于法兰克福学派其他理论之处。

哈贝马斯把交往作为社会研究的根本问题，对交往理论的发展起了核心作用。交往行动是一种以语言为媒介，借助符号协调并通过行为者相互间对话协商，以达成人与人之间相互理解的行为。[1]交往行动的合理性首先表现在，它是一种可以被合理性的行为，通过合理性交往行动，建立起人与社会世界、主观世界与客观世界之间的合乎价值规范的关系；其次表现在交往行动自身具备一种"理性的结构"，因为此种理性结构，交往行动内在地与人的不自觉的或偶然决定的活动区别开来，并对行为者自身及其相关者产生出意义。

---

〔1〕　傅永军："交往行为的意义及其解释"，载《武汉大学学报（人文科学版）》2011年第2期，第61~68页。

第一节　理论渊源

有的学者认为[1]，交往行动理论既从负面揭示了不健全的、走向异化的交往，对于建构合理的社会关系的阻碍性与破坏性，又从正面揭示了自由平等的交往对于建构合理的社会关系的极端重要性，颇有现实感与理论活力。由于该理论说明问题的方法背离了唯物史观，这就决定了它是空想与非科学的。

哈贝马斯的交往行动理论，是以"言语行为理论"为出发点，以弗洛伊德的精神分析学为方法，吸取了新进化主义与皮亚杰的个体发生学，修正了经典马克思主义的历史唯物主义，而重构了历史唯心主义。从哈贝马斯确立交往行动理论的出发点来看，他通过批判地汲取维特根斯坦的日常语言哲学与以赖尔、阿佩尔、奥斯汀、塞尔为代表的语言行为理论，提出了建立普遍语用学的设想。

一、生活世界

哈贝马斯的"生活世界"概念，受到了胡塞尔生活世界思想的影响，但二者的"生活世界"概念仍有区别[2]。对于胡塞尔来说，"生活世界"是一个先于科学世界的原始感性世界与文化，它是历史世界的复合体，也是科学世界的基础。然而，哈贝马斯认为，现象学的"生活世界"概念，包括阿尔弗雷

---

〔1〕　任晓："哈贝马斯交往行动理论及其哲学基础"，载《马克思主义研究》1999 年第 4 期，第 58~64 页。

〔2〕　张汝伦："哈贝马斯交往行动理论批判"，载《江苏行政学院学报》2008 年第 6 期，第 5~10 页。

德·舒茨的"生活世界"的概念，归根结底没有摆脱主体哲学与意识哲学的窠臼。为了克服现象学的"生活世界"概念，哈贝马斯将社会学理论，如伯格、卢曼的社会构成理论引入"生活世界"概念。在哈贝马斯看来，生活世界是客观世界、主观世界与社会世界的复合体。交往行动总是在生活世界中产生，并在生活世界中实现。但是，"生活世界"概念在他的交往行动理论中，担当的却是海德格尔与伽德默尔所谓的理解的前结构角色，也就是一种前理解角色。哈贝马斯认为，一切理解过程，都在文化层面表现出来的前理解的背景下发生。这个"前理解的背景"就是生活世界本身。哈贝马斯甚至用海德格尔的"指涉关系整体"，指代"生活世界"概念。但是，海德格尔眼中的指涉关系整体，是一种存在论范畴下规定日常活动的意义关联整体，并非哈贝马斯的"生活世界"概念。

　　哈贝马斯认为，"世界"这个表达，非常容易让人产生误解。在我们日常语言中，将世界划分为客观世界、主观世界与社会世界。客观世界应该是世界事物的总体，但在哈贝马斯这里，则意味着一种相应真实的命题"P"的存在。主观世界是经历经验的总体，它对个人起到特殊指导作用，并在一种抽象意义层面才是有意义的。社会世界则共属于一切个人内部关系的总体，并被认为是合法的。[1]

　　依照哈贝马斯的说法，即使在社会学的行动理论中，也需要建立某种合理性概念，我们可以设定为一种具备共同设定的、且具概括性与普遍性的概念。这样，交往行动理论就需要如下四大根基："借助行动者的三种世界联系……借助命题真实性、规范正确性与真诚性……借助一种合理动员的……意见一致；

---

〔1〕〔德〕哈贝马斯：《交往行动理论·第一卷——行动的合理性和社会合理化》，洪佩郁、蔺青译，重庆出版社1994年版，第77~78页。

借助作为合作地……理解观点……证明为是普遍适用的。"〔1〕
这就是哈贝马斯交往行动理论的核心表达，也是哈贝马斯对于
语言哲学的贡献所在。

哈贝马斯依照波普尔的"三个世界"理论，分析了行动者
与世界之间的关系，并通过此种关系，构建了"交往行动"这
一概念。波普尔认为："我们可以划分为如下三个世界或宇宙：
第一个世界是物理对象或物理状态的世界；第二个世界是意识
状态或精神状态的世界，或者也许可认为是，对行动的行动布
置的世界；第三个世界是客观世界内容，特别是科学思想与诗
歌思想，以及艺术作品的世界。"〔2〕依照哈贝马斯的理解，每
个世界都有其特殊的存在方式，分别涉及物质对象与事态，涉
及内在状态与内部情节，涉及象征性图像的意义内容。在交往
行动理论中，这三个世界共同构成了一个共同从属的关系体系。
作为交往行动的参与者，同时要与此三个世界发生联系。这三
个世界，说到底就是一个世界，就是交往参与者在与客观世界
的事物发生联系，与主观世界的事物发生联系，且与社会世界
的事物发生联系。这是一个体系，是交往过程中的参与者所共
同从属的关联体系，它们具有同源性〔3〕。

总之，交往行动者"本身就是那些寻求意见一致，并衡量
真实性、正确性、真诚性，就是说，一方面研究语言行动之间
的一致或不一致的关系；另一方面研究行动者借助他的表达与
'三种世界'之间的关系。这样一种关系往往存在于表达与客观

---

〔1〕 [德] 哈贝马斯：《交往行动理论·第一卷——行动的合理性和社会合理
化》，洪佩郁、蔺青译，重庆出版社 1994 年版，第 188 页。

〔2〕 [德] 哈贝马斯：《交往行动理论·第一卷——行动的合理性和社会合理
化》，洪佩郁、蔺青译，重庆出版社 1994 年版，第 108 页。

〔3〕 [德] 哈贝马斯：《交往行动理论·第一卷——行动的合理性和社会合理
化》，洪佩郁、蔺青译，重庆出版社 1994 年版，第 118~119 页。

世界（作为真实论断可能涉及的所有实体）、社会世界（作为一切合法调节的个人内部关系的总体），以及主观世界（作为言说者特有经历的总体）。"[1]

对社会秩序加以整合下的生活世界，其需要解决的关键问题就是在事实性和有效性之间张力的威胁下，如何达成共识。作为言语情境的视域和诠释成就的源泉，只能通过交往行动，才能进行在生产[2]。交往行动中的参与者，依靠共识与理解，通过语言自身把行动协调了起来。无论是参与者还是听众，都不是外部强加而形成的交往。言语行为能够成为协调的桥梁，就是语言行为的约束力得到了参与者的普遍接受。作为交往行动的参与者，需要根据共享语境来确定行动计划，他们不但理解语境与目标，而且绝对服从言语行为的目的。他们通过交往对言语行为的有效性达成一致，此种行动协调不是建立在个体行为的目的理性之上，而是建立在交往行动的理性力量之上，之所以可以这样，是因为他们存在着"交往共识"这一前提。

哈贝马斯认为，交往行动就是主体间的相互交往的作用，其目的是主体间的达成理解与一致。交往主体是不受相互干扰的独立主体[3]。哈贝马斯认为，由于人们片面追求工具合理性，只注重改造外在世界，忽视了改造内在世界，忽视了人的本真需要，以至交往者赖以生存的"生活世界"遭到破坏，致使主体之间的交往成了争辩，交往双方为各自主张或行为辩解，没有认真对待规范之行动基础。为使交往行动理论深入下去，哈贝马斯构

---

[1] ［德］哈贝马斯：《交往行动理论·第一卷——行动的合理性和社会合理化》，洪佩郁、蔺青译，重庆出版社1994年版，第141页。

[2] ［德］哈贝马斯：《在事实与规范之间：关于法律和民主法治国的商谈理论》，童世骏译，生活·读书·新知三联书店2003年版，第26~27页。

[3] 邹兴明："哈贝马斯'交往行动'概念述评"，载《重庆社会科学》2003年第3期，第38~42页。

建了一个理想的"生活世界",以此作为交往行动合理性成为可能的背景知识。作为交往者寄居其中的"生活世界",通过社会结构的变化,把"生活世界"看作是构成交往行动的一种补充概念,并在交往行动中作为关系表现出来,并认为人与人之间的交往是在"生活世界"中发生的。"生活世界",就是人际交往中达成相互理解所必需的共同背景知识。用哈贝马斯自己的话来说:"在一定方式下,生活世界,即交往参与者所属的生活世界,始终是现实的;但是仅仅此种'生活世界'构成了一种现实的活动背景。"[1] 此种背景知识,是借助语言而变得符号化、客观化的,从而成为人们的共同财富,也为主体间达成理解提供了可能。

二、理解

根据哈贝马斯的"理解",交往理性诉求主体以语言为中介,进入互动状态。其中实际操作的应是交往行动,才能保证主体平等参与。关于交往行动,哈贝马斯指出,它"是这样构建的:种种'理解'行为,把不同参与者的行为计划联结起来。……'理解'过程以一种意见一致为目标,此种一致依于以合理推动的对一种意见内容表示同意。意见一致不能强加于另一方,不能通过处置加于对方;明白可见地通过外在干预产生的东西,不能算作达成意见一致。意见一致是基于共同的信念。这些信念的产生,可以依照对一种建言表态的模式来分析。只有当对方接受其中包含的提议,一个人的语言行为才达成成功"[2]

---

〔1〕 Habermas, "Actions, Speech Acts, Linguistically Mediated Interactions, and the Lifeworld", *On the Pragmatics of Communication*, Trans, by Maeve Cooke, MIT, 1998, pp. 245~246.

〔2〕 Habermas, "Actions, Speech Acts, Linguistically Mediated Interactions, and the Lifeworld", *On the Pragmatics of Communication*, Trans, by Maeve Cooke, MIT, 1998, pp. 245~246.

在哈贝马斯看来，理解是交往行动的本质，也是交往行动必须实现的目的[1]。哈贝马斯认为，所谓理解，"它最狭窄的意义上表示两个主体以同样方式理解一个语言学表达；而最宽泛的意义则是表示在与彼此认可的规范性背景相关的话语的正确性上，两个主体之间存在着某种协调；此外还表示两个交往过程的参与者能对世界上的某种东西达成理解，并且彼此能使自己的意向为对方所理解"。[2]

"理解"是哈贝马斯交往行动概念的核心要素。哈贝马斯在界定"理解"的本质时指出："'理解'最狭窄的意义，是表示两个主体以同样方式理解一个语言学表达；而最宽泛的意义，则是表示在与彼此认可的规范性背景相关的话语的正确性上，两个主体之间存在着某种协调"。[3]可见，无论在狭义还是在广义上，哈贝马斯都把"理解"看作是主体之间的交往意识活动，即参与的主体之间的默契与合作，这充分体现了其交往行动的主观特征。

"理解"的过程，是人通过语言与世界发生关系，通过语言活动驾驭自己与世界。作为交往背景知识的"生活世界"，最终"相互理解、彼此信任、达成共识、取得一致"，就是语言组织起来的世界。

"相互理解"又是交往的核心要素[4]。"理解"是一个主

---

〔1〕 刘晗："哈贝马斯基于交往的话语理论及其规范问题"，载《上海交通大学学报（哲学社会科学版）》2010 年第 5 期，第 62~68 页。

〔2〕 ［德］哈贝马斯：《交往与社会进化》，张博树译，重庆出版社 1989 年版，第 3 页。

〔3〕 ［德］哈贝马斯：《交往与社会进化》，张博树译，重庆出版社 1989 年版，第 3 页。

〔4〕 邹兴明："哈贝马斯'交往行动'概念述评"，载《重庆社会科学》2003 年第 3 期，第 38~42 页。

体间相互作用的过程，即交往者只有达成"相互理解"，才能达成一致，"理解"既是目的，也是结果。交往行动也是一种以"理解"为价值取向的行为。要实现主体间"理解"，至少要具备两个语言能力与行动能力的主体，一致地理解一种生活世界理论，且言语行为过程本身就是达成理解的过程。

在普遍语用学框架下，交往行动是以理解为取向的行为。普遍语用学的任务，就是重构交往行动。以理解为取向的行为，就是通过规定"普遍条件"或"一般假设前提"，其言语行为的有效性基础，这些有效性诉求包括可理解性、真实性、真诚性、正确性。如果交往者采用一种工具性、策略性行为，即使可能成功，此种行为也不能称为交往行动。也就是说，作为交往中的参与者，不能以自己成功与否作为衡量交往行动成功与否的标准，而是通过理解过程，将主体达成意见一致的过程看作实现交往行动的过程。这种"意见一致"，不是从工具性、策略性角度出发，而是以共同信任为基础。总之，哈贝马斯所谓的"理解"，是交往主体间在信任基础上达成相互承认、达成一致意见、达成普遍共识的过程。

三、普遍语用学

哈贝马斯的交往行动理论，是以其"普遍语用学"理论为前提的。"普遍语用学"的任务，是从理论上重构交往行动的普遍前提条件，即"对取向于理解的言语行为之普遍规则与必然前提给予理性重构"。[1]普遍语用学与一般语言学的区别在于，它是研究表达而非语句，是从不被各种情况所限制的表达事实出

---

〔1〕 Habermas，" What is Universal Pragmatics？"，*On the Pragmatics of Communication*，Trans，by Maeve Cooke，MIT，1998，p. 22.

发，从社会语言学出发来进行研究[1]。哈贝马斯将以达成理解为目的的交往行动，看作最基本、最重要的行为，其他各种行为（诸如目的理性行为或策略行为）都应处于交往行动的支配之下[2]。

交往行动是以理解为目的的行为。哈贝马斯提出，交往行动的发生以"交往能力"为前提条件。要达成理解，一个参与交往行动的人，必须说出某种可理解的东西，使自己成为可理解的，与他人（听者）达成相互理解或共识。为此，一个人必须具备选择陈述语句的能力，以描述一个真实的事实和主题，使听者能够分享他的知识；必须具备表示自己意向的能力，以表达自己的意图，使听者相信自己是真诚的；必须具备实行言语行为的能力，以使自己的行为符合被认可的规范，而说者与听者在此种共同的价值取向中达成一致，实现共识。哈贝马斯所说的"交往能力"，就是以上提及的三种能力。交往行动趋向于相互理解，人类的相互理解，必须借助于语言这一媒介。语言的应用，将对象领域划分为客观世界、主观世界、社会世界这三个不同的世界，这些不同的世界同时又是语言的本体论前提。使用第三人称的语言，以观察者的态度区分出一个外在自然的客观世界，使用第二人称的语言，从参与者的态度区分出一个以你我关系为基础的社会世界，使用第一人称的语言，以主体性态度区分出一个内在自然的主观世界。因此，每一个完整的言语行为，都应具备三种关系：作为存在事物总体的外部世界的关系；作为所有由规范调整的人际联系之总体的社会世

---

〔1〕　[英]威廉姆·奥斯维特：《哈贝马斯》，沈亚生译，黑龙江人民出版社1999年版，第42页。

〔2〕　姚大志："哈贝马斯：交往活动理论及其问题"，载《吉林大学社会科学学报》2000年第6期，第8~13页。

界的关系；作为主体意向性经验之总体的内在世界的关系。

哈贝马斯认为，从普遍语用学出发，语言具有普遍意义的有效性诉求，是话语的"可理解性"。一般而言，话语只要能够符合某种语言的语法规则，它就是可理解的。除此之外，对应于语言的三种语用学功能，还存在着三种不同的"有效性诉求"。对语言的呈现事实的功能来说，它必须满足陈述的"真实性"的有效性诉求，陈述外部世界事实的话语必须是真实的；对语言的建立合法人际联系的功能来说，它必须满足规范的"正确性"的有效性诉求，共同认可的价值规范的话语必须是正确的；对语言的表达主体内心意向的功能来说，它必须满足"真诚性"的有效性诉求，表达说话者意图的话语必须是真诚的。

哈贝马斯在探讨主体间性这一概念时，为我们提供了有关交往的模式图，非常清楚地表明了交往行动理论中的三个世界与言语有效性之间的对应关系，对我们理解普遍语用学概念具有非常重要的作用。请见表4[1]：

表4 普遍语用学的言语模式

现实领域	交往模式	有效性诉求	言语的整体功能
外部自然世界	客观化态度	真实性	表征事实
社会世界	规范化态度	正确性	建立合法人际联系
内部自然世界	主体化态度	真诚性	表露言说者的主体性
语言	主体间态度	可理解性	—

哈贝马斯的"普遍语用学"，尽管摆脱了早期的基础主义与

---

[1] Habermas, "What is Universal Pragmatics?", *On the Pragmatics of Communication*, Trans, by Maeve Cooke, MIT, 1998, p. 92.

认识论态度，但它仍然存在若干问题〔1〕。首先，"普遍语用学"涉及"正规"语言与"其他"语言的分类。所谓"正规"语言，是能够满足有效性诉求的语言，它们具备严肃、明确与直截了当的意义。而"其他"语言，是那些不能满足有效性诉求的语言，它们不是严肃、明确与直截了当意义的语言，是不符合语法规则的语言，被归为非正规的"其他"语言。在此种分类中，哈贝马斯赋予"正规"语言以优越性。但正如福柯所揭示的那样，非正规的语言——诗歌、讽刺、比喻与疯人的话语等等——在特定的场合，往往代表了被压迫者的声音，是对主流文化与占据主流地位的语言的反抗。其次，"普遍语用学"的关键因素，是语言的有效性诉求，即话语的"真实性""正确性"与"真诚性"，构成了语言交往的前提条件。这些有效性诉求，提出了所谓的"理想语境"的问题。哈贝马斯认为，只有满足了有效性诉求条件，即在一种"理想言语情境"中，人们才能够进行语言交流，达成一致理解，进而获得共识。但是另一方面，人们对于哈贝马斯所说的有效性诉求的理解，显然存在着分歧，难以达成一致。哈贝马斯的此种"理想言语情境"，实质上是一个语言乌托邦，一种不切实际的幻想。哈贝马斯试图通过交往行动理论，为当代社会科学建立起所需要的普遍性与统一性。在这个问题上，他与现代主义传统是一致的，而与后现代主义明显不同。我们一旦追问此种普遍性与统一性从何而来，哈贝马斯同现代哲学的分歧便暴露无遗了。

现代哲学的普遍性与统一性，建立在形而上的本体论或人性论的基础之上，其本质是超验的。哈贝马斯的普遍性与统一性则来自于一致性，就是达成此种一致性共识，而共识是交往、

---

〔1〕　姚大志："哈贝马斯：交往活动理论及其问题"，载《吉林大学社会科学学报》2000 年第 6 期，第 8~13 页。

交流、对话、协商、讨论、谈判的结果。从语言层面来说，现代哲学作为主体哲学，尽管被看作是对永恒真理的揭示，但仍旧是一种内心独白。哈贝马斯的交往行动理论，则是一种交流、交往、对话，旨在于达成主体间相互理解，进而达成共识。从行为理论角度来看，现代哲学所导向的实践，尽管有某些预先设定的超验原则被用来保证个人之间的一致性，但从根本上看，仍旧是个人性质的。哈贝马斯的交往行动理论所导向的实践，则具有群体性的意义，由理解所达成的共识将使人们能够协调一致地合作。哈贝马斯的普遍性与统一性建立在共识之上，而此种共识不是超验的，而是经验的，不是必然的，而是选择的，不是命定的，而是开放的。就此而言，哈贝马斯的交往行动理论具备契约论性质。

哈贝马斯的交往行动理论提出了许多富有启迪的思想，但也存在一些重大的问题，其中一个根本性的难题是理解与共识的混淆。哈贝马斯将交往行动定义为达成理解的活动，在其论述中，他通常将"理解"与"共识"看成同一的，"理解就意味着交往行动的参与者达成了共识"。然而，对于交往或语言交往来说，"理解"显然是一个较弱的要求，而"共识"则是一个更强的要求。"理解"主要与话语有关，其实质在于把握言语行为的意义，而"共识"主要与价值有关，其实质在于确立同样的实践在场。所以，"理解"与"共识"并不是一回事。人们在交往行动中可能轻易地达成相互理解，但不一定能够达成共识。

对于交往如何可能，哈贝马斯的普遍语用学给出了答案。交往行动理论的基础是普遍语用学，而普遍语用学重构关于可能理解的普遍条件。它主要包括以下几个方面：作为背景知识的生活世界；具备双重结构的言语行为；居于核心地位的有效性诉求；承担行事职能的交往能力；充满理想设计的言说情境。

也有学者认为，从唯物史观角度来看，哈贝马斯的普遍语用学属于乌托邦式的语言本体论[1]。在"语言学转向"背景之下，早期的语言哲学家主要采取语义分析或者说逻辑分析的方法，更多关注与解释的是语言形成中的句法与语义的特征与规则，从而形成句法学与语义学，其主要代表人物有早期维特根斯坦、罗素与卡尔纳普等分析主义哲学家。由于句法学与语义学并不能穷竭语言哲学的全部问题，所以由奥斯汀、塞尔所倡导的以言语行为理论为核心的语用分析方法，逐步成为语言哲学的主流派别，语言哲学内部实现了由语义学到语用学的新的"语用学转向"。哈贝马斯顺应了现代西方"语言学转向"的背景，借鉴"语用学转向"所带来的语用分析方法，提出了以"确立并重构关于可能性理解的普遍性条件"为主要任务的普遍语用学或形式语用学。

从意义理论角度而言，哈贝马斯的普遍语用学，对探寻意义进而达成理解的进路与意向主义语义学、形式语义学与意义应用理论有所不同。以格莱斯为代表的意向主义语义学认为，可以通过听者领会言说者的意图，从而促使听者从事与此意图相应的具体行为，在这一点上，可以理解为"意义即意图"。以弗雷格与早期维特根斯坦为代表的形式语义学，更多关注语言表达本身的逻辑结构，仅从形式上探究命题的字面意义，不关心其他因素，在这一点上，可以理解为"意义即表达"。以晚期维特根斯坦为代表的意义应用理论，根据"语言游戏论"所具有的实践性与多样性特色，提出人们不能仅停留在静态的层面看待语言意义，仅仅在形式上分析语句的意义，而应该从动态的角度出发，观察词与句子在不同语境中的用法，在这一点上，

---

[1]　刘志丹："交往如何可能：哈贝马斯普遍语用学新探"，载《中南大学学报（社会科学版）》2012 年第 1 期，第 34~39 页。

可以理解为"意义即用法"。哈贝马斯认为，上述三种意义理论实际上都仅仅发现了意义理论的一个侧面，是将其主题化而产生的结果。"值得注意的是，三种著名的意义理论中的命题，都仅仅从语言核心发射出去的三条意义射线中的一条出发，而且只根据一种语言功能来解释所有的意义。"[1]为了弥补上述三种意义理论的不足，哈贝马斯引入了塞尔与奥斯汀的言语行为理论，并对其进行了改造，将意义的三个层面包含其中。如果我们知道如何通过言语行为来与他者就某事达成理解，我们也就懂得了语言表达的意义。因此，语言表达的意义，就扎根于言语行为得以施行的预设前提之中，也就是交往如何可能的预设条件。如果一个言语行为满足了预设的若干假设前提，交往双方达成共识，交往行动取得成功。反之，共识无法达成，交往行动归于失败。

哈贝马斯的普遍语用学认为，人在本质上是以语言为载体的主体。在生活世界中，需要同时满足三个有效性诉求的言语行为，是内置于交往行动主体中的天然存在，它具备普遍性、必然性、先天性与约束性的特点。人与客观世界、主观世界与社会世界发生联系，都是通过语言交往加以实现的。失去语言交往的认知主体知识，也就失去了与客观世界的联系；失去语言交往中的自我，就失去了与主观世界的联系；失去语言交往中的规范意义，就失去了与社会世界的联系。只有以语言为媒介的言语行为具有上述特点，才能使文化知识、人际交往与社会进化成为可能。语言是实现交往行动主体超越自然世界的唯一手段。哈贝马斯把语言交往视为社会形成与发展的元制度，认为言语行为合理性是现实合理性的根本途径。总而言之，哈

---

[1] [德] 于尔根·哈贝马斯：《后形而上学思想》，曹卫东、付德根译，译林出版社 2001 年版，第 91 页。

贝马斯的普遍语用学，就是以生活世界为背景，以言语行为为主线，以有效性诉求为核心，以交往能力为载体，以"理想言语情境"为形式，以理解为目的的乌托邦式的语言本体论[1]。

笔者认为，哈贝马斯的普遍语用学，是在批判语义学与经验语用学的基础上构建起来的。在哈贝马斯看来，以逻辑经验主义为代表的句法-语义学，可以分为意向主义语义学与真值语义学。意向主义语义学仅仅将言说者放在特定语境中，通过一个所意欲表达的东西作为基础，它考虑的是一个"语言表达"与"通过语言所意欲表达的东西"之间的关系。其核心意义，就是坚持语言具有表意的工具性质：言说者利用他所发出的符号以及一连串符号，作为传达给对方"他相信与想要什么"的工具。这是一种目的论的体现，是一种单向度的意义实现，没有体现出交往行动所具有的性质。真值语义学考察的语言表达所具有的语法形式，赋予语言一种独立于言语主体的意图与表象特点的性质。语言使用的实践与语法规则相比，只具备一种次要地位，也就是说，此种语义学更重视语言所具有的描述事实功能，而没有觉察到言说者与听者之间存在的交往关系，从而构成意义理论的研究对象。

总之，语义学立足于研究符号与符号之间的关系，以及符号与其所指对象之间的对应关系，其侧重于语言的操作规则。但是，操作规则与行为规则不一样，它没有解释力量，不能对事件的合理性做出解释，也就与生活世界没有发生实质关系。语言并非停留于表达之上，更重要的是表现出"有所作为"。哈贝马斯认为，"传统的语义分析途径存在着三类抽象谬误：其一是'语义学抽象'，即语言意义的分析将自身限制在句法分析层

---

[1] 刘志丹："交往如何可能：哈贝马斯普遍语用学新探"，载《中南大学学报（社会科学版）》2012年第1期，第34~39页。

面，将自身放在语句使用的狭隘语境之中；其二是'认识论抽象'，即所有意义都可追溯到言说的命题内容，从而将意义还原为断言语句的意义；其三是'客观论抽象'，即依据客观明晰的真值条件来确定意义，这与真值条件知识论对立了起来，而真值条件可归结于言说者的背景系统"，从而产生"一种关于可能性理解条件下的分析被葬送的危险"[1]。

语言只有处在语用学层面，才能与世界建立起关系，才能与世界保持联系。哈贝马斯认为，晚期维特根斯坦的"语言游戏论"的优势在于，它关注言说而不是句子。语言不仅具有表达功能，还有"以言行事"功能。因此，语用学与语义学截然相反，它不仅强调断言或语言使用的描述类型，也注重使用语言的有意义方式的相互结合。"意义即使用，……同时也是实现于隐藏的知识背景之中，这个背景在言说者那里，通常表现的琐碎且明显……对于经验因素的无意义重构，使得我们失去受言语行动支撑的有效性意义这一视角。"

此刻，维特根斯坦与哈贝马斯达成了一致，都强调言语意义与社会实践的结合，凸显生活方式的建构与约定，从本质上看，任何交往行动都根植于生活形式之中。语用学由于关注人与语言的关系，语言哲学从而获得生命力，存在于生活世界之中，避免从传统语义学层面对句法单纯地技术性分析。

但是，由于语言的运用总是一定的语境中的运用，因此总是与暂时性的、社会的以及说话的具体内容相关，难免摇摆于经验与普遍之间。语用学存在的经验论在场，却是哈贝马斯所反对与力图避免的。经验语用学认为，一个话语的意义仅是由运用语言的特定的情景来决定的，故而主张对语言行为进行

---

〔1〕〔德〕于尔根·哈贝马斯：《后形而上学思想》，曹卫东、付德根译，译林出版社 2001 年版，第 93~95 页。

"此种"经验分析，而所谓经验，就是语境，也就是语言没有确定的语义，语义的确定都是与一定的语境联系在一起的，这样的后果是，如果言说者的意向越是依赖于个人的经验，表达的语境意义就越是可以与言辞的字面意思区别开来的，从而就会走出语义学的困境，但是，对言语情境的过分强调，问题也会因之而产生，因为语境总是存在着特殊性甚至不可通约性，这样就取消了语言中的规范性，故而有可能面临着"不同参与者对语境的解释没有完全合拍，因而无法把行为协同起来"的结果，交往与共识也就无法形成。事实上，之所以存在交往与共识，是因为言语行为中存在着为参与者所共同认可的普遍规范，经验语用学的缺失就在于主张对语言行为仅仅进行"此种"经验分析，而不承认规范性分析，因此不能"揭示语言交往在错综复杂的日常语境中的合理基础"。

　　我们知道，在现实的语言层面，存在着戏谑与反讽、转义与悖论、策略与欺骗等有意混淆的言语行为，如果缺乏一个统一性的规范而仅仅停留在现象的经验描述之上，那就无法对种种欺骗现象进行"此种"分析从而在现实中控制混乱的局面。当然，经验语用学也研究语言运用的定律，然而这个规则是以自然科学的研究方式来确定的。"此种"方式把人类的语言行为作为可以被观察的经验材料，语言学的工作就是从中发现一组规律性的假说，这样语言学就成了一门自然科学。哈贝马斯显然不满意语言学的自然科学化，他明确指出："不能通过这样一种方式'此种'，似乎语言的语用学测度只适合于经验分析，即只适合于经验科学，例如心理语言学与社会语言学。我坚持这样的论点：不仅语言，而且言语——即在话语中对句子的使用——也可以进行'此种'规范分析。"

　　在哈贝马斯看来，规范并不是通过研究人的言语活动发现出来的假定性规律。只要存在交往，只要存在可理解的话语，这就足以证明，"当一个人在头脑中不仅具备行为标准、甚至一般准则的约束性特质，而且具备横贯其全部领域的言语的有效性基础时，那种普遍的、不可避免的（超验的）、可理解性的条件就有了规范性的内容"。而普遍语用学的任务就是"确定并重构关于可理解的可能性条件，或者说是交往的整体前提条件"[1]。

依照哈贝马斯的理解，普遍语用学就是一门"重构式的科学"，也就是把说母语的人对于语言的语法感背后所有的规则重构起来。在日常生活中，具备正常语言能力的人，都可以自如的运用语言来体现自己的所欲，也就是说他拥有赖尔所说的此种知识，就是所谓的"知其然"，他不会在说话时去考虑。"这样说是否合乎规则或者语法"之类的问题，但事实上，人们都会使用语言并且以此沟通与理解，说明有一些大家共同遵守的规则，只不过这些规则是隐含性的或者说是非透明性的，这样的知识就是赖尔所说的，也就是"知其所以然"。这样的规则对于任何言说者来说都是不可或缺的预设条件，因此具备普遍性。不难理解，哈贝马斯的"重构式科学""提议所针对的领域是先于理论的知识，它并不是针对任何隐含的意见，而是一种已被确立的先行知识"。当然，对于一般的人来说，不会也没有必要去挖掘这些隐藏的规则，但是，对于哈贝马斯来说，没有这个规则，交往合理性显然就没有了基础，这个规则对于哈贝马斯来说，具备奠基性的作用。

那么，这些规则是怎样体现出来的呢？或者说，怎样来证明这些规则的存在呢？哈贝马斯提出了与规则相互解释的有效

---

〔1〕 Habermas，"What is Universal Pragmatics？"，*On the Pragmatics of Communication*，Trans，by Maeve Cooke，MIT，1998，p. 21.

性理论。在他看来，言语行为之所以具备约束力，进而形成普遍的规范是因为"言语行为提出了可以批判检验并且以主体间相互承认为基础的有效性诉求。言语行为获得约束力的具体途径在于：言说者用他的有效性诉求明确保证，必要的时候，他的有效性诉求可以用正确的理由加以验证"。

　　显然，语言的有效性成为判断言语行为的标准。有效性诉求包含三个方面：对于客观世界陈述的真实性诉求；对于主观世界表达的真诚性诉求；对于社会世界建立人际联系的正当性诉求。而这三个方面可以归结为一点，那就是可理解性诉求。但是，有效性诉求是怎样形成的呢？在普遍语用学中，"有效性诉求"是一个有效的话语所必须事先满足的有效性条件。也就是说，任何一个话语，如果是有效的，则意味着他具备能够被任何听者所接受的条件。哈贝马斯说："对话是为检验意见（与规范）的有问题的有效性诉求服务的。对话中唯一允许的强制是较好的强制；唯一允许的动机是通力合作寻求真理。对话在其交往结构的基础上摆脱了行为强制；对话也不给获得信息的过程留有空间；对话减轻了行为的压力，并且不受经验的约束。对话过程中除了论证之外，不会承认任何东西。"[1]

　　在哈贝马斯看来，离开了"对话"，言语的有效性及其要求就无法被阐明。于是，对话的非暴力性、以理服人，就成了交往行动的一般前提，并且成为被扭曲的交往行动（策略行为）与目的行为区别开来的标准。哈贝马斯认为，只有借助形式语用学，才能把一种沟通的观念明确下来，进而可以从经验的角度出发，分析不同现实层面上的复杂问题以及语言表现。

　　运用奥斯汀的言语行为理论，哈贝马斯区分了以目的为取

---

〔1〕　Habermas，"What is Universal Pragmatics？"，*On the Pragmatics of Communication*，Trans，by Maeve Cooke，MIT，1998，p. 21.

向的工具行为与策略行为，与以沟通为取向的交往行动。依照哈贝马斯的说法，交往行动是人类一切活动的原生层面，而以成功为取向的策略行为在其之后。从这个意义上说，策略行为是寄生于以理解取向的交往行动之上的。

哈贝马斯认为，交往行动就是通过沟通取得共识，"共识的基础是相互信服"，共识不能明显依赖外界影响或暴力，不能被嫁接到工具行为或策略行为当中，这相当于奥斯汀所谓的"以言行事行为"，其特征就在于"言语交往者的意图，以及他所追求的以言行事的目的，是从明确的表达中产生出来的"。

目的行为则是奥斯汀的"以言取效"行为。此种行为潜在包含着言说者的意图与目的，却并不明确的表达出来，即行为者没有如实地公布或承认行为目的。当然，哈贝马斯虽然认为奥斯汀对言语行为的分类有助于说明交往行动的特征与内涵，但他同时也发现奥斯汀的言语行为理论存在的缺陷，在奥斯汀那里，言语行为就等同于交往行动。奥斯汀没有发现言语行为相对于交往行动的独立性，其实，"以言取效"行为与"以言行事"行为之间，也并非截然分开相互独立的，而是存在着互动结构。要真正理解"以言取效"行为与"以言行事"行为之间的复杂关系，则必须进入到形式语用学层面。因为具备协调功能的共识，属于语用学层面，它把意义理解的语义学层面与进一步深化共识的经验层面结合了起来。

很显然，哈贝马斯证明交往的可理解性，只能通过交往借以发生的对话的社会与历史背景来实现。交往理论应该根植于言说者应用语言的语用学实践。然而，哈贝马斯对普遍规则的追求，又使普遍语用学不是对语言行为的经验描述，也不是对语言规则的先验演绎，而是着眼于人们运用语言加以交往的一般规则，因此，有人用"半先验的"来描述他的理论。既然是

"半先验"，那就意味着既有经验的成分，又有普遍的特征，也就是说，这些规则并非纯粹思辨的产物，而是在现实中有迹可循。

　　总之，普遍语用学在哈贝马斯的哲学中具备极其重要的地位[1]，它是哈贝马斯交往行动理论的基础，是我们深入把握哈贝马斯思想与研究方法的入口。普遍语用学的研究，是交往行动理论研究的一个缩影。第一，哈贝马斯在对结构主义、行为主义、经验主义语言学与语言分析哲学的批判中，把自己的语用学与其他各种不同的语言学与语用学区分开来，从而显示出其语用学的特殊性。在哈贝马斯看来，语用学研究不同于语言学研究。语用学研究的分析对象是言语行为，而语言学研究的分析对象是句子。第二，哈贝马斯的这项工作还受到了乔姆斯基的影响。他把乔姆斯基的结构主义语言学对语言学意义上的语法规则的研究，运用到语用学意义上的交往规则的研究。第三，哈贝马斯吸收了以阿佩尔为代表的超验语义学或超验语用学的观点，但又与超验哲学划清界限。哈贝马斯的普遍语用学，要考察的是人们运用语言此种交往的一般的、不可避免的假设前提，虽然此种研究不能被称为超验的研究，但也与超验研究具有某种类似性。

第二节　言语功能

　　对于语言研究，哈贝马斯总结了分析的不同层面，以及符号学的相应客体领域。在前文，我们已经将语言这一概念区分为"语言"与"言语"，对此两个概念不再进一步区分。一般

―――――――――

〔1〕　林丹青、曾雪媚："哈贝马斯的普遍语用学"，载《学海》2002年第6期，第98~100页。

来说，每当我们谈及"语言"，指的是狭义语言学层面的语言，而非广义语言学的层面。哈贝马斯将语言学界面研究的重点放在狭义语言学层面看待，而在其交往行动理论框架下，语言已经超越此种狭义层面，进入广义语言学层面，并和社会学中的行为概念紧密联系在一起。下面是哈贝马斯对语言研究所做的不同层面分析[1]：

（1）句子与言语。如果我们从内植于特定语境的具体言语行为开始，而不考虑其语用功能的各个方面，我们就处在语言表述层面。言语的基本单位是言语行为，语言的基本单位是句子。通过有效性条件可以区分：语法上形式完好的句子满足了可理解性诉求；交往中的言语行为要成功，不仅需要有语言表述的可理解性，而且需要交往的参与者准备好要达成理解，而且提出真实、真诚与正确的诉求，而且相互实现对方的满足。句子是语言分析的客体，而言语行为是语用分析的客体。

（2）个体语言与整体语言。语言学的首要任务是为每种个体语言发展出一种语法，从而能将结构描述与句子关联起来。另一方面，整体语法理论关涉的是重构规则系统，这一系统隐含着主体具备生成形式完好句子的能力，不论哪种语言都是如此。语法理论是要重构言说者的普遍语言能力。一个版本认为，这一语言能力意味着发展出基于内在性情的指导语言习得的能力；另一个版本认为，语言能力表征的是皮亚杰意义上解释性建构的学习进程。

（3）语言分析的诸方面。每个语言表述至少能从三个分析观点加以考察。语音学考察的是作为隐含在诸如声音形式媒介下镌写出的语言表述。句法理论考察的是作为最小意义单位的

---

〔1〕 Habermas, "What is Universal Pragmatics？", *On the Pragmatics of Communication*, Trans, by Maeve Cooke, MIT, 1998, pp. 53~54.

形式联系的语言表述。语义学理论考察的是作为具备意义内容的语言表述。显然，唯有语音学与句法理论是自足的语言学理论，而语义学理论不能只在语言学家的态度中实现，因为要考虑语用方面。

（4）言语行为的特定方面与普遍方面。一方面，实证语用学的任务是去描述某一领域典型的言语行为，这可以从社会学、人类学与心理学视角加以分析；另一方面，语用学整体理论关涉的是，不论何种相关情境，如何重构隐含着言说主体能力的规则系统。因此，普遍语用学提出重构言说者内植句子的能力，这些句子与现实相联系的方式是，它们具备表征、表达与建立合法人际联系的整体语用功能。这一交往能力表达可以化为一种艺术，即通过同一语言的语境解释言语，或者将其翻译为外语中相同语境的言语。

（5）普遍语用学诸方面。言语的三大整体语用功能，包括使用句子表征世界事物，表达言说者意图，建立合法人际联系，都是所有特定能力的基础，是特定语境中言语的功能。能否实现这些整体功能，要看真实、真诚与正确这三个有效性条件。因此，每个言语行为都能从相应的分析视角加以考察，形式语义学考察基本命题的结构，以及指称与陈述行为，意向性理论考察意图表述，并在第一人称句子中发挥功能。最后，言语行为理论从建立合法人际联系角度考察言后力量。上述符号学区分可以简化为表5[1]：

---

〔1〕 Habermas, *On the Pragmatics of Communication*, Trans, by Maeve Cooke, MIT, 1998, p. 35.

表5　分析层面

理论层面	客体领域
语言学	句子
语法	单个语言的句子
语法理论的规则	任何语言中生成句子
语言分析诸方面	
语音学	理论镌写（语音）
句法理论	句法规则
语义理论	词汇单位
语用学	言语行为
实证语用学	语境相关的言语行为
普遍语用学	使用言语中句子的规则
普遍语用分析诸方面	
基本命题理论	指称与陈述行为
第一人称句理论	语言的意图表述
言后行为理论	建立人际联系

对于交往行动理论来说，言语的第三个方面，即建立合法人际联系，处于中心位置。因此，哈贝马斯将言语行为理论作为他的出发点。

言语行为理论的基本普遍语用意图，可以通过如下事实表达出来，它的主题化言语基本单位的在场，类似于语言学主体化语言单位（句子）的在场。重构语言分析的目标，是对规则的一种外显描述，有能力的言说者必须掌握，以便形成合乎语法的句子，并以可接受的方式说出来，言语行为理论与语言学分享了这一任务。

　　语言学的假设是，每个成年言说者拥有内隐的重构性知识，其语言规则能力得到表达，比如可以产生句子，言语行为理论预设存在相应的交往规则能力，即在言语行为中使用句子的能力。哈贝马斯进一步认为，交往能力如同语言能力一样，都有一个普遍性的核心。言语行为的整体理论因此将确切描述规则的基本系统，即成人言说者掌握这一系统，看作是实现成功言说的条件，不论句子处于何种语言，也不论这些言语处于何种语境。

　　针对能力理论方面研究语言用法这一想法，要求我们对能力与表现这对概念作出修正。乔姆斯基最初认为，它能让我们在语音、句法与语义层面对句子的特征加以研究，并在语言能力重构的框架内容实现，同时言语的语用特征留给语言表现理论处理。[1]这一概念产生的问题是，"交往能力"是否是一种杂交概念。哈贝马斯首先将语言学与语用学的区分建立在对句子与言语的区分之上。依照语法规则，句子的产生不同于依照语用规则的句子的使用，语用规则整体上塑造了言语情境的基础结构。但是也产生了如下两个问题：一是言语能否通过普遍句子结构充分决定。在此情形中，言说者运用重构语言能力，也会有能力掌握可能相互理解的情境，以完成言说的整体任务；整体交往能力假设不同于语言能力，它不能得到证立。二是在意义用法论的意义上，句子或字词的语义特征是否只能参照可能的典型使用情境得以澄清。一旦句子的语言分析与言语的语用分析之间的差异变得模糊，普遍语用学的客体领域也就处于变得模糊这一危险之中。

　　对于第一个问题，哈贝马斯在某种程度上同意如下说法[2]：

---

〔1〕［美］乔姆斯基：《句法理论诸方面》，法兰克福1969年版，第13~28页。
〔2〕关于这些属性，将在后面对塞尔的表达性原则的讨论中表述出来。

言说者在将形式完好的句子转换为指向达成理解的行为过程中，仅仅将句子结构中内在的东西真实化了。在此，我们并不否认，生产合乎语法的句子，与在可能相互理解的情境下使用这些句子之间存在差异，或者是作为有能力言说者，在各自情形中，必须实现的普遍预设之间存在差异。不过，即使言说者实现的这些预设，与所使用的句子的结构保持一致，他造的句子形式完好，也没有同时实现这些预设。我们看看与现实的联系就会清楚。每个句子首先根植于言语行为之中，说出句子的过程中，就与能够感知的外部现实、言说者想要表达为其意图的内部现实，以及社会上文化上认可的规范性现实产生了联系。因此，它要受到有效性诉求的制约，不需要也不能实现为一个没有情境的句子，或者一个纯粹合乎语法的形式。符号串表现为自然语言的一个句子 L，如果依照语法规则系统，且形式完好，就表现为 GL。句子合乎语法，从语用学视角看，意味着言说者说出的句子，对于所有掌握 GL 的听者来说，都能理解。

可理解性作为交往参与者所提出的一个普遍性诉求，对于内在于语言之中的句子这一诉求，必须得到满足。对照来说，所表达命题的有效性，依赖的是命题是否表征一个事实或经验，或者是否所提及的命题的存在预设内容合理；表达意图的有效性，依赖的是它与言说者真正想要表达的意图保持一致；所实施的言语行为的有效性，依赖的是这一行为是否与共同认可的规范性背景保持一致。尽管合乎语法的句子满足了可理解性这一诉求，但是成功的言语必须要满足三个额外的有效性诉求：它对参与者来说必须是真实的，它表征世界上的事物；它必须是真诚的，它表达的是言说者想要表达的一切；它必须是正确的，它要同社会普遍认可的期望保持一致。当然，我们可以确定句子表层结构的特征，这些特征对于言语的三大整体语用功能具备特殊的重要性：表征事物、表达意图、建立人际联系。

一、表征事物

在普遍语用学中与言语的表征功能相关的部分，就是与基本命题句子的用法相关的这一部分。形式语义学的经典领域，在从弗雷格到达米特的分析中，这些内容已经探讨过了。它系统地关注了命题真值这一事实，大家在普遍语用学研究中已经发现。述谓理论不研究整体上的句子，而是研究表征事实功能的句子，它的分析完全指向使用述谓的逻辑，以及指涉客体的那些表达，这一部分普遍语用学不是交往理论的最重要部分。

含命题内容的句子用来表征经验或事态（或间接指涉这些经验或事态）。选择存在命题的句子的方式是，所表达的命题的真值条件，或者所提及的命题内容的存在前提条件要得到满足（这样的话，听者能够分享言说者的知识）。

不可否认，言语的整体结构也反映在句子结构层面。但是，我们将句子看作是语法形式，即独立于言语情境，在言说过程中，这些整体性语用功能不再"拥有"。例如，对于语言学家来说，为了产生合乎语法的句子，有能力的言说者只需要满足可理解性诉求就行了。他肯定掌握了语法规则的相应系统，我们称其为语言能力，并可以在语言学中分析。这同交往能力是两回事，我所理解的交往能力，是言说者指向达成理解的能力，并植于同现实关联的形式完好的句子之中。在这些决定不依赖特定认识论前提条件，或者变化的语境的范围，而是整体导致句子持有表征、表达与人际联系产生的普遍语用功能的范围，其中所表达的一切，就是哈贝马斯研究的普遍语用学中的交往能力。

有人认为，哈贝马斯难以将普遍语用学概念化，但他自己不这样认为，因为形式语义学不能适用于区分有关句子的语言分析与有关言语的语用分析。语义学理论存在着不同进路，意义理论试图系统理解语言表述的语义内容。

在转换语法框架内，对句子表层结构的解释或者从语义的底层结构开始，或者依赖句法结构的语义投射。该进路作为规则，导致了产生一个整体语义标记的复合系统，并通过基本句建构起来。词汇语义学以类似方式行进，并通过意义关系的形式分析，廓清了既定词汇的意义结构。这些语言学进路的不足之处在于，它们以特定方式满足句子用法语用维度。但是，维特根斯坦在其作品中发展出来的意义使用论提供了很好的理由，解释语言表述的意义唯有参照可能应用的情境，才能加以确定。

对于意义理论的语用学理论来说，在界定典型的适用情境中的语言表述，与偶然具备额外的意义生成力量、但却并不影响语言表述的语义内核的语境方面存在困难。我们依靠何种标准，才能区分开典型行为与实际行为？指称语义学，不论作为外延理论，还是意向内涵理论，通过对客体的分类，并在真实句子中加以适用的分类，决定表述的意义。通过此种方式，我们能够澄清句子具备表征功能的表述意义。但是，哈贝马斯不理解的是，为何语义理论偏偏选出语言的表征功能，而忽略了语言在其表达与人际功能中发展出的特定意义。

总之，语义理论不能成功发展为整体理论。但是，如果它是异质构成，对句子结构分析与言语结构的方法论区分不持反对态度，可能隐含着区分语义学与语用学所存在的困难，这些困难也同样出现在区分语义学与句法学之中。言语的整体结构分析确实从句子的整体结构开始，但是只有从作为言语要素的使用句子的可能性视角出发，它才指向句子的形式特征，即它是表征的、表达的，也是人际的功能。同样，普遍语用学也可以理解为语义分析，但它不同于其他意义理论，因为其表述的意义是相关的，唯有这些表述在言语行为中使用，才满足了真实、真诚与规范正确的有效性诉求。另一方面，普遍语用学不同于实证语用学，例如，社会语言学中表述的意义产生，是考虑了言语情境的形式特征所决定的意义，而不是所使用的特定情境所决定的意义。

二、表达意图

哈贝马斯认为，分析意图性、探讨宣誓、探讨私人言语等方面，虽然为普遍语用学中言语的表达功能扫清了道路，但仅仅是开始。意图表达、模态形式等用来表达言说者的意图。表达意图的方式是，语言表达表征其所想要表达的一切（这样的话，听者能够信任言说者）。

我们想要一个不在面前的客体，但我们知道，它可直接给予我们。"意图性"需要客体真实出现的可能性，这一可能性而且能够真的出现。然而，我们不能采取非常不同的意图态度针对同一客体。我们意识的意图结构，仅仅需要的是媒介性与直接给予的客体之间差异的可能性。在语言学层面，我们可以将"宣称句"划分为"主体表达"与"述谓表述"来展示其差异。"主体表达"是一名词或确定描述，是指一个特定客体。它可通过肯定或否定的"述谓描述"得以决定。这一指称不需要所指示的客体出现。反而，客体可以一个可区分的客体得以表征。我们将此种语言逻辑的特征，归结于独立于语境的语言使用的可能性。在语言学交往中最引人注目的成绩，就是客体的表征以及事态，这两者都不在场。

三、建立人际联系

言语行为理论为普遍语用学提供了一个有用的出发点，并同言语的人际功能相关联。

施为短语用来建立言说者与听者之间的人际联系。实施言语行为的方式是，它与认可的规范或接受的自我形象保持一致（这样的话，听者与言说者分享价值指向）。

第三节　有效性诉求

在普遍语用学中，话语的"有效性诉求"问题是一个容易引起误解的概念[1]。该词语在康德的《纯粹理性批判》中频频出现。"有效"的意思是，某种具备有效性的东西在现实场合中得到认可，并成为通用的东西。因此，有必要把"有效"与"有效性"区分开来。某种东西所具备的有效性是不受特定的场合是否真实有效所限定的，相反，有效的东西必须首先要具备有效性。哈贝马斯的"有效性诉求"一词，意思是说，一个话语要想成为有效的，就必须要求事先满足有效性的条件。首先，言说者在言说时必定已经包含有效性诉求了，不然的话，他就不能说是以理解为目的的。其次，言说任何话语都必定包含了有效性诉求，这仅仅是指逻辑的必然性，至于该话语在实际场合是否有效，究竟能否得到认可，还要由听者的肯定或否定的态度来决定[2]。句子的有效性要依赖于其形式是否完好，并与语法规则保持一致。命题的有效性，依赖于其是否与现实保持一致。意图的有效性，依赖于其是否与言说者的意图保持一致。最后，言语行为的有效性，依赖于其是否实现了普遍承认的背

---

〔1〕 韩红："交往行为理论视野中的普遍语用学——'哈贝马斯语言哲学思想探幽'之一"，载《外语学刊》2006 年第 1 期，第 6~11 页。

〔2〕 韩红："交往行为理论视野中的普遍语用学——'哈贝马斯语言哲学思想探幽'之一"，载《外语学刊》2006 年第 1 期，第 6~11 页。

景规范。有效性诉求的重要意义，在哈贝马斯的道德哲学和真理问题研究中，为捍卫道德有理性标准的思想发挥了重要作用[1]。

哈贝马斯提出，以重构言语的普遍有效性基础为目的的研究，可以命名为普遍语用学。由此可见，有效性诉求在普遍语用学中具有核心地位[2]。所谓"有效"，是指某种具备有效性的东西在现实场合中得到认可，并达成共识。所谓"有效性"，是指某种行为或思考所具备的普遍认可的价值。"有效"与"有效性"是相辅相成的，某种东西所具备的有效性是不受特定的场合是否实际有效所限定的。与此相反，有效的东西则必须首先要具备有效性。有效性是规范性的前提，有效是认可规范后的结果。所以哈贝马斯的"有效性诉求"，是指一个言语行为要想成为有效的，就必须要求事先满足有效性的条件，只有这样才能让言说者被所有潜在的听者所接受，"我将详细论述这样一个论点：任何处于交往行动中的行为主体，在施行任何言语行为时，都必须提出若干普遍的有效性诉求，并假定它们能够被证实或兑现"。[3]哈贝马斯所言的若干"普遍的有效性诉求"包括四点：①说出某种可理解的东西；②提供（给听者）某种东西去理解；③由此使自己成为可以理解的；④与他人达成理解。整体上看，四个有效性诉求就是可理解性、真实性、真诚性与正确性。但是，哈贝马斯的语言哲学思想是逐渐变化并走向成熟的，在哈贝马斯语言哲学的基本确立阶段，主要以两卷本的《交往行动理论》为代表，哈贝马斯改变了有效性诉求

〔1〕［英］威廉姆·奥斯维特：《哈贝马斯》，沈亚生译，黑龙江人民出版社1999年版，第48页。

〔2〕刘志丹："交往如何可能：哈贝马斯普遍语用学新探"，载《中南大学学报（社会科学版）》2012年第1期，第34～39页。

〔3〕［英］威廉姆·奥斯维特：《哈贝马斯》，沈亚生译，黑龙江人民出版社1999年版，第48页。

"四要素说"的观点，代之以"三要素说"，即他认为言语行为的有效性诉求包括三点：真实性、正确性与真诚性。"在交往行动关系中，言语行为永远都可以根据三个角度中的一个加以否定：言说者在规范语境中为他的行为所提出来的正确性诉求；言说者为表达他所特有的主观经历所提出的真诚性诉求；最后还有，言说者在表达命题（以及唯名化命题内涵的现实条件）时所提出的真实性诉求。"[1]

此时，哈贝马斯已经放弃了将可理解性作为言语行为的一个有效性诉求的最初观点，转而将可理解性视为交往行动的基本前提，如果一个言说者不能提供一个可以理解的言语行为，那么，交往行动就无法"此种"，更何谈其他的有效性诉求。其实，可理解性属于语言学规则，而不属于交往性规则，它通过语言自身的内在规定性就能获得自我满足与自我兑现，它可以被视为其他三个有效性诉求的基础。第一，真实性，这是从客观在场而言的，中立的观察者提供有关客观世界中的存在事态的真实陈述，以便与他者分享知识。言语必须能够反映外在客观世界的事态存在，交往参与者通过言语把外在事实呈现给同在客观世界之中的他者，即言语的有效性取决于言语是否反映客观世界的真实事态并为对方所理解。第二，真诚性，这是从表现在场而言的，自我表现的主体在交互活动中把自己特有的内心世界真诚地表达出来，发自主观世界的真诚的意愿与想法可以使交往参与者彼此信任。第三，正确性，这是从规范在场而言的，交往参与者必须能够遵守他们被抛入的社会世界中的交往规范，这些社会规范又能够得到交往双方的认可，即言说者与听者能够在双方都具备的社会规范的价值认同中取得一致

---

[1] 刘晗："哈贝马斯基于交往的话语理论及其规范问题"，载《上海交通大学学报（哲学社会科学版）》2010年第5期，第62～68页。

理解。

　　哈贝马斯的意思是说，当主体间达成了"同意"或"认可"时，交往就是"有效"的，同时也就表明，包含在话语中的"有效性诉求"得到了"兑现或验证"。哈贝马斯认为，各种行动作为素材进入交往行动，它们必须满足一些基本的规范，交往才能实现[1]。鉴于语法性语句使可理解性的要求得到满足，一个成功的话语必须满足三项附加的有效性诉求：①对参与者来说，它必须被认为是真实的，就它所呈现的某种东西而言；②它必须被认为是真诚的，就它所表达出言说者意向的某些内容而言；③它必须被认为是正确的，就它与社会认可的期望相一致而言。如果加上话语的可理解性，话语交往的规范性条件就是可理解性、真实性、正确性与真诚性，只要满足了这四个话语的普遍有效性规范，话语交往才可能变成现实。

一、有效性基础

　　从意义理论出发，我们熟悉意义与有效性之间的内部关系：如果知晓言语行为在何种条件下为有效，就理解了这一言语行为的意义。这样，语义规则就对语言系统中可能的句子或言语行为制定了有效性条件。通过此种意义语境，语言为语言系统内的人的可能行为与经验打开了视野。如海德格尔所言，向世界开放的语言，允许事物作为世界中的事物看待。但是，这些语言上投射的可能性是否也在其内部世界事务中证明其价值，这是另一个问题。语义学上的有效性条件，在一定程度上是否真正满足了可能在既定语言系统中的句子与言语，在语言游戏功能中找到自身位置，不仅依赖语言世界的敞开力量，也依赖

---

[1]　刘晗："哈贝马斯基于交往的话语理论及其规范问题"，载《上海交通大学学报（哲学社会科学版）》2010年第5期，第62~68页。

内部世界实践的成功，但是这要通过语言系统才可能实现。语言世界观中的创造性革新不应被加以实体化，如海德格尔与福柯那样，被当作神秘的历史存在论或者知识形式的神秘历史。随着意义的语言视野发生变化，唯有言语有效性条件随之发生变化；变化了的前理解，必须在变化了的视野内所实际遭遇的一切交往中证明其价值。进一步说，有效性诉求图谱刻画在交往行动之中，为内部世界实践之中的学习进程提供反馈。通过意义的前存在理解，世界观结构使得内部世界实践成为可能，但是并没有通过意义的诗性天赋更新自身；它们也反过来对学习进程产生回应并且成为可能，其结果在世界观结构的变化中找到了表达。

　　基于言后行为与言后效果行为之间的分歧，哈贝马斯认为，尽管言语行为确实可以在策略层面使用，但是它们只对交往行动来说，才具备构成性意义。交往行动不同于策略行为之处，在于所有参与者毫无保留地追求言后行为目标，以便达成一致，为个人行为所追求的计划的共识协调提供基础。下面，哈贝马斯试图澄清实现一致而需要满足的条件，并且满足了协调行为这一功能。哈贝马斯将把其模式作为言语的基本对，每个都由言说者的言语行为与听者的确定性回答组成。请看如下例子：

　　（1）我（郑重）答应你，我明天会来。
　　（2）你必须停止吸烟。
　　（3）我向你坦白，我发现你的行为让人作呕。
　　（4）我猜测，这个假期会因为下雨而耽误。

　　在每种情形中，我们能够看出确定性回答意味着什么，以及它基于何种后续互动。

（1′）是，我等着。

（2′）是，我遵守。

（3′）是，我相信你确实是这样。

（4′）是，我们必须考虑一下此种情况。

通过"是"，听者接受了言语行为要约，并且表达了一致，它一方面关涉言语的内容，另一方面也关涉言语行为固有的保证以及互动后续所关联的义务。言语行为典型的行为潜力得到了凸显，也就是说，言说者提出了所说的内容，他得到施为性动词的帮助，在外显言语行为中提出了这一内容。通过承认他的说法，听者接受了言语行为形式的要约。这一言后行为成功与行为有关，同时言说者与听者间的人际联系得以确立，这一联系对协调具备积极影响，并理顺了行为的可能范围以及互动后续，同时通过行为的整体选择方式向听者打开了可能的关联点。

前面例子已经说明，言说者以其言语只提出了一个有效性诉求。通过承诺句（1），言说者与所宣称的意图的有效性诉求联系在一起；通过指令句（2），言说者与祈使行为的有效性诉求联系在一起；通过宣誓句（3），言说者与表达情感的有效性诉求联系在一起；通过述谓句（4），言说者与陈述的有效性诉求联系在一起。相应地，通过"否"的回答，听者对句（1）（2）的正确性、句（3）的真诚性，以及句（4）的真实性提出了抗争。但是这一图景尚不完备，因为每个言语行为都能在不止一个方面面临抗争，即遭到拒绝成为无效。

假设一位论坛参加者将教授与他说的祈使句：

（5）给我拿杯水来。

没有简单理解为一个意志的祈使行为表达，而是一个具备指向达成理解的态度的言语行为。那么原则上讲，他可在如下三个有效性方面加以拒绝。他可以对该言语的规范正确性提出抗争：

（5′）不，你不能像对待你的雇员那样对待我。

或者他可以对言语的主观真诚性提出抗争：

（5″）不，你想让我在其他论坛参与者面前难堪。

他或者可以某种既存在预设包含：

（5‴）不，离这里最近的水龙头太远，我在会议结束前都赶不回来。

在第一种情形中，抗争的内容是教授的行为在既定规范语境中是正确的；在第二种情形中，抗争的内容是教授所说的内容是其意图表达，因为他是想实现某种言后行为效果；在第三种情形中，抗争的内容是教授命题在既定语境中的真实性。

与这个例子关联的表达内容，对于所有指向达成理解的言语行为来说都是真实的。在交往行动语境中，言语行为总可以在三个方面的任一方面加以拒绝，或者是言说者行为与规范语境关联的正确性诉求方面，或者是言说者主观经验表达的真诚性诉求，或者是言说者言语的真实性诉求，即对陈述内容提出的诉求。这一论断可以检验无数情形，并且将我们带回到比勒的语言功能模式，显得更具说服力。

我们还需区分开行为的有效性与规范的有效性，满足其有效性条件的诉求与对所提出的有效性诉求的履行，即作为行为有效性或相关规范得到满足的条件的诉求的正当性。我们的在场是，言说者可以通过理性驱动听者接受他的言语行为要约，因为他基于有效性、有效性诉求与有效性诉求的履行之间的内部联系，如果必要的话，他能保证提供有说服力的理由，来对抗听者对有效性诉求的批评。这样，言后行为成功的管约力不是来自他所说内容的有效性，而是所提供保证的协调效果，并可保证履行其言语行为所提出的有效性诉求。在言后行为角色没有表达力量诉求而是有效性诉求的所有情形中，保留潜在制裁的实证驱动力这一位置，被保证履行有效性诉求的理性驱动力所取代。

　　这不仅对诸如规范性言语行为（1）（2）是这样，而且对表达与陈述性言语行为（3）（4）也是这样。通过句（1），言说者实现了所期望状态意图的规范有效性诉求，通过句（2），言说者提出了其祈使句的规范有效性诉求，即 H 实现 S 所期望实现的状态，通过句（3），言说者对主体意图经验提出了真诚性诉求，通过句（4），言说者提出了命题内容的真实性诉求。句（3）显示了之前隐藏的情感态度，句（4）显示了命题内容，这一有效性诉求言说者对承认句（3）与述谓句（4）做出保证。这样，如果听者知晓（a）某人感到厌恶"P-"所需的条件，以及（b）S 表达了他所说的意思并对其进一步行为保持一致的保证这一条件，他才理解了宣誓句（3）。听者如果知晓能使述谓为真的条件，以及 S 能有足够理由坚持其内容为真这一陈述所需条件，他就理解了句（4）。

　　哈贝马斯提到过，阿佩尔对于共识性言语行为的整体前提条件，提出了如下公式：要确定这些前提条件，我们必须远离行为事实观察者的视角，而要注意"在我们自身与他者之间可能达成理解的规范性条件时，我们必然已经需要预设的一切东西；并在此意义上，我们必然已经接受的一切东西"。[1]阿佩尔此刻使用了先验完成式，并且加入了必要性模式，以便表达超验的限制条件。作为言说者，每当实施、理解或者回应言语行为时，都需要服从这一限制条件。在实施该行动之中或之后，我们已经不由自主地作出若干假设，阿佩尔称其为"可能达成理解的规范性条件。"但是有人会说，整体或不可避免的可能相互理解的条件有超验意味，每当人们不仅考虑到行动或评价规范的有效性维度时，或者整体规则的有效性维度时，而且考虑到整个系谱下言语的有效性基础时，上述条件就具备了规范内容。

哈贝马斯认为，"言语的有效性基础"是如下此种意思：交往行动中的任何人，在实施任何言语行为时，提出了普遍"有效性诉求"，并认为它们能够得到辩护。只要他想参与到达成理解的进程中来，就不可避免地提出如下有效性诉求，这些诉求应该包括：说出可理解的事物；给予听者某种事物加以理解；让自己能够得到理解，以及与另一个人达成理解。

达成理解的目标是，对相互理解、共享知识、相互信任以及彼此协调的主体间的相互关系达成一致。所谓"一致"，是基于对四个有效性诉求的认可，包括可理解性、真实性、真诚性以及正确性。我们知道"verständigung（理解）"具备诸多意义。狭义上来看，是指两个主体以同样方式来理解一个语言表达，广义上来说，是指两个主体对于相互认可的规范性背景相关联的言语的正确性，存在一致观点，而且交往中的参与者能够达成对世界事物的理解时能够让彼此理解自己的意图。上述四个组成部分是语言交往的正常状态，不必从达成一致这一动

---

〔1〕〔德〕阿佩尔："语言理论与超验语用学——从弗雷格到诺曼"，载〔德〕阿佩尔编：《语用学与哲学》，法兰克福 1976 年版，第 10~173 页。

态视角来分析达成理解的进程了。处于灰色地带的典型状态，包括缺乏理解与误解、故意或无意的不真诚、秘密或公开的异议，或者提前存在或已经达成的共识之间的状态。所谓达成理解，就是在相互认可的有效性诉求上，在所具备的前提基础上达成一致这一进程。在日常生活中，我们从参与者之间所涉及的背景共识出发，一旦这一共识动摇，或者得到满足或辩护的有效性诉求在至少一个诉求中悬置起来，交往行动就不能继续"此种"下去。相互解释的任务，就是实现一种情境下的新定义，并为所有参与者共享。如果这一努力失败，参与基本上就面临着转换到策略行为的选择上，同时打断了交往，或者在不同层面重新开始指向达成理解的行动，这就是论辩言语层面。

在交往行动中，参与者预设自己知道有效性诉求中的相互认可，如果他们能够依赖上述情境的共享定义，并依此共识行动，背景共识就包括如下几个方面：言说者与听者隐含地知晓，如果存在交往的话，每个人必须提出上述有效性诉求；相互间都认为，如果满足上述交往的前提条件，即合法地提出了自己的有效性诉求；他们存在一个共同信念，即提出的任何有效性诉求，或者如所说的句子能够理解一样，已经得到辩护，或者如句子、命题、表达意图与言语满足了相关充分条件，其真实性、真诚性与正确性就得到辩护。

这样，哈贝马斯区分了与其语境相适应的合乎语法的句子、真命题、真诚意图表达或者规范上正确的言语的有效性条件，言说者要求主体间认可句子形式上完好、命题的真实、表达意图的真诚、言语行为的正确所提出的有效性诉求，以及合法提出的有效性诉求的可辩护性三个方面。可辩护性意味着支持者不论通过迎合直觉或经验，或是通过辩论或行动影响，证明了所认可的诉求值得承认，并达成其有效性的超主体承认。通过接受言说者的有效性诉求，听者承认了符号结构的有效性，即承认句子是合乎语法的，陈述是真实的，表达的意图是真诚的，或者言语是正确的。这些符号结构的有效性由于满足了若干充分条件，从而得到证立，前提是有效性的意义值得承认，并能保证在适当条件下实现主体间的承认。

二、可理解性

言说者必须选择能够让人理解的表达，这样彼此就能够听懂对方的话。言说者必须具备交往真命题的意图，或者是命题内容、得到满足的存在前提条件，这样听者才能与言说者分享其知识。言说者必须真诚表达自己的意图，这样听者才能发现言说者的话语能够信任。最后，言说者必须使用正确的话语，并与通行的规范与价值保持一致，这样听者才能接受他的话语，并依照公认的规范性背景彼此达成一致。只要所有的参与者都认为，他们相互提出的有效性诉求是合法提出的，交往行动就可以持续下去。

对于每个真实的言说，言说者同下述诉求发生关系：言语可在既定情境中得到理解。如果说者与听者不懂得同一种语言，该诉求就不会履行或得到辩护，就需要一种解释性努力来澄清意义。对于哈贝马斯来说，所谓"达成理解"这一术语，其最低层面的意思是，至少有两个具备言语与行为能力的主体以同样方式理解一个语言表达，表达的意义在对可接受的言语行为意义所作的贡献。要理解言说者用此行为想说什么，听者必须知晓此行为可接受的条件是什么。在此程度上，理解一个基本表达已经超越"理解"这一术语的最小意义。如果听者接受了一个言语行为要约，在两个具备言语与行为能力的主体间产生了一致，并不仅仅局限于对单一、主题强调的有效性诉求得到主体间的认可，而是在三个层面同时实现。我们记得，交往行动中的言说者选择一个可理解的语言表达，以便与听者对事物达成理解，从而使自己得到理解，这些通过直觉可以轻易确定。这说明，言说者的交往意图在既定规范语境中是正确的，这样所认可的主体间联系就是合法的，并在言说者与听者之间产生；他真诚表达自己的信仰、意图、情感、愿望等，听者将对他所说的内容不再怀疑；他给出一个真实陈述或者是正确的既存前提条件，听者会接受并分享言说者的知识。这样，交往获得的一致所具备的主体间性在规范一致性层面、主观真诚性的相互信任层面，以及通过语言达成理解功能而使共享的命题知识能够加以解释。

三、命题真实性

四大有效性诉求非常重要，因为它们不能被还原为一个公分母。可理解性、规范正确性与真诚性不能还原为真实性意义。宣称句与解释句隐含着真实性诉求。如果不包含着所宣称的事态，它就不能被证立。哈贝马斯称此为"语言的认知用法"，并从客观事实的事物目标开始交往。每当我们理解了陈述性言语行为中有效性诉求的意义，我们就理解了真实性：宣称句的语用学是开启真实性概念的钥匙，真实性不是相似性的一种关系，对于其他有效性诉求也是一样。言语的可理解性不是一个真值关系，它表明我拥有一个特定的规则能力，即我懂得一门自然语言。如果言语合乎语法并在语用上形式完好，言语就具有可理解性，如果掌握了适当规则系统，就能生成同样的言语。但是，可理解性与"真实性"没有任何关系，真实性是句子与陈述的现实之间的一种关系。对照来说，可理解性是符号表达与相关规则系统之间的一种内在关系，我们依此可以生成这些表达。

作为一个语言共同体，我们的每个成员在实践中必须对于一个语法表达式能够理解，并在其不同语境中保持同样的意义，也就是说，成员们都可以超越语言表象和个人经验，理解其本质，读懂其真假[1]。

四、主观真诚性

所有狭义上表达的言语，诸如情感、愿望、意愿期望等，隐含着真诚性诉求，如果言说者不具备他所表达的意图的话，该诉求就被证明是错误的。真诚性与可理解性一样，都不是一种真实性关系，它作为一种与言语行为联系在一起的有效性诉求，属于表征类。它表明我真诚地表达意图，表达的就是我所表达出的意图。也就是说，如果他既没有欺骗自己，也没有欺骗他者，他就是真诚的。如同真实性是指我提出的命题的意义一样，透露或显现在他者面前的主体性经验的意义中，我具备优先性。如果把真诚性构想为一种经验表达，与通过实体的内部状态的关系，我们已经通过真实性类推而误解了真诚性。在自我表征行为中，我根本没有宣称内部场景，也根本没宣称，而是表达了主观性的东西。在该类理论中，诸如海德格尔那样，真实性以真诚性模式被构想为显现或无遮蔽，它无法证立语言的认知用法就是指现实。

五、规范正确性

依照霍斯特的看法，哈贝马斯坚信我们作为符合道德的行动者，对于文化中的理所当然之事、生活世界的背景知识、道

---

[1] [德] 哈贝马斯：《在事实与规范之间：关于法律和民主法治国的商谈理论》，童世骏译，生活·读书·新知三联书店 2003 年版，第 14~15 页。

德信念，都扎根于语言，我们都致力于寻求其规范性前提[1]，这对于法律交往领域来说，也具有同样的规范正确性。

所有以规范为指向的言语，诸如命令、建议、许诺等，隐含着规范正确性诉求，如果隐含在言语中的首要规范不能得到合法化，该诉求就不能被证立，此为语言的交往用法，是为产生特定的人际联系的世界事物。

与可理解性与真诚性相比，规范正确性诉求得到了哲学上的更大关注，并常落在道德真实性名头之下。正确性作为有效性诉求，与规范类联系在一起，承认一种首要规范是正确且具备有效性。这一有效性规范与真实性没有任何关系，因为规范性句子不能来源于描述性句子。自然主义在伦理学上的错误的批判，适用于区分正确性与真实性。我们一旦将正确性构想为命令与劝告，诸如愿望与厌恶之间的关系，我们通过真实性类推而误解了它。在动机选择的行为中，不论我们做得对错，都不再宣称内在场景，也不在自我表征行为中这样做。从此出发，不存在事实问题的真假将误解规范有效性的意义。通过表达一个规范优先于另一规范，排除任意性因素，使得规范有效性与真实性有效性一致，两者只能通过话语论辩与达成理性共识得到履行。但是，共识在此两种情形中具备不同意义，命题的真实性标准针对观点的普遍同意的可能性，命令与劝告的正确性标准针对观点的普遍一致的可能性。

总之，规范有效性是社会交往理论的基础概念，仍是一个任重道远的诉求。它是反事实力量的来源，它不允许通过冒犯来维持免受持续冒犯。例如，每个能够行动的主体都具备直觉意识，我们把主体看作他者而非对手，更别说可操控的客体，

---

〔1〕　〔德〕德特勒夫·霍斯特：《哈贝马斯》，鲁路译，中国人民大学出版社2010年版，第45页。

我们把他看作是可论述的对象。这样，我们只能与他者互动，或者在主体间层面与他者遭遇，在适当提问之下，他能以自己的行动加以论述。既然我们想将他与主体关联，就必须继续假设在既定情境中，他者可以告诉我们为何这样做而不是相反。这样，我们实施了理想化并用审视自身的目光审视他者主体。如果我们问他者，他者能给出他的行动理由，如果他者主体问及我们，我们亦能论述自己的行动理由。直觉知识在行动过程中隐藏了自身的假设或预期地位，并划分为两个反事实期望：（a）我们期望行动者遵守规范，不然就难以在与他者的互动中排除非意识动机，造成的后果就是我们离开主体间性层面，将他者作为与第三方交往的对象客体，作为交往终止的客体。（b）我们期望行动主体只服从可证立的规范，这样在互动过程中就不能期望他者遵守不承认合法的规范，即使主体仅向实证上强加的限制条件低头，我们归咎他的整体原则，依此他也将证立这一行为。这一合法性期望的一个内涵就是，唯有在行动主体眼中认为证立了的规范或整体原则，才是在非限制或非强迫谈论下有说服力且可接受的规范。

哈贝马斯假设了如下一个例子，来说明交往行动的运用要求：

（1）请您为我端一杯水来。

如果理解为一种在为理解而采取的态度的语言活动，那么，他就会把此种请求原则上归结为三种运用角度。

他可以驳斥表达的规范正确性：

（1′）不行，您不能把我当作您的一个职员。

或者，他可以驳斥表达的主观真实性：

（1″）不行，您这样仅仅想在其他课堂讨论参与者面前转移我的视线。

或者，他可以驳斥一定的存在前提：

（1‴）不行，水管离得太远了，我在课堂讨论结束以前都回不来。[1]

这说明，在语言为媒介的交往行动中，我们要满足三个角度中的任何一个角度，也就是说，行动者的规范正确性、主观真诚性、客观真实性都要满足。

一个合法的语言游戏，其言语行为合作与交换伴随着一个"背景共识"。这一共识对于有能力的言说者来说，必须相互提出四个有效性诉求的承认：言语的可理解性、命题成分的真实性、施为成分的规范正确性以及言说者意图的真诚性。如果言说与行动主体能满足如下条件，交往过程就非常顺利：

（a）能够理解主体间关系的语用意义，以及言语命题成分的意义；

（b）承认言语行为中表达的命题的真实性，或者提及的命题内容的存在预设；

（c）确认既定言语行为规范所具备的规范正确性；

（d）对相关主体的真诚性不会产生怀疑。

如果语言游戏的功能受到影响，发生作用的背景共识受到破坏，特定有效性诉求就遭到了主题化。这些问题与回答，是

---

[1]　[德]哈贝马斯：《交往行动理论·第一卷——行动的合理性和社会合理化》，洪佩郁、蔺青译，重庆出版社1994年版，第387~388页。

交往实践正常的一部分。如果言语的可理解性出了问题，我们可问这样的问题，比如"你说这话意味着什么？""我怎么去理解它？""这个意义是什么？"我们称这些问题的答案为解释类。如果言语命题内容的真实性出了问题，我们可以问"事情如你说的那样吗？""为什么它是此种方式而不是其他方式？"我们就用宣称类与解释类加以回答。如果言语行为的规范正确性出了问题，或者规范语境出了问题，我们可以问"你为什么要那样做？""为什么你的行为没有什么不同？"对这些问题的回答就是证立类。最后，如果互动过程中对他者的真诚性产生怀疑，我们可以问"他在欺骗我吗？"或者"他是自欺欺人吗？"但是，这些问题不是说给不值得信任的那人听，而是说给相关第三方听。作为被怀疑有些不真诚的言说者，至少可以在法庭上接受交叉询问，或者可能在分析中"找到他的意义"。

但是，不是所有通过普遍语用学的四类言语行为这一方式来澄清的有效性诉求，表明它们能够得到话语履行。真值共识论必须依赖达成共识的概念，对于真实性与正确性诉求来说都是相对的。真诚性诉求只能通过行动得到履行，医患双方的问询与分析型对话都不能看作是话语。可理解性诉求的情形则不同。如果背景共识对于特定的解释不再充分这一观点感到伤心，就有必要诉诸解释学话语，不同的解释被验证为正确的才能得到证立。真实性诉求与规范正确性诉求在日常实践中发挥功能，并在必要时刻得到话语履行的启发下得以接受。对照来说，可理解性作为一个诉求，只要交往进程顺利此种就是履行，它不是一个普遍接受的预设，也使得不可理解的交往终止了。

最终，严格意义上的规范有效性能够约束行动机，并同价值保持一致，唯一条件是它们体现在规范之中。规范中价值的体现，表明情境中的这一规范是有效的，每个人将自身指向若干价值从而得到证立，并将自身行动基于在价值中得到解释的愿望与需求之上。我们说规范有效，是说它宣称表达一可以普遍化的利益，值得所有相关人员的同意。

总之，社会规范是存在的，但是不同于客观事物的存在，它是适用于共同体中所有成员的，对所有成员均具有约束力。哈贝马斯称之为正确性或者正当性诉求。这就需要进入实践话语层面，即实用性、伦理性、道德性话语层面。这三个层面的话语目的分别是"推荐合适的方法和可实施的规则，为生活提供正确方向和为个人生活提供建议，以及为由规范所调解的行为领域中发生冲突时提供公正解决方案而达成协议"[1]。

哈贝马斯认为："我们传统的政治的规范观念坚持认为，具有民主合法性的国家机器把君主主权转变成了人民主权，因而应当能够贯彻全体公民的意见和意志。但是，在当代社会，主体间自我理解能力与整个社会自我组织能力之间明显不对称。"[2]这就要求我们进入一种自主的公共领域，关键是为了在生活世界与系统交换过程中建立一个防护体系，这一防护体系的核心就是认同、一致。

谢立中[3]认为，哈贝马斯的有效性诉求理论，虽然是在理想言语情境的前提下重构的，但也缺乏一种前提，即成功交往需要一种共同的话语体系。总结来说，一个和被判断陈述的主体不处于同一话语体系之中、甚至对被判断陈述的主体所属话语体系毫无了解的人，是根本没有能力对该"事实陈述"的"真

---

[1] 夏宏：《从批判走向建构——哈贝马斯法哲学研究》，湖北长江出版集团、湖北人民出版社 2007 年版，第 64~65 页。

[2] ［德］于尔根·哈贝马斯：《现代性的哲学话语》，曹卫东等译，译林出版社 2008 年版，第 360~361 页。

[3] 谢立中："哈贝马斯的'沟通有效性理论'：前提或限制"，载《北京大学学报（哲学社会科学版）》2014 年第 5 期，第 142~147 页。

实性"做出恰当判断的。一个和沟通对方不处于同一话语体系之中、甚至对对方所属话语体系毫无了解的人，在对对方"沟通意向的真诚性"作出判断时也是可能会遇到困难的。在判断沟通双方在沟通过程中是否遵循了正确的行为规范时，沟通双方是否处于同一个话语体系的引导和约束之下，也是一个重要的影响因素。只有处于同一话语体系的引导和约束之下的沟通行动者，在"何为正确地行动规范"问题上才比较容易达成一致的判断。

第四节　系统交往

生活世界虽然是交往行动的背景，但它不是整个现代社会的基础、底色或背景，而仅是现代社会的两大领域之一。哈贝马斯将另一个领域称其为"系统"[1]。所谓"系统"，主要指社会的经济组织与管理组织；生活世界则由教育体系、传媒与家庭生活构成，它积蓄着我们的自我理解或不可动摇的信念。支配系统的是工具理性，而支配生活世界的则是价值理性，即哈贝马斯所指的"交往理性"。系统的运行逻辑侵入生活世界，造成生活世界的殖民化，这是现代性的根本问题。具体而言，就是工具理性日益成为生活与行动指南，日常生活被纳入市场与经济轨道，家庭是市场衍生物，教育成了就业与生计的手段。哈贝马斯认为，这一切是可以改变的。提出"生活世界"概念本身就是要证明这一点，并成为根本扭转此种趋势的可能性条件。生活世界之所以有此力量，归根结底是因为它的语言性，或者说它与语言世界图像结构之间的内在关系。哈贝马斯在法兰克福大学教授就职演讲中就说过："我们超出自然的唯一事物

---

〔1〕 张汝伦："哈贝马斯交往行动理论批判"，载《江苏行政学院学报》2008年第 6 期，第 5~10 页。

是语言，我们知道它的本质。通过它的结构，我们被赋予了自主性与责任。"〔1〕也就是说，语言是自由与规范的保证。语言的实践哲学性，就体现在语言交往之中。后期维特根斯坦的语言游戏论，与伽德默尔的诠释学一起，直接支持了哈贝马斯的这个观念。维特根斯坦将语言游戏的概念、语言与社会生活形式联系在一起，语言不再仅仅是我们日常实践的工具，而是社会生活本身的组成部分。奥斯汀的言语行为理论不但使哈贝马斯发现了语言的社会实践功能，也让他发现了语言的规范功能。诠释学理论让哈贝马斯把交往行动看作是一个协调的解释过程，生活世界成为这个构成发生的文化背景。不过，我们对这个背景是可以质疑与批判的。生活世界合理性的关键，就是对生活世界本身加以反思与批判，只有这样才能抵制系统对生活世界的殖民化。

哈贝马斯认为，交往能力的发展调制内在行为控制，但是道德判断与现实行为之间的系统存在差异，并且存在冲突。此种情境表明，这两条发展路线并不重叠。语言交往在两个方面与动机发展相关。一方面，交往行动是社会化媒介，通过交往行动，家庭环境的影响得以渗入并传递到个性系统；另一方面，语言提供了组织愿望与需求方式，并基于需求本质交往加以建构。道德判断与道德行动之间的差异，可以通过社会化进程的干扰得到解释。这些干扰能从语言环境的病理类型层面加以分析，并与社会关联。也可从需求与行为控制的结构层面分析，并在系统扭曲的交往条件下发展。弗洛伊德引介了无意识压迫的自我功能，这是一种语言病理机制。对冲突的压迫，不是有意识地得到解决，即不在共识行动的基础上解决，这为采取交

---

〔1〕 Habermas, *Knowledge and Human Interests*, trans, by Jeremy Shapiro, Boston: Beacon Press, 1971, p. 314.

往干扰的形式的痕迹铺平了道路。交往的神智干扰，在个人系统的各个部分之间，类似于家庭交往中的干扰。当然，分析的此种偏离，预设了"此种"交往知识的存在，并被看作是"正常的"。

一、正常交往

我们何时能把交往看作是不受干扰、没有系统扭曲的或者"正常的"？哈贝马斯探讨了统计学、临床医学或文化上的正常性观念。

首先，我们必须解释语言交往规范条件所说的是什么意思。规范的统计学观念是不适合的，它们没有告诉我们社会有效互动的正常条件是什么。"正常性"这一临床观念，来源于躯体疾病领域。有机体的健康或正常状态，都为大家合理知晓，疾病状态即是发生偏离。现有理论还无法一致决定心智有机体的规范。当前正常性的文化观念，描述了广泛接受的后援在场特征，是对一既定文化在既定生活领域的正常状态所进行的描述性论述。这样，正常性的文化相关概念，关键就不是行为的可观察方面的正态分布，而是对在任何既定情形中得到确定的正常性的定义。此种相对主义的正常性的文化概念，虽在文化人类学中被广泛接受，但是种族心理学对其提出强烈的保留意见，尤其是德沃叶提出若干区分，清楚表明文化相对主义观点的不足。

文化正常性概念既非生理健康的特征，也非统计学上平均数的特征，看来并不可靠，却具备规范内容。这一内容在实证-描述科学中如何得到证立？

皮亚杰使用发展逻辑概念，允许引进规范性观念进行实证分析。命题真值作为一个有效性诉求，通过论辩得以预设。行动与评价的规范正确性，虽然尚有争议，仍具备说服力。对道德判断的发展逻辑此种研究，要依赖这一规范性假设，其存在根源也依照问题解决层面加以衡量。在此，我们不仅依赖逻辑学、数学以及物理学的基础知识，使得解决方式正确、有效。我们必须深入到哲学伦理学的不稳定基础之中，以便证立如下论点，即每个更高层面的道德意识，允许存在更加复杂的行动冲突，并有一个更加充分的共识解决方式。将道德判断能力概念扩展进交往能力概念之中，再一次转换了规范性假设。因为互动参与能力、维持交往行动甚至是冲突的共识基础的能力，包括依照道德判断行动的能力，但是除此之外，也预设了系谱中的语言交往有效性基础。交往能力的衡量标准，不是解决适当层面的知识问题与道德洞见的能力，而是维持达成共同理解进程的能力，甚至在冲突环境下达成共同理解进程的能力，而不是打断交往或者仅仅是表面上维持这一进程。

我们发现，心理分析的无意识压制概念，让我们了解实施达成共识理解进程的显然技术。无意识压制冲突时刻，在排除共同理解进程，于通过洞见彼此弥合冲突进程的条件下产生，或者导致心智内部交往打断，或者导致家庭内部个人之间的隐性障碍。自我力量正常性概念通过此种心理分析而发展出来，并依赖无意识压制策略加以衡量。自我力量增长的程度与自我能够脱离此类策略相向而行，并有意识地处理其中的冲突。此时的规范性假设在于意识概念，也在于对人际间导致心理冲突的洞见关系上。与哈贝马斯对基本心理分析假设的交往理论理解一致的是[1]，这些意识冲突进程的类型学构成条件，与正常语言交往的条件联系在了 起，意识冲突进程就是非扭曲交往

---

〔1〕 [德] 哈贝马斯：《知识与人类旨趣》，第10、11章，以及"普遍性的解释学诉求"，载《当代解释学》，法兰克福1982年版，第133页及下两页。

条件下的冲突进程。

回到反思起点处我们就会发现，难以把握好现有统计学、临床医学或文化上的正常性观念。我们必须将内在与语言交往本身的规范性内容外显出来。"非扭曲交往"这一表达，没有对相互的语言理解增加任何东西，因为"共同理解"意味着内在于语言交往的目的所在。哈贝马斯通过"共同理解意义"这一概念，来建立语言交往的正常性条件，因为它是每个言语行为中不可避免的超验有效性必要条件。进一步说，每个交往行动者，必须遵守实现有效性的普遍诉求，只要他参与到交往中来，就不能避免提出如下几个诉求：可理解地表达自身；弄懂事物；在此过程中让自己被别人理解，以及与他者达成相互理解。

当然，如果要获得完全的一致，就包括所有四个组成部分，这是语言交往的正常状态，那么就不需要在达成一致的动态角度下分享达成共同理解的进程。缺乏理解与误解、故意与无意的不真诚、秘密与公开的不一致，总是存在前理解与相互理解之间的灰色地带所在的情境。在此灰色地带，可以积极达成一致。相互理解作为一种进程，试图克服缺乏理解与误解、对人对己不真诚、不一致，这都是在试图达成相互认可的有效性诉求的共同基础之上进行的。

实施言语行为需要满足普遍要求，它是有效性诉求的基础。这些要求反映了言语行为及其媒介、规范性社会现实、言说者主体内部本质间的关系。言语有效性基础一旦建立，语言用法的不同模式就能依赖主题上强调的有效性诉求此种区分：存在语言的认知、互动与表达用法。不同交往模式的发生，是实施否定的必要条件，是将句子的否定扩展到言语行为否定的必要条件。在交往的第一层面，唯有他者的行为期望可以否定，在第二层面，言说者能够区分言语中支持的否定（诸如，我不接受你的许诺）、否定性言语行为（诸如，我不会答应你我会来），以及否定命题（诸如，我保证不会来）。

系统扭曲交往的干扰与异常行为的干扰相比，处在更深层次上，并与社会规约规范存在分歧。扭曲的交往不违反任何行动规范，这些规范拥有社会有效性的偶然原因，违反的是交往的普遍预设，并不会从一个规范语境变化到另一规范语境。当然，即使是有瑕疵的交往也是交往，在诸多情形下仍被看作是正常言语，这个"正常"是在文化正常意义上说的，它覆盖社会所普遍接受范围内的一切。

在哈贝马斯看来，交往行动的普遍预设是：①参与者彼此认为自己是可以表态的。也就是说，他们彼此认为具备克服儿童自我中心主义的能力，并且能区分语言的主体间性、外部自认的客观性、内部自然的主观性以及社会规范性；②参与者彼此情愿达成相互理解。他们共同认为，彼此能以内在于言语的四大有效性诉求（包括言语的可理解性、宣称或提及命题内容的真实性、可接受规范背景下言语的正确性、要积极言说者表达意图的真诚性）为基础行为，并且相应达成共识。换句话说，我们必须有相互达成一致的倾向。这一情愿达成相互理解的整体交往预设，不包括策略行为，只能是交往行动。这样，言说者 S 如果情愿达成相互理解，就会选择语言表达，这样听者 H 就会理解 S 想让 H 理解的那样得到理解；形成命题内容，这样就会表征或实施经验，使得 H 能分享 S 的知识；表达自己的意图，这样语言表达表征 S 所意味的一切，使得 H 信任 S；实施言语行为，这样就会满足可接受的规范，或者是同可接受的自我形象保持一致，使得 H 能与 S 达成一致。

二、扭曲交往

如果交往的可理解性遭到破坏，交往干扰就在解释学话语层面得到主题化，并与相关语言系统产生联系。在语言的认知用法中，我们有义务为内在于言语行为之中的诉求提供基础。陈述性言语行为包含诉诸经验渠道的可能性，言说者依此渠道确定自己表述的真实性。如果这个直接基础没有满足，那么出现问题的真实性诉求就成为理论话语的客体。在语言的互动用法中，我们有义务证立内在于言语行为中的诉求。规范的言语行为如果必要的话，只包含言说者处于规范语境之中，给言说者的信条是其言语的正确性。同样，如果直接证立没有排除，我们就到了话语层面，这是实践话语的情形。但是，这一变化中的话语客体，不再是与言语行为联系在一起的规范有效性诉求，而是潜在规范的有效性诉求。最后，即使在语言的表达用法中，言说者做出了内在于言语行为的一个保证，即有义务以行动结果展示自己值得信任，他表达了确实驱动他行动的意图。一旦言说者自身的直接保证没有驱散，言语的真诚性只能通过行动结果的一致性加以检验。

那么，违反交往的普遍预设意味着什么呢？

言语必须要形式上完好才能被理解，不然它就不能实现达成相互理解的目的。我们不可能想要表达自身的同时，又表达不能理解并给人误导，这就使我们联想起超验必要性时刻。可理解性诉求能在一定程度上得到满足，言语可能或多或少可理解，但它一定是完全能够理解的。如果它是实现交往目的的，我们可能为特定功能语境的言语设定可理解性标准。例如，精确标准与科学中澄清的要求，不同于日常交往中的这些标准与要求。哈贝马斯对可理解性诉求的几种违反情况做了一个比较，以便确认交往系统发生扭曲的条件。

（a）言说者希望使用不太精通的外语表达自己，但是这样尝试失败了。这一情形不是系统扭曲交往的一个情形，而是能力不足的一个情形。

（b）科学家没有足够清楚表达自身。他既不遵守澄清的要求，也不使用应受学术话语规制的术语，这并不意味他对事实的宣称难懂，而是违反了可理解性层面的规范，此种情形下的交往没有得到扭曲。

（c）在尴尬情境中，有人试图为缓解误解而试图表达自己。该误解可能本来有意为之，也可能无意产生。上述两种情形都不是系统扭曲交往的情形，而是取代共识行动的策略行为情形。作为策略的一部分，有意误解或有意缺乏理解的言说者，默认悬置了交往的基本预设（即真诚性与正确性）。

（d）言说者的表达难以理解，或者让人感到迷惑不解，自身却没有注意到或者故意为之。如果私人语言中的打断违反了可理解性这一交往前提，也就违反了言语的内部组织，即使言说者并非有意放弃共识行动的基础，我们称之为系统扭曲交往。

上述说法，同样适用于真诚性与规范正确性这两个有效性诉求。除非意图得到真诚表达，否则言说者的意图不能服务于达成相互理解的目的。再者，超验的必要性不言而喻，言说者不能既让自己得到理解，又不真诚地表达自己的意图。在语言的认知用法中，言说者的内隐意图，诸如言说者知道某事，没有得到主题化。同样在语言的互动用法中，言说者的内植意图经验（诸如通过恐吓、威胁、冷酷或尴尬地下命令），仅仅偶然得到表达。唯有语言的表达用法使得意图经验失去其第二特征。尽管言说者可能真诚或不真诚地表达了意图，真诚性诉求也可能得到一定程度实现。言说者在多大程度上隐藏了自己外显的真诚表达，这要看语境。不同功能的语境是将真诚言语范围加以标准化的基础。

悬置规范正确性这一诉求也有同样的影响。言语必须符合规范语境，否则将不被认可，也不能达成相互理解。超验的必要性在于，言说者不可能同时想要达成相互理解，又使自己的言语违反公认的规范与价值。在此，哈贝马斯公开谈及通过规范性自我形象媒介，在既定情境中特定的人该如何行动。他区分了形式化程度与实现程度，前者是行为得到标准化，而后者是行为的存在规范的实现程度。

哈贝马斯认为，唯有言语的内部组织遭到破坏，交往才能遭到系统扭曲。如果语言交往的有效性基础遭到秘密削减，也就是没有导致交往中断，或者过渡到公开谎言与可允许的策略行为，上述情形才会发生。表达的可理解性、言说者表达意图的真诚性，以及与规范背景相关的表达的规范正确性，如果这三个有效性诉求当中的一个遭到违反，交往在指向达成相互理解的行动前提下继续此种，言语的有效性基础就是遭到秘密削减。唯有分裂交往或者将公共与私人进程叠合在一起，上述情形才会发生。我们可以通过进一步查看抵制机制，才能查明事实真相。既然系统扭曲交往延续了以达成理解为指向的行动脉络，这一干扰可在文化上加以正常化。对于"系统扭曲"，就是遭到具备病理学影响的违反的同时，又保持了共识行动外表的同一有效性诉求。违反认知的超验前提，导致意义的丧失，这在类型错误的例子中可以发现。如果言说者堕入交往的两个不同层面，诸如精神分裂症语言干扰，违反交往的超验前提也会导致意义的丧失，但是这些都是极端情形。一般来说，交往病理学不会导致意义丧失，而是意义扭曲，这就是为何只要超验前提的违反没有公开，还没被参与者认可与接受的话，交往进程就会持续的原因。

系统扭曲交往表达了冲突的潜力，这一冲突不能完全受到压制，也没有变得公开。一方面，交往结构在冲突压力下变形，言语的有效性基础遭到破坏，交往没有发生；另一方面，这一变形结构使得行动语境稳定，尽管有冲突的潜力，也在一定程度上限制与固定了这一潜力。这样，我们处理的冲突既不能公开发生，也不能在共识层面加以解决，而是在扭曲交往的影响下继续燃烧。

身份冲突产生于对组织与自我身份威胁的无意识压制，它非常适合这一描述。如果在跨文化或国际层面，或者在朋友与家庭人际层面的话，身份唯有通过人际联系手段才能确保，它与"承认"同涨落。如果拒绝承认而使身份遭到威胁，就会在一种自相矛盾的方式下加以捍卫。一方面，每个捍卫行动都是策略行为，它只有在目的行为准则下得到优先化。另一方面，捍卫的目标不能通过策略行为实现，即不能通过打败对手赢得战争或者游戏，最终的认可不能通过武力获得。这可能获得隐瞒或表面认可，也可能转换为真正认可，或者变得非常脆弱。很显然，认可的强制性符号不能当作认可严肃对待。

下面先考虑一下个人身份捍卫策略问题。哈贝马斯通过莱因与他的同事们建构的例子，展示了这一身份冲突的动态[1]：

（邪恶圈）开始围绕的事情诸如：

---

[1] Habermas, *On the Pragmatics of Social Interaction*, Trans, by Babara Fultner, MIT, 2001, p. 157.

彼特：	保尔：
1. 我难过。 2. 保尔表现得非常平静默然。 3. 如果保尔关心我并想帮助我，他会表现得关心此事，并且表现出相应情感来。 4. 保尔知道这样会让我感到难过。 5. 如果保尔知道他的这一行为会让我难过，那他一定是想伤害我。 6. 他一定是个无情的虐待狂，他可能以此为乐等。	1. 彼特难过。 2. 我试图保持平静默然从而帮助他。 3. 他表现的似乎更加难过。我一定得保持更加平静。 4. 他谴责我，说我伤害了他。 5. 我真的是想帮助他。 6. 他一定是这样想的。

　　此种结果的原因，事实上基于彼此不相匹配的期望、空想与认识的混乱，是人际现实的真实存在。例如，人们必须进入这一领域，以便理解一个人对另一个人如何表现，很可能是对这些人的干扰与分离，由于他人的参与而变得反复无效，这样他开始屈从于疯狂状态的整体原因。

　　此类螺旋在人际联系中的首个前提是，其中至少有一方充满了不信任，这可以追溯到个人身份的不安全。它不是某种任意影响，而是一种不信任类型，此种类型可能在交往理论中构想出来。这是一种对互动的共识基础合理性的不信任，也就是说，担心另一方会远离指向相互理解的行动基础，可能转变或者秘密进入策略行为。交往螺旋的第二个前提条件是，对规制参与者自我表征的两个自我形象此种批评，潜在地缺乏一致。在我们所举的例子中，就是违反了真诚性与正确性两大诉求，它们都同交往干扰相关。

　　第一个"误解"出现在第二序列中：彼特没有理解保尔是想帮助他，因为彼特期望的是，如果他想提供帮助的话，他的行为一定会不同于自己想象的那样。第二个误解出现在第三序列中：保尔没有理解彼特误解了他，因为他期望彼特把自己的行为解释为帮助。在第四序列中，互动的共识基础终止，没有任何参与者明确给出提示，说自己放弃了交往行动：彼特相信保尔故意要伤害他，但是保尔此时知道彼特的意思是什么。在第五与第六序列中，双方达成的结论是，对方违反了真诚性诉求：彼特认为保尔想要伤害自己，但是不承认这一点，保尔认为彼特错误地将敌对情绪转移到自己身上。这样，彼特将保尔看作是故意违反了真诚性诉求，保尔将彼特看作是并非故意地违反了真诚性诉求。也就是说，第三个前提条件是，双方都没有在元话语层面上依照达成相互理解的指向加以行动，交往螺旋就会持续下去。

来源于确保自身身份这一问题，系统扭曲交往没有完全发生，而在家庭关系内部频繁发生。家庭是身份管理的优先场所，不仅对仍在建立自身身份的儿童来说，而且对成年家庭成员来说也是这样。作为结论，哈贝马斯引用几个系统扭曲交往的例子，并且使用了考夫曼、欧沃曼与舒茨的研究结论。哈贝马斯发现，家庭中权力分配存在着偏移、需求满足概率分布不平等、团结一致遭到威胁，这些倾向会固化互动与角色结构。这意味着言语的外部组织不灵活，限制了家庭成员充满信任地发展与维持自身身份的可能性。如果交往行动的共识基础表现出悲观状态，这使得身份冲突难以解决，只能通过转换从言语的外部组织到内部组织问题所引起的压力，才能包含进来。此种瑕疵交往的扭曲性影响，铸就的家庭共识似乎得到维持。这是一种假共识，是牺牲了普遍的有效性诉求为代价换来的，牺牲了成功语言游戏的背景共识承认的基础。

在行动理论框架内，系统扭曲的交往所处的位置如图 1：[1]

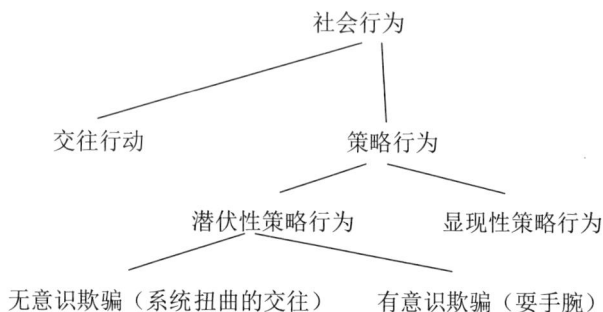

图 1　行动理论框架

---

〔1〕 Habermas, *On the Pragmatics of Communication*, Trans, By Maeve Cooke, MIT, 1998, p. 169.

CHAPTER 4

法律交往语用学中的符号论批判

在哈贝马斯看来，卡尔·比勒的"语言图式理论"是欧陆语言哲学尤其是德国语言哲学的代表性理论，也是探索其法律交往语用理论脉络的代表性理论。卡尔纳普将皮尔斯引进、并经莫里斯发展的符号语用学理论联系在一起，使得比勒首先从功能主义角度考虑的符号情结，可以从句法与语义视角对语言进行此种内部分析。比勒认为，语言从属于对象与事态，可以执行符号功能；语言依赖于表达自身，可以执行象征功能；语言可以控制听众宣传，可以执行信号功能。从此角度出发，语言符号同时具备象征、症状与信号功能。比勒认为，与客体、与事态相关联的是符号——与发送者内心表达相依赖的症状，以及迎合听者外部或内部行为的信号，它与其他交通信号一样具备引导性。

哈贝马斯认为，对于"交往行动理论"来说，意义的分析哲学唯有从语言表达的结构出发，而不是从言说者的意图出发，才具备教育意义。但是，语言哲学理论必须要关注"行为者在达成理解机制的帮助下，如何彼此联系在一起"这一问题。

第一节 比勒的语言图式论

李勤[1]认为，比勒在语言学研究方面的代表作，是《语言研究的公理》和《语言理论》，后者是对前者的拓展。贯穿这两部代表作中的是四个语言公理，这是比勒的语言学思想的核心表达。比勒所提出的"语言公理"是基于如下设想，即世界上所有的语言都具有原则上统一的结构，在结构的深层都有普遍规律，可以用统一模式加以概括。因而，比勒研究语言的一个出发点，就是把所有的语言作为一种语言看待。

对于第一个公理（公理A），可称之为"语言模式是工具"。他认为，这个公理起源于柏拉图。在人们彼此传递信息时，言语情景模式中应有三个要素，即发话者、受话者和话语对象。语言作为符号，不仅与话语表达的对象和情景整体有关，而且与言语情景中的每一个成分有关，因此，语言符号是多功能的。相对于三个要素而言，它具有三个功能。语言作为符号，对所述事物和事情而言，体现的是标志功能，或者称之为符号功能；相对于发话者的依赖性而言，体现的则是表征功能；从对受话者的指向而言，体现的是信号功能。

对于第二个公理（公理B），可称之为"抽象相关性原则"。此项原则与语言符号的本质有关。比勒把古代著名的"替代"原则作为其概念的基础，使用"抽象相关性原则"，解释了符号与事物间的语义关系。比勒认为，对于事物而言，符号是一种单向替代关系，具有不可逆转性。当符号的意义反映的是某个事物时，与其语义功能联系的不应是事物具体性质的全部，而

---

〔1〕 李勤："比勒语言理论评析"，载《外国语（上海外国语大学学报）》1998年第6期，第1~5页。

是在符号功能中事物某个抽象的方面。

对于第三个公理（公理 C），可称之为"言语行为和语言结构"。比勒综合了洪堡特和索绪尔的语言和言语的区分理论，以及胡塞尔的言语行为理论，并在《语言理论》一书中，推出了"四场模式"理论，即言语行动、言语行为、语言作品和语言结构模式。在此模式中，言语行动和言语行为是低级形式的客体，语言作品和语言结构是高级形式的客体。他认为，言语行为是由语言的表述功能的特点所决定的，始终与某种语义不确定性关联，而此不确定性制约了发话者赋予语言符号意义的自由程度，使之受制于客观的可能性。

第四个公理（公理 D），是关于语言结构模式或关于词汇句法的公理。比勒认为，人类语言之所以具有无限的繁殖力，是与语言具有字词两级构造体系分不开的。正是由于人类语言所拥有的词汇和句子，使语言具有无限创造的潜在能力，使语言具有其他符号体系所不可比拟的独特地位。

哈贝马斯认为，比勒的语言图式理论是依照言说者、世界、听者三者的关系，从言说者使用的语言符号的符号模式出发，试图实现与听者达成理解客体与事态这一目的。比勒从符号学角度出发，将语言看作符号，并区分了符号用法的三种功能：表征事态的认知功能、主体经验的表达功能，以及发出要求的呼唤功能。

一、符号功能

从弗雷格、早期的维特根斯坦到达米特的形式语用学，考察的是命题的真实性前提。此种理论进路关注的是语言的语法形式，语言具有一种独立地位，不太关注行动主体的意图和语境，也就是说，规则系统本身要比语言实践在理解语言符号过程中更加重要。此种理论关注的是语言分析本身，"命题即内容"这一观点暴露无遗，所以产生的不足之处非常明显：意义承载者不是孤立的符号，而是语言系统的成分，也就是说，句子的形式取决于句法规则，其语义内容取决于所指客体与事态。整体来说，此种功能关注的是语言表达本身，没有关注言者与听者之间的关系，从而剥离了语境与惯例。

二、象征功能

通过卡尔纳普的"逻辑句法"与"指示语义学"的基本假设，通向语言表征功能的道路已经打开。另一方面，卡尔纳普将语言的呼唤与表达功能看作是语言用法的语用方面，它们应该留给实证分析加以处理。依此观点，语言的语用学，不是取决于重构规则的整体系统，此种方式使得系统能够通向诸如句法学与语义学的概念分析。从格莱斯、本内特到希福的意向语义学，则将言说者的意图看作是理解意义的基础。意向主义者将语言看作一种工具，有目的的行动主体在世界中，以语言为媒介实现自己的意图。行动主体的表达意图，需要在特定语境中加以解释，行动主体此刻具有自主性，并可以为语言符号赋予意义。

三、信号功能

从晚期维特根斯坦、奥斯汀到塞尔的语言使用论，则将语言的意义看作是言语行为使用的语境中的产物。语言使用论认为，语言具备行为特征，言说的过程就是在做事。"语言即游戏，言语即行为"的概念可以概括此种理论进路，语言与实践联系在了一起。想要理解语言，就需要考察它在实践中是怎么使用的。

依照哈贝马斯的观点，至少有三种重要的意义分析理论能够纳入比勒模式，从而使交往理论能够从内部得到进一步发展：通过使用语言表达的规则的形式分析；通过传送模式的控制论模式。此种图式意义理论发展路线，引导我们远离达成理解进程的客观主义概念，因为信息在发送者与接收者之间流动，而向具备言说与行为能力的主体间交往的形式-语用概念进行，此种交往是以达成理解行为作为媒介的。

第二节　索绪尔的语言结构论

索绪尔被认为是现代语言学创始人，并使得语言学成为科学中的一个独立学科。他认为，语言研究的对象不是给定的，而是建构的，从而使得索绪尔被认为是结构主义语言学中的代表人物。由于索绪尔的语言学理论属于结构主义框架内的理论流派，哈贝马斯专门提及并进行深入研究的篇幅很少，但是在语言学界，索绪尔的语言学理论是绕不开的里程碑，所以我们在此也初步介绍一下。

索绪尔最有影响的一组概念是"施指"（或译"能指"）与"所指"[1]。"施指/所指"不是名实关系，"所指"不是实物，而是概念。为了更明确地理解"施指/所指"，就必须了解索绪尔的任意性原则：如此这般的"施指"与如此这般的"所指"结合而成一个符号，是任意的。他的任意性原则，有助于我们发现在语词之外并没有一个已经切分好了的现实。我们可以"施指/所指"与任意性原则为基础，进一步阐述索绪尔的另一些主要概念，如语言/言语、语言的共时研究与历时研究，以

---

〔1〕　陈嘉映："索绪尔的几组基本概念"，载《杭州师范学院学报（社会科学版）》2002 年第 2 期，第 51~55 页。

及索绪尔结构主义语言学的基本思想。

索绪尔的语言学核心思想，可以归纳为"语言是一种音义结合的符号系统"[1]，这里应该包含三方面意义：①语言是一种系统；②语言是一种符号；③音义结合而成的符号是系统中最重要的单位。

一、符号性

索绪尔认为，语言虽然是一种社会惯例，但是却不同于其他社会惯例，因为它是通过符号来表达概念的。语言具备符号性、社会性与规约性等特征。语言学家必须将语言结构作为主要研究对象，并将其与言语行为的各种表现形式联系在一起[2]。在索绪尔看来，语言不是个人的，而是超个人的，它是一种结构、一种系统。他将"语言"与"言语"分离开来，并认为"语言"是本质的，"言语"是附属的。

对于语言学所研究的对象来说，给"语言"下一个定义非常必要，但是也非常困难。索绪尔认为，语言现象具备互补的两面，且相互依存。比如说，我们不能将"语言"等同于耳朵所听到的，虽然所听到的不能离开口头发声。同时，不参考相应的听觉表达，就不能将发音器官的相关活动加以具体化。言语声音仅仅是思维的工具，它不能独立存在。语言是演化与系统建构起来的，是个人与社会共存与同构的产物。我们试图找到语言研究的客体，但却发现存在巨大风险。唯一的解决办法，就是首先要研究语言结构，这是我们最需要关注的对象，并与

---

〔1〕 谭代龙："语言是一种音义结合的符号系统——论索绪尔语言学核心思想"，载《外国语文》2009年第3期，第87~92页。

〔2〕 ［瑞士〕F. de Saussure：《普通语言学教程》，张绍杰导读，外语教学与研究出版社、杰拉尔德·达克沃斯出版社2001年版，第9页。

语言的其他方面直接关联。语言结构就是我们语言能力的一种社会产品，并使社会成员使用语言能力来进行必要规约的一个实体，它既具备物理属性，又具备心理属性，既属于个人，也属于社会。语言是一种结构系统，既是一个自我包含的整体，也是一个可分类的整体。语言系统既要规约，也需后天获得，但是总的来说，语言是人类所具备的一种自然能力。[1]

依照索绪尔的观点，对一门语言进行此种研究，可以关注其书写系统与语音系统，分别涉及拼写与发音，这些都是一种语言所具备的物理要素。但是，要研究语言符号的本质，就要关注其变与不变、动与静、共时与历时，最终落脚于语言系统所具备的类型特征上，这些是语言系统所具备的心理要素。

二、任意性与线性

所谓任意性，一般是指语言符号与所指之间是任意的，不是必然的。也就是说，语言符号不是所指的事物与实体，而是一种概念与声音结构，是一种二元性的心理实体。索绪尔将任意性看作是认识语言的第一原则，是区别于其他社会符号系统的根本特征。索绪尔又将线性特征加以强调。所谓线性，是指语言系统内部结构是线性的，并将此种线性特征看作是认识语言的第二原则。

索绪尔认为，语言符号不是事物与名称之间的一种纽带，而是概念与声音类型之间的一种纽带。声音类型不是声音本身，它不具备物理属性，只是听者对声音的一种心理印象。语言符号是概念与声音类型之间的一种双面心理实体，并且表现为符号形式。具体来说，符号与"施指/所指"之间的关系具备任意

---

〔1〕　〔瑞士〕F. de Saussure：《普通语言学教程》，张绍杰导读，外语教学与研究出版社、杰拉尔德·达克沃斯出版社2001年版，第8~10页。

性，并将之表述为：语言符号具备任意性。另外，作为语言的符号，本质上具备时空维度，这一空间是一维的，即线性的。[1] 索绪尔举例说，诸如钟表的嘀嗒声、狗的汪汪叫等拟声词，都可表现出语言符号所具备的任意性特征。各种语言中所具备的呼叫声，也是任意性特征的体现。各种语言的发音顺序、书写顺序，都是语言系统所具备的线性特征的体现。

三、共时研究与历时研究

所谓共时研究，是指研究语言符号中所共存的事实；所谓历时研究，是研究跨越时间的语言系统中存在的事实。

共时语言学研究的目的，是要建立一种构成任何语言状态的共时系统所需要的基本原则，它属于一种所谓的普通语法，通过语言状态才能建立普通语法所涉及的不同关系。历时语言学研究的不是一种语言状态下的共存的术语之间所具备的关系，而是一段时期内术语发生变化所具备的关系。语言不存在绝对静止，它们变动不居，每一时期都会发生不同程度的演化。历时语音学是历时语言学研究的第一客体。[2]

依照索绪尔的观点，共时语言学关注的是一门语言的具体实体、价值、语言机制、语法等方面的内容；历时语言学关注的是语音变化、演化类推等方面的内容。

四、价值系统

语言系统中的价值，是通过系统内容之间关系加以体现与

---

〔1〕 ［瑞士］F. de Saussure：《普通语言学教程》，张绍杰导读，外语教学与研究出版社、杰拉尔德·达克沃斯出版社 2001 年版，第 65~70 页。

〔2〕 ［瑞士］F. de Saussure：《普通语言学教程》，张绍杰导读，外语教学与研究出版社、杰拉尔德·达克沃斯出版社 2001 年版，第 99~100、139~140 页。

生成的。索绪尔认为，为了认识到语言本身是一种存粹价值系统，我们需要考量其产生作用的两大要素：思想与声音。前者属于概念方面，因为一个单词的价值，主要体现在它表征某一思想所具备的能力。同样，语言要素的价值，也就建立在与所有其他语言要素合作所构成的语言系统之上。后者属于物质方面，因为一个单词的声音，不是其本身具有的重要性，而是其语音不同于其他单词的语音，也就是说它承载着意义。[1]

　　依照罗宾斯的观点，索绪尔的思想贡献主要表现在如下三个方面：①他将语言的共时与历时研究作为语言研究的两大基本且不可分割的维度，并将之加以形式化与显性化，这是早期的语言学家所忽略的方面；②他区分了语言与言语，前者是语言社区成员的语言能力，后者是语言学的具体现象或数据；③他将语言作为一个成分相互关联的系统加以看待，而不是自足实体的简单堆积。[2]

　　哈贝马斯认为，在语言学转向过程中，符号学同样做出了贡献，索绪尔就是其中的代表人物。结构主义的不足之处在于，它把语言的表达形式上升为先验的地位，从而丧失了主体所本身具备的言语行为能力。对于主体如何言说，以及如何使用，并不是索绪尔所关心的对象，因而其也就淹没在了先验哲学的泥潭之中。

---

　　〔1〕　〔瑞士〕F. de Saussure：《普通语言学教程》，张绍杰导读，外语教学与研究出版社、杰拉尔德·达克沃斯出版社 2001 年版，第 110~117 页。
　　〔2〕　〔英〕R. H. Robins：《语言学简史》，姚小平导读，外语教学与研究出版社 2001 年版，第 224~225 页。

CHAPTER 5

法律交往语用学中的意向论批判

意向性理论是西方语言哲学的一个重要理论[1]。19世纪末，布伦塔诺对这一问题展开了较为系统的研究，并对以后西方意向性理论的发展产生了很大影响。20世纪以来，这一理论在当代西方两大哲学流派的主要代表人物那里得到进一步深化。涂纪亮围绕意向性理论的若干基本问题加以研究，即意识与意向性、意向性与语言、意向性与意义三对概念，并对欧洲大陆哲学家与英美分析哲学家在上述问题上的主要观点展开了具体的比较、分析与评价。

李忠伟[2]认为，自齐硕姆将意向性概念从布伦塔诺那里引入到心灵哲学之后，出现了语言意向性、物理意向性以及现象意向性三种主要意向性概念或者研究路径。三个路径的支持者都曾论证其意向性概念是本源的，由此便产生了本源性问题。通过设计一个理论预设，从而缓解这个难题。这一理论预设包含三大要素：第一，三种意向性从认知、本体论与语言实践角

---

〔1〕 涂纪亮："意向性理论的几个问题"，载《中国社会科学》1991年第4期，第19~27页。

〔2〕 李忠伟："意向性的多重性与本源性问题"，载《世界哲学》2015年第3期，第45~53页。

度来讲，都有其本源性；第二，没有任何一种是绝对本源性的，或者具备无限制的本源性；第三，三者一起构成意向性三个不可或缺的维度，并提供对意向性的完整理解。

第一节　布伦塔诺的意向性

布伦塔诺意向性理论的思想渊源，可上溯至古希腊亚里士多德与中世纪经院哲学[1]。该意向性理论要义，在于它强调意识与对象之间具有不可分离的关系。意识只有在对对象的关涉、指向中才能产生与存在。就近代哲学而言，意向性理论是对笛卡儿的独立自在的"我思"之为无所思的"思"的一种批判与否定，实际上继承了康德与黑格尔关于意识与对象之综合统一的学说。布伦塔诺意向性理论有其困难之处，特别是其中的"对象的意向的内存在"概念，使得人们误以为他否定了对象的意识之外的存在。但是，这些困难为后世哲学家留下了更多的思考空间，并激发与促进了后来的现象学思潮的产生与发展。

一、意向性概念

作为现象学运动的先驱，布伦塔诺的意向性理论，在现象学运动中具备源发地位[2]。该理论认为，"意向性的内存在"或"与对象相关联"是心理现象区别于物理现象的显著特征。布伦塔诺在对"意向性"分析的基础上，把心理现象分为三种类型——表象、判断以及爱与恨等情感活动，进而提出了心理

---

〔1〕　陈启伟："布伦塔诺的意向性学说浅析"，载《中州学刊》2007 年第 5 期，第 146~150 页。

〔2〕　韩震、郑云勇："试论布伦塔诺的意向性理论"，载《学习与探索》2006 年第 2 期，第 85~87 页。

现象的"内意识",并把它作为心理现象与物理现象加以区分的标准。布伦塔诺是在《从经验观点出发的心理学》（1874 年）一书中,最早提出和阐述其意向性学说的。他把自己的心理学称为描述心理学,不同于发生心理学。发生心理学探讨人的心理或意识,及其各种形式的发生和演进的过程;前者则是研究和描述心理活动、心理现象的特征、结构、要素和分类等。布伦塔诺说:"全部现象的世界分为两大类,一类是物理现象,一类是心理现象。"他强调主体与对象的对立统一,认为一切心理现象,包括一切主观意识活动,都有所指向,且指向对象,都具有意向性。

意向性是早期人文科学心理学中布伦塔诺学派思想的核心[1]。布伦塔诺提出的"心理的意向性"的本质观点,拉开了心理学人文科学路线的大幕。在他之后,麦农作了进一步发展。麦农区分出意动、对象与内容,从"对象的意向性"把握方向,从而对心理学领域加以拓展。意向性概念,从布伦塔诺到麦农的发展,推进了人文科学中心理学路线的研究进程。

一般来说,"意向性"经验具备成为某事物的意识特征,并以观点、期望或愿望指向客体或事态的范式而指向该事物。由"意向性"表达形成的句子,如"相信""期望"与"希望",总是需要一个直接客体,诸如"我恨（侮辱）X"或"I的意思是P"等形式的客观句。这一语法形式表达的就是胡塞尔想要在意识层面立即把握的东西,就是"意向性"这一概念。

二、意向的类型

"意向"会有多种多样,区分各个意向经验,就是区分不同

---

〔1〕 郭本禹、崔光辉:"意向性:从布伦塔诺到麦农",载《华东师范大学学报（教育科学版）》2006 年第 4 期,第 50~56 页。

意识行为指向它们客体的意义。如胡塞尔所说，不同意向可能指向同一客体，同一真实内容却有不同意向内容。胡塞尔澄清了我们意识的显著意向结构，展示了意向经验的内在真值关系。

韩震、郑云勇[1]认为，布伦塔诺关心的是如何区分心理现象和物理现象。在《心理现象与物理现象之区别》一文中，他把意向性看作一种心理现象，是不同于物理现象的决定因素。在布伦塔诺看来，心理现象可以描述为"意向性的内存在"和"对内容的指称"，即与内容或对象的关联。一切意识活动，包括表象、判断、意志以及各种情感活动，都与对象或客体关联，相反，脱离对象的纯粹意识活动是不存在的。布伦塔诺又把意向性分为三类：表象、判断和情感活动。依照此标准，将心理现象划分为表象、判断和情感。所有心理现象都具有意向性，即与客体相关联的现象。换句话说，意识对对象的指向有三种方式——表象、判断和情感活动，并与之伴随三种心理现象——表象、判断和情感活动。作为一种客体化意识行为的"表象"，是心理现象的一种实例，它呈现在感觉和想象之中，这里的表象"不是指被表象的东西，而是表象活动本身"。"判断"完全不同于"表象"，这种意识活动具有针对一个对象的意识方式，这种方式可以肯定，也可以否定，而"表象"并不具有此种意识方式。

哈贝马斯认为，布伦塔诺在探讨"意向性"这一概念时，是从可观察的物理外形区分心智或心理现象。思想与经验是意向性的，但是意向与客体的关系，是事物包含在自身之中，它内在于自身。而胡塞尔认为，意向概念是一个概念性的事物，并能在语言意义中得到表达，使得意向性概念对于随后的语言学转向具有非常重要意义。

---

　　[1]　韩震、郑云勇："试论布伦塔诺的意向性理论"，载《学习与探索》2006年第2期，第85～87页。

第二节 胡塞尔的在场论

胡塞尔不仅把他的现象学看成是一种探究"本原"的哲学，而且认为现象学是自柏拉图以来西方哲学之理想的最终实现[1]。但是正因为如此，他的现象学被海德格尔与德里达等人批评为一种"主体性形而上学"或"在场形而上学"。在不同时期，胡塞尔通过对于本原问题的思考，论证了现象学的初衷，就是要克服传统哲学作为形而上学的困难，保持形而上学的中立性；同时，胡塞尔的现象学没有从根本上突破传统形而上学的界限。

生活世界理论是胡塞尔晚期思想中的一个主要方面[2]。依照此种理论，胡塞尔不仅对"生活世界"与"科学世界"作了区分，而且又把前者划分为两个层次，即"日常生活世界"与"原始生活世界"。前者是出于对实践与现实的关注，后者则是出于在理论与方法上进一步完善其先验现象学的需要。

现象学的最初含义，是为了探讨意义概念的认识渊源，进一步说，是为了研究"意义意向"与"意义实现"之间的关系[3]。在这一问题上，胡塞尔同意康德的观点：思维没有直观是空的，直观没有思维是盲的。它的基本意义是：认识不能局限于思维，而要实现于直观层面，否则就不是完整的认识过程。因此，认识的重心，应落在"意义意向"通过相应的直观得到实现的问题上，此种实现并不局限于康德式的感性直观。胡塞尔认为，

---

　〔1〕　吴增定："胡塞尔现象学中的'本原'问题探究"，载《世界哲学》2017年第3期，第20~28页。

　〔2〕　张廷国："胡塞尔的'生活世界'理论及其意义"，载《华中科技大学学报（人文社会科学版）》2002年第5期，第15~19页。

　〔3〕　尚杰："胡塞尔的意向性概念"，载《云南大学学报（社会科学版）》2006年第5期，第20~30页。

"直观"分成两种"范畴的或意义的直观""感性的或个别的直观"。这两种直观的对象分别是一般事物与个别事物，其含义相同：对象不仅被思维所意向，而且它不言自明地呈现在我们面前，并被经验加以描述。立足于现象学"在场"之上，胡塞尔把思维与直观都归属于意向经验。因此，在此意义层面看，现象学的分析就是意向经验的分析。

一、真值与在场

胡塞尔介绍了他的"真值"理论，并简单地认为它是"所有原则的原则：……每一事物最初以'直觉'形式提供给我们，仅仅被接受为作为是的'在场'"[1]，但没有进一步证立。

哈贝马斯认为，"真值"这一概念可以参照"意向"概念加以定义。"真值"伴随着证据经验，是一种"意向性"事物，与相应的直觉客体共同产生，而且所有"意向性经验"内在地、必然地与"真值"联系在一起。

对于哈贝马斯来说，重要的是基于如下考虑。每个"意向"通常与一"在场"相关联，因此，"意识行为"超越意向客体，事实赋予期望。

"在场"的品质，在于期望意向的直觉实现。未实现的行为，将意向客体定位为"在场"。这样，如果客体欲达成自我给予阶段，它将表现的如同它所意欲的那样。这一观点的合法性，只能通过原初空洞意向的直觉实现得以展现。

当然，"在场"的品质也能"中立化"，我们搁置该观点的合法性问题，即一个既定意向能够确切地如预期地那样实现。"意向"在此意义上，不是中立的，而是与一个"有效性诉求"

---

〔1〕〔德〕胡塞尔著，〔荷〕舒曼编：《纯粹现象学通论：纯粹现象学和现象哲学的观念》（第1卷），李幼蒸译，商务印书馆1992年版，第52页。

相关联，任何时间都可能将意向客体带到充足的自我给予的失败而受到影响。

"生活世界"整体上也是有"在场"的，因为构成"生活世界"的意义结构在于"有效性诉求"的多面性。这些诉求在"自然态度的整体命题"中走到一起，即，在现实主义的基本信条中发现自我存在的世界，并且总是作为我周围的确实性的世界。有趣的是，胡塞尔扩展了"在场"特征，从"意向"的一个特定分类扩展到所有分类。

二、意向与在场

哈贝马斯认为，在意识理论范围内，胡塞尔不能区分开"依赖语境的经验"与"通过表征表述手段的超越语境的表征（是指语境或情境）"。不过，他诠释了媒介性与直接给予的客体的差异，就是非直觉给予与直觉实现的给予的差异。意向客体的意义总是需要直觉直接的客体出现的可能性。客体的直觉丰富性以证据形式给定，能够理解为客体的相应意向的实现。在理想情形下，实现的阶段指向这一目标，所有的意向已经实现。客体的整个直觉出现没有留下未实现的意向的痕迹。这一概念与作为证据的"真值"概念联系在一起。

总之，我们已经发现，胡塞尔通过意向的直觉实现而定义的"真值"，就是意识客体的立即出现。这需要一个原创直觉，因为所有的类客体出现在判断的每种方式中。这就是胡塞尔为什么发展他的类直觉的信条的原因，即，"类直觉"概念可以任何逻辑一致的方式构想出来，或者说，这一表达可以非隐喻方式加以使用，并试图让与有意义直觉相类似的无意义的直觉更有说服力。如果我们将胡塞尔所谓的类客体，诸如句法形式或者数学关系，看作生成性符号建构，并同规则相一致，同时限制归结于意向指向的准客体，这个问题就会迎刃而解。因为这样的话，有效性诉求不能再与个体类型相关联；而是适用到句法或数学公式为例，是否与规则一样，是生成性的。

　　除此之外，对哈贝马斯来说，胡塞尔是否正确构建了有意义直觉功能并提供了类直觉模式，似乎还有问题可寻。客体的"自我给予"概念依赖这一假设：意义经验指给我们通向立即与显然给予的事物的直觉通道。这一假设则难以捍卫，因为胡塞尔自己的若干分析表明的就是这样（例如，可见《经验与性》）。每一直觉不管多么有创新，都包括类决定性；每个认识，不论多么前预测，包含着假设因素，这些因素超越任何真正给予的事物。当胡塞尔形成作为证据的真值概念时，他脑海中的范式经验，几乎不能在感觉证据经验层面中找到，但这更可能在建构的经验层面中找到。每当我们依照规则生成符号客体时——不论我们是在建构一个数列或几何图形、为钢琴谱曲，或者造一个句子——意向总是通过客体得以实现，这一客体也是生成的，而且提前被意向构想为这样。

　　但是，这一建构的成功的直觉归功于确保环境确定性的能力，我们自身依照相关的生成性规则产生出了符号客体。因此，我们完全能够理解客体，因为这一创生的历史对我们来说是透明的。这一生成性活动的直觉因此不应与立即给予的直觉混淆，这是胡塞尔通过迎合感觉经验模式引进了程序上的概念。甚至认识也依赖解释性框架。因此，它们包含着有效性的假设诉求，它们根本不能诉诸更深层面的基础认识得以实践；因为每个感觉经验都可能问题化。但是，如果不诉诸一个最高的隐含的直觉自我给予的基础，如果像皮尔斯很久以前展示的那样，我们必须放弃作为证据的真值概念，那么隐含在意向经验中的有效性诉求不能通过直觉得以实践，而是只能通过话语得以实践。

不是直觉而是论据能够引导我们承认或拒绝问题化了的有效性诉求的合法性。

哈贝马斯认为，"在场"与所谓的事实行为相联系，而事实问题是与认识、表征、记忆、判断等意向相联系的。如果事实行为能够是真理，胡塞尔就不能支持如下观点，即"在场"与所有意向相关联。

胡塞尔不得不放弃"意向"概念本身：因为这一概念总使期望落空，以及通过证据的自我给予，以及原则实现的失败可能，这与"真值"有内在的关系。因此，"生活世界"本身建立在被接受的"有效性诉求"的事实性原则之上，就有些站不住脚了。

另外，如果所有"意向经验"与"真值"有内在关系，即所有的"意向"通过其直觉实现（或失败）的可能性加以定义，那么"情感与意愿领域"的行为一定也暗含着"在场"。这有两个理由。第一，所有的情感与意志行为，如恐惧与渴望、决定与意愿表达，都建立在行为之上，这些行为的客体是意欲的客体。诸如"我担心（或希望或渴望）这个人离开"是指一种包含或不包含的事态。所以，如胡塞尔所说，情感与意志行为暗含潜在的"在场"。第二，这些情感与意志行为也包含自身的"在场"，不仅考虑他们所谓的潜在的存在事态。于是，情感与意志行为的"在场"类型就有了基础。胡塞尔假设了特定"在场"，它能够解释为价值判断，如，意向客体"是"或"不是"让人高兴或让人反感、可爱或可怕、充满期望或令人冷漠、漂亮或丑陋、善良或邪恶；甚至在评价、愿望或意愿过程中，事物得以"在场化"。

还有一点需要解释的是：一方面，有些新特征类似于信仰模式，但是同时"本身"拥有事实逻辑"在场"性；另一方面，与新时刻一起，也存在新"理解"，因而新意义成为构成性的……没有构成性的"事物"的决定部分，而有事物的价值、价值品质，或者有价值的具体客体：美与丑、善与恶；使用的工具、艺术品、机器、书籍、行动、事迹等。甚至非事实实施的意识行为，因此也暗含着"有效性诉求"，它可以天真地预设或问题化，接受或拒绝。

从直觉上看，可以实现的意向的普遍适用，保证所有有意义建构的方式都能有"真值"，不论它们具备认知意义或者情感与意志意义，这就是胡塞尔能够采用笛卡儿式语言的原因所在。他把所有"意向客体"称为"思想"，很少考虑它们是否与事实或非事实"在场"品质相关联。这样，日常生活实践的构成，可以依照自我、思想与思想客体的名义下的构成性知识理论原则加以构想。整个生活进程，可以通过生成性的主体性还原到行为的实施上，并以可能客体的直觉经验的意义结构表达出来。

胡塞尔的意向性理论与逻辑学、语言学与认识论等各个方面都有关系，但其核心还是意义问题[1]。胡塞尔认为，意义从意向性的结构中产生，意向的行为通过意义指向对象。我国学者张庆熊还叙述了胡塞尔的意向性理论的早晚两个阶段，力图对其中涉及的各主要概念都作简要说明，澄清在这个问题上的一些观点，以期对逻辑学、语言学与认识论的研究起到某种促进作用。

三、生活世界与在场

哈贝马斯认为，胡塞尔从理性批判的角度将生活世界引入哲学，并针对当时只有自然科学才是真正科学的实际情况加以批判。虽然胡塞尔批判了客观主义所具有的理想化特征，但是

---

〔1〕　张庆熊："胡塞尔的意向性学说"，载《复旦学报（社会科学版）》1995年第5期。

日常交往实践就是建立在理想化前提之上的，这是胡塞尔所没有意识到的地方〔1〕。哈贝马斯试图澄清胡塞尔的思想脉络，而不是加以批判，但是还有若干困难存在。这些困难引起的问题是：意义建构的生活世界的内在真值关系的充分对待与否，不会打断意识理论框架，反而需要通过语言哲学得以靠近。

胡塞尔的意向性概念，与作为证据的真值概念一起涨落。它来源于孤立、独白主体模式，自身定向于意向基于行为的客体。通过语言学术语方式重构这一概念，还有诸多话说。哈贝马斯认为，我们需要区分仅仅指示我们理解符号方式的意义的意图（与规则一致使用），与那些涉及"在场"的意向之间的差异，后者的在场是延伸到良好形式或可理解性之外的有效性诉求。这些意向，在范式上与句子相关联，这些在能够言说与行动的主体试图达成共同理解的情境中表达出来。此种版本中，胡塞尔的真值诉求的命题，内植于意义建构的生活世界之中，让我们非常产生兴趣。

我们已经发现，依照哈贝马斯的观点，社会交往理论将生活世界的表层结构看作是符号形式系统，而不是意向经验之流。但是，这一理论也必须承认，隐含在这些言语中的有效性诉求的事实性，是构成生活世界的模式。这些"在场"同时基于经验与传统，并寄居于文化之中，但是不再指向直觉上可确认的客体，它们的合法性只能在话语中确立。

在当代西方哲学界，塞尔的意向性分析理论，常常被认为是胡塞尔的翻版〔2〕。当然，塞尔本人并不同意这样的说法，如

---

〔1〕 ［德］于尔根·哈贝马斯：《后形而上学思想》，曹卫东、付德根译，译林出版社 2001 年版，第 75 页。

〔2〕 李晓进："意向性分析：从胡塞尔到塞尔"，载《现代哲学》2010 年第 5 期，第 92~97 页。

果我们对两人的意向性分析加以详细对比与考察后就会发现，塞尔确实在诸多方面重复了胡塞尔的工作。不过，胡塞尔与塞尔的意向性分析之间，在结论上虽然相互类似，但在哲学方法上却存在着根本差异：前者运用的是"先验还原"与"本质直观"的现象学研究方法，后者运用的是分析哲学的"语用学研究"或者说"逻辑分析"方法。将这两种根本不同的哲学方法，运用于讨论同一个哲学命题，却能够得出相同的结论，这足以表明：现象学传统与分析哲学传统之间存在的关系，完全可以是一种非竞争性的甚至是互补性的关系。

在现象学背景中，意向性问题的发端及其发展史，与现象学以意识分析的方式为推进方式，折射出 20 世纪西方哲学史从知识论哲学向伦理学、政治学、社会学等实践哲学的过渡[1]；早期海德格尔正是借助"意向性"概念，才获得了真正的"实事域"，并从视域到世界、从理论化到生命体验、从关联意义到实在意义，在意向性问题上作了诸多推进[2]；同时也有学者尝试从第三种视角解读意向性问题，不再局限于二值逻辑研究方法，因此超越了现象学与分析哲学的范畴。

哈贝马斯认为，胡塞尔的现象学本质上是一种解释学路径。解释学探讨一种我们获得的能够掌握某种自然语言的能力，即理解语言上可交往的意义，以及在交往被曲解的各种情况下使得此种意义可被他人理解的艺术。然而，在哲学解释学的问题上，情况就不同了：哲学解释学不是规则指导下的实用技能，而是一种批判；经过反思式的决定带给意识有关我们语言的体

---

〔1〕　倪梁康："现象学背景中的意向性问题"，载《学术月刊》2006 年第 6 期，第 47~50 页。

〔2〕　孙周兴："我们如何得体地描述生活世界——早期海德格尔与意向性问题"，载《学术月刊》2006 年第 6 期，第 53~56 页。

验，这些语言体验是我们在运用我们交往能力的过程中，也就是靠在语言中的运动获得的。[1]

第三节　意向论

在狭义的目的论意义上，"意向"经常被理解为主体所具有的意向，也就是说主体想追求一个目标或者实现一种目的：S 指向或者想要实现他所期望实现的事态。他的行动，在于如何找到更适合于实现其所期望事态的手段。此刻，我们称"意向"为行动者的意向，或者意愿，或者是实现一种目的的目的。在广义上说，就是在行动主体意向中，也存在希望、担心、期望、渴望与性情，甚至是他的情感，如爱与恨、愤怒与羞耻、厌恶、期待等。不论是狭义上还是广义上的意向，在目的论者看来，这些意向是指客体或事态，尽管方式并不相同。不论是哪一种情形，每种情形中的内容都可以表征为所遭遇或发生在世界上的事物。一句话，"意向"就是关于世界上的事物。我们可能想要、试图、努力、担心、希望、期待或厌恶同一命题内容，即，S 试图成功打开新建筑的大门。此种意向，与命题态度相互对应。在某种意义上，命题内容必须是可获得的。在我们能够想要、期待或者厌恶某事之前，必须在认知上有适当的另一个"事物"。要表达意向，就要凭借世界的事物与事态所预设的命题态度。

一、意向与信仰

美国哲学家齐硕姆是 20 世纪一位重要的分析哲学家，他在

---

〔1〕　〔德〕尤尔根·哈贝马斯：《哈贝马斯精粹》，曹卫东选译，南京大学出版社 2009 年版，第 119 页。

认识论与形而上学领域作出了杰出贡献，并被看作是 20 世纪美国认识论研究的领导者，同时在整个西方影响广泛[1]。尤其是在认识论思想方面，齐硕姆的代表作《认识论》，无论在英美哲学界还是欧陆哲学界，都被看作经典著作。当代西方的许多认识论家认为，大家都曾汲取齐硕姆的理论而成长起来。齐硕姆在形而上学上也作出了重要贡献，对 20 世纪西方形而上学的复兴与发展都起了重要作用。他是继斯特劳森、奎因等人之后的分析哲学家中的代表人物。他将布伦塔诺意向性理论的遗产引入到分析哲学中来，从而使意向性理论成为分析哲学传统下的一个重要的研究课题。

齐硕姆以柏拉图在《泰阿泰德篇》中提出的问题为发端：知识与真、或者正确的意见有何区别？[2]对于这一问题，齐硕姆认为，这回到了关于"知道"的问题，需要考察充分证据、或然性、观察这三个方面。他注意到了奥斯汀关于"行为语句"中关于"我知道"的行为功能，并且认为"我知道"更接近于"我承诺""我相信"的意义，并落实到信念和主张之上[3]。

哈贝马斯认为，罕布夏发现了"意向"与"信仰"之间存在相似性："要表达一个意向，或者做事的意向，在诸多方式上如同表达或归咎于一个信仰……任何人的思维都是没有疑问与悄然形成的意向的寄居所，以及没有疑问与悄然形成的信仰的寄

---

〔1〕 麻海燕、程党根："'美国哲学史上的康德'：20 世纪西方认识论和形而上学家齐硕姆传略"，载《理论界》2018 年第 3 期，第 38~44 页。

〔2〕 〔美〕齐硕姆：《知识论》，邹惟远、邹晓蕾译，生活·读书·新知三联书店 1988 年版，第 9 页。

〔3〕 〔美〕齐硕姆：《知识论》，邹惟远、邹晓蕾译，生活·读书·新知三联书店 1988 年版，第 26~27、201~202 页。

居所。"[1] 也就是说，表达主体性的言说者与行动者的意图，与认识与思想的认知行为之间存在"家族相似性"。在卡尔纳普、齐硕姆、塞拉斯、辛提卡以及其他学者的语言分析中，知识与信仰的表达为理解意图表达提供了模式。这样，齐硕姆关于语言的意图用法的经典研究是从信仰句开始的。

但是哈贝马斯认为，一个客体的表述的表征关系（意向性1），与命题内容的表达关系（意向性2）之间存在重要差异。意向性1取决于 S 将自身以一种认知关系放在客观化世界，这样就将自身指向了真实性的有效性诉求。对照来说，意向性2中 S 走向命题内容的方式是表达自身的主体性。他没有让自己指向任何真实性诉求。

对命题内容表达自身的态度，当然预设 S 能够形成对此世界事物的命题，而且能够不将自身指向真实性诉求，而是指代该命题的内容。应该承认的是，考察信仰句就是将命题 P 的真实性诉求中立化，将命题内容 P 与既定表述的宣称力量分离开来。诸如如下句子：

(1)（我此刻宣称）要下雨了。
(1′) 我知道（发现、相信）要下雨了。

这些句子都是同一言说者在同一情境下说出的，我们可以当作相等物对待。但是

(1′) 我知道（发现、相信）要下雨了。

---

[1] Habermas, *On the Pragmatics of Social Interaction*, Trans, by Barbara Fultner, MIT, 2001, p.111.

与

（1″）他知道要下雨了。

　　这两个句子就不是相等物。知道或认识的认知行为以第一人称表达出来，可以看作是相应构成性言语行为的相等物，并表明真实性诉求，即言说者对一个命题所提出的诉求指向。他对世界事物态度的意向性 1 指向真值，因为这成了进一步命题的一个要素，一旦第一人称的意向句转换为第三人称的相应句子的话，就会这样。在句（1″）中，句（1′）表达的命题内容对于任何真实性诉求都成为中立的了。在句（1″）中，言说者之出于命题提出一个真实性诉求，即 S 声称知道天将下雨，但是不像句（1′）中的"天将下雨"这一命题。句（1″）使句（1）天将下雨转换为象征性的命题内容"天将下雨"。
　　如果从第三人称信仰句读出，S 如何指代命题内容，即他怎样实现了将自己的主体性与命题内容联系起来的必要条件。唯有这一关系能够在狭义上称为是意向性的。而且这一意向性只能从 S 表达自身的态度读出，即通过参照命题内容表达他的意向、渴望、性情、情感等。换句话说，他在表明命题内容的态度总解释了他的"主体性"。这样，S 的直接指向不再是真实性诉求，而是真诚性诉求："意向是隐藏或掩饰的事物"。

二、意向行动

　　在对"意向性"概念论述的基础上，哈贝马斯提出了关于"行动的目的论图式"。我们把目标指向的行为称为"意向行动"，这是行为者想要通过此种手段实现世界的某种事态。但是广义上说，我们能把目标与渴望及情感都包括在行动主体的意向之中。通过描述意向性行为，我们指的是行动主体的意向经验。意向经验是主体对待命题内容 P 的在场，它在字词或行动中得到表达。通过把意向归于行动主体，哈贝马斯预设：

——命题内容对行动主体来说是可以得到的，也就是说，他有对现实的决定性认知表征，对他来说这是客观上既定的。

——行动主体对命题内容采取在场，他依此将自身主体性放在与现实相关的特定非认知关系。

在"意向行动"中，我们采取行动者自身的视角，但是表明的是与世界事物的双重意向关系，此种现实的认知表征关系对于行动主体有效，它与主体产生态度关系，行动主体采取这一态度走向了现实表征。

在讨论"意向性"过程中，"语言学转向"的特征是，意向经验必须承认符号表达这一思想，这意味着 S 严格来说不能依照意向行动，除非他能在正确的语境中表达自己的意向。他必须掌握了"意向性"语言用法，通过它从参与者的角度描述自身情境。

这一论断起源于"解释逻辑学"，并用它来描述作为"意向行动"。通过把行动主体的意向经验引用为一种作为动机、目的或意向、倾向或性情来解释意向行动，以某种方式对事物作出回应，也可以作为一种情感或对事物的情感认识、一种情绪、感觉刺激等。这些意向经验（意向、需要、情感）不能独立确认其命题内容，这意味着意向经验与事件的逻辑类型不相对应，该逻辑类型不能独立确认它们导致的行动。意向与表达意向的行动之间的关系不是偶然的，而是通过行动主体对自身情境的解释产生出来的。在将行动主体意向理解为相应行动的动机或起因过程中，我们将其情境的解释当作在意向描述下构成的行为来看待。我们因此预设，行动主体自身具备意向性语言用法，他能描述自身情境，明晰形成自身意向。我们遵从意向行动的解释逻辑，并预设行动主体掌握了意向性语言用法。

三、意向行动起因

在关于意向行动的研究方面，哈贝马斯首先问道："是否以及在何种意义上'意向'可以看作是'行动'的起因?"维特根斯坦的后继者，诸如皮特斯、麦尔登以及温奇等学者，已经从行动与所表达意向必然存在内部关系这一事实出发，发展出一种二元论，但是此种因果解释不足以论述意向行动。查尔斯·泰勒从"行动的目的论模式"开始对此论点加以批判：

目的：S 想产生事态 A；

手段：S 知道 A 不会在既定语境中发生，除非实施了行动 P；

手段的选择：情境 X 如果存在的话，那么 S 实施了行动 P。

例如，S 想成为下一届政府部长，他知道传统的部长职位是一个好位置，他得同其他竞选者角逐这一职位。因此，他试图在下一次内阁竞选上获得这一职位。此种实践三段论能够成为 S 选择行动 P 作为工具性手段的一个理由。他能采取因果角色将其作为行动动机。

起因一：有确定目标。同物理角色一样，确定目标的行动在意向行动中扮演着方法论角色。S 一定有目标或意向或意愿产生 A。他为自身设定了某种目标，那么这一目标意向因此能够解释相应的行动，因为这一意向表明为何 S 这样行动。这样，我们可以试图让 S 具备相应意向，从而使其做出某种行动。我们可以通过论辩、说服或改变情境等方式得以实现。进一步说，知道一个意向能够预测未来行动，如同知道物理起因可以预测未来事件一样。

"目的论模式"将目的看作行动起因，并预设 S 行动的目标是实现有问题的事态。确立这一目标是一个意向，并且同时拥有对命题内容的态度，这样所表达的事态作为世界的可能状态就得到承认。这可在特定情境下获得，而且能够在这些条件作用下实现这一可能事态。诸如意向、渴望或情愿做某事等现象需要解释，这是解释动机的第一步。查尔斯·泰勒进而分析了两步：对渴望与性情的论述，以及对情感或者说感情与情绪的解释。

起因二：有性情与情感。性情既包括情感上面的，也包括情绪上面的。

要解释 S 想要成为政府首脑的意向，可以从其寻求承认的整体性情，或者寻求其生出的野心与嫉妒心。比如，S 在某个时刻做出决定，虽然没人期望他这样做，但他出于强烈情感动机：他因在对手面前遭到羞辱而感到愤怒，或者他因手术成功而感到情绪良好等。此种情形都是需求或想要，其动机都比意向或决定隐藏的更深。需求具备两面性：它有时可以从意愿视角出发区分为性情与渴望，也可以从感知视角出发区分为感情与情绪。性情与渴望指向愿望满足的情境，情感与情绪在需求的观照下认识客体。我们的需要本质是党派性的背景，它引导客体对现实与命题内容采取"在场"。它引导我们如何积极影响并有效认识情境，这些情境作为生活世界的组成部分而主题化，而不是作为世界中得到客体化的事物。渴望与愿望支配人们选择行动目标，情感与情绪对情境做出评价，并且打开行动的可能目标的视角。渴望与愿望预设了对可能渴望与不可能渴望事态的评价，然而情感与情绪具备支配因素。

如果我们将此两者看作对潜在愿望与需求的解释的话，性情与情感之间的关系会变得更加清晰。对需求做出解释既涉及情感，也涉及欲望，因为欲望一方面通过目的的手段得到间接解释，另一方面通过价值的手段得到解释，同时，目的与价值相互解释。要了解诸如"美丽""糟糕""快乐""可怕"等表达在既定语境中所具备的具体意义，我们可以参照个人客体或者情境，这些都是行动的可能目标并非常具备说服力。要使特定目的的选择具备说服力，我们反过来能够迎合已经接受的价值。我们知晓目的这一相互解释，对于价值背景以及目的手段来说非常重要，因为目的试图将特定事态特征化，然而文化价值试图表达普遍的事物。进一步说，描述性成分在目的方面更加明显，评价性成分在价值方面更加明显。下面笔者将回到这一二元描述性–评价性解释需求与愿望的表达内容。

但是哈贝马斯想展示的是，"意向行动"概念将动机特征化为"最终"起因，这个起因就是动机。在此框架内，不可能将动机（如，情感与愿望）本身或解释为需要解释的现象的需求加以看待。意向行动的解释可能通过目的、愿望与性情，以及感情与情绪加以还原。然而，解释链最终以动机收尾，不论它们多么根深蒂固。只要我们将行为描述为意向行为，动机都是最基本的起因。一旦我们反过来将个人需求理解为解释进程的结果的话，就会打破表达意向经验的主体的独白行动模式。我们很自然地认为，对需求加以解释，依赖的是文化价值以及包含该价值的规范，但是我们不能将行动主体的意向还原为规范与价值的社会现实。这样，按意向行动的独白思维主体的表达将被互动取代，这是主体间的行动为了达成期望一致，其互动受到主体间承认的规范与价值的制约。这预设了文化传统与需求，以及机构价值与性情之间都具备因果联系。但是，这一实证联系没有抓住理性与动机之间的内部联系，这一联系只能是狭隘建构的"意向行动"语境中的唯一可接受的联系。

第四节　格莱斯的意向语义论

哈贝马斯认为，分析哲学的核心是意义理论，对交往行动理论来说提供了非常具有光明前途的出发点，并将达成理解的语言学进程作为兴趣点。对于诸多意义理论进路，"意向主义语义学"在某一方面可能更靠近行为理论，但是由格莱斯开创、刘易斯发展并得到希福与本内特实施的"意向主义语义学"，就不是这样。此种唯名论意义理论，不适合于廓清以语言为媒介的互动的协调机制，因为它依照指向结果的行为模式分析达成理解的行为。

格莱斯原则产生 40 年来，一直受到学术界的推崇，并且被奉为经典原则看待。后来的语用学理论虽然众多，但对其辩论、批判、解释、改进与修正等行动也从来没有间断[1]。笔者对格莱斯原则的概念及哲学方法论性质做了阐释，对"后格莱斯原则"与"新格莱斯原则"的发展路径加以简单梳理。格莱斯原则的价值在于，它为解释非语义学现象提供了方法论，而不是对具体交流行为加以制约或限制；它所具有的普遍性，在于高度概括了隐含意义得以产生与理解的真谛，为语用学研究提供了坚实的哲学框架。

哈贝马斯通过讨论三种现代意义理论，指出此三种意义理论各自的优势，并对各种理论存在的困难做了分析，并认为这些意义理论存在的困难，与学者们片面追求精确性不无关系[2]。

---

〔1〕　封宗信："格莱斯原则四十年"，载《外语教学》2008 年第 5 期，第 1~8 页。

〔2〕　梁彪："三种意义理论的特点与困难"，载《现代哲学》2005 年第 2 期，第 122~128 页。

一、意向意义

哈贝马斯认为，意向语义学将语言作为一种工具看待，可以使用语言工具表达自己的在场与意向。意向主义理论主义者认为，如果言者借助符号，让听者领会了他所指的意义或者意向，那么就实现了言语者的言语行为。

言说者所表达的意义内容，只能用言说者表达的意向来加以解释，此种语言只能在言说者的意向中获得意义，而不是语言自身内在结构中获得意义。"意向主义语义学"建立在反直觉的思想之上，即理解符号表达 X 的意义，可以追溯到言说者 S 对于听者 H 的意向的理解，以及通过符号手段理解言说者的意向。这样，达成理解的一种衍生模式变成了达成理解的原初模式，如果通向相互理解的道路堵塞的话，言说者可以诉诸此种模式。

"意向主义语义学"试图表明，符号 X 的意义是建立在言说者 S 说 X 的时候是什么意思，或者间接通过 X 想要理解为什么是此种意思，但这并不成立。因为听者理解言说者 S 表达 X 的意思（X 的意义），与弄懂 S 通过使用 X 要表达的意向（S 想用他的行为实现的目的）是两回事。唯有此刻，如果 H 发现了 S 同他交往的意向，并且理解了 S 在实现其交往意向意味着什么的话，S 才成功实现了其意向。对于 H 来说，如果他只知道 S 的交往意向，将不会理解 S 想说的是什么意思，也就是说，不理解言说者想与听者交往的内容是什么。

二、意义实现

有人曾经问格莱斯，"哲学的日常语言进路"对于科学哲学有何贡献？格莱斯认为，日常语言不仅值得哲学家们多加关注，而且有两个论点值得大家思考：（1）哲学家的很重要的一项任务，就是要分析、描述、特征化日常语言表述的用法；（2）对日常语言提出的哲学命题加以拒绝，认为它们错误、荒唐或者在语言学上存在错误，这是错误的做法，因为深研哲学的人们可以通过另一种方式更好地表达出来，从而可以得到更加重要的真理。[1]

依照顾曰国的观点，格莱斯的思想主要集中在八个主题上：（1）感知分析；（2）分析命题与综合命题之间的区分；（3）常识问题；（4）言辞意义与说话人的意义之间的区别与联系；（5）意义的切入点问题；（6）会话合作原则问题；（7）与（8）是关于逻辑研究中的现代派与传统派之间的分歧的观点。[2]

对于感知分析这一主题，格莱斯是从研究与分析感知成因理论开始的。格莱斯将这一理论观点归结如下：（1）不能简单地认为，对物体的感知是通过对所感知的物体所关涉的特定条件加以解释就可实现的；（2）对感知物体的概念澄清要包括物体的角色进来；（3）感知哲学的人物不是澄清或描述所感知物体的日常概念，而是提供其理性重构，找到更适合理想语言或科学语言中的一些概念来取代它；（4）我们试图提供一个更加广阔或狭窄的命题范围来描述物体性状。[3]

依照格莱斯的观点，皮尔斯在其《感知》一文中给出了感知成因论的初步模式。具体来说，感知成因论认为，在所有的感觉数据中，"属于（belong to）"的意思就是"由……引起

---

〔1〕［美］Paul Grice：《言辞用法研究》，顾曰国导读，外语教学与研究出版社、哈佛大学出版社 2002 年版，第 171~172 页。

〔2〕［美］Paul Grice：《言辞用法研究》，顾曰国导读，外语教学与研究出版社、哈佛大学出版社 2002 年版，导读部分。

〔3〕［美］Paul Grice：《言辞用法研究》，顾曰国导读，外语教学与研究出版社、哈佛大学出版社 2002 年版，第 224~225 页。

（being caused by）"，所以说"M 呈现在我感觉中（Mispresent to my senses）"的意思就是"M 引起了我所熟悉的一种感觉数据（M caused a sense-datum with which I am acquainted）"。所谓意识，基本上隐含着引起一种效果。

感知成因论中可接受的观点应该是：X 感知到 M，当且仅当某一现在状态下的感觉数据表述。对于 X 为真，该表述表达一种事态，且其成因由 M 承担，并以事例可以表明；对于 X 来说，要感知 M，且需完全正当化，就要表明 M 的存在，如果若干真实感觉数据通过在成因上可以论述的情境得以表达出来。[1]

针对常识问题，格莱斯关注了摩尔发表的《为常识辩护》一文。摩尔坚持常识存在的必然性，并且批评了怀疑主义者所提出的种种质疑，尤其针对"经验命题"的质疑。[2]

三、意义分类

格莱斯在探讨"意义"的时候，首先将"意义"区分为"自然的"与"非自然的"意义，因为使用"意义"一词，会遇到"自然"与"约定俗成"的两种语境。

对于"自然的"意义，比如说，一个单词的意义是什么，有多少种意义等。"非自然的"意义却有所不同，比如，我们知道穿燕尾服去参加舞会是常见的事，那么看见穿燕尾服的，就能得出他要参加舞会这一结论。

在格莱斯的《表达者的意义与意向》一文中，"意义（mean）"

---

〔1〕〔美〕Paul Grice：《言辞用法研究》，顾曰国导读，外语教学与研究出版社、哈佛大学出版社 2002 年版，第 247 页。

〔2〕〔美〕Paul Grice：《言辞用法研究》，顾曰国导读，外语教学与研究出版社、哈佛大学出版社 2002 年版，第 147~148 页。

一词的意义说明，可以区分为四种主要形式，这些都是非自然意义类型下言说者的场合意义：

（1）"X（表达类型）意味着'……'"

（2）"X（表达类型）在这里意味着'……'"

（3）"U 用 X（表达类型）意味着'……'"

（4）"U 通过说出 X 意味着'……'"

在格莱斯看来，意义的产生要受语境、场合以及使用者的影响，这一观点虽然多数人表示赞同，但是还有可质疑之处。因为当话语说出时，说话者意欲传达一种信念，而且希望听者承认话语背后的意欲。例如，"我给 A 先生看上面有 B 先生的照片"。与"我画了一张 B 先生的照片给 A 先生看"。这两个句子当中，我的意图非常不同，前一句中，我可能是想表明我与 B 先生非常熟悉；后一句中，我可能仅仅想表明我会画画而已。[1]但是，在遇到诸如斯坦普、斯特劳森、希福、塞尔等人的挑战后，上面的意义概念形式又经历了格莱斯的修正。[2]

对于意义的切入点问题，哈贝马斯通过前文表述，让我们发现格莱斯将意义与意图结合了起来，要理解语言意义或者话语意义，离不开对说话人的意图的把握。

格莱斯认为，在实际对话中，针对合作原则，人们未必完全遵守四大原则及其次则。但是没有遵守这些原则与次则的不同方式，就会与会话隐含意义挂起钩来。也就是说，人们在对话时，可能或明或暗地违反这些原则与次则，要知晓说话人的

---

〔1〕 ［美］Paul Grice：《言辞用法研究》，顾曰国导读，外语教学与研究出版社、哈佛大学出版社 2002 年版，第 216~218 页。

〔2〕 ［美］H. P. 格赖斯："表达者的意义与意向"，载［美］A. P. 马蒂尼奇编：《语言哲学》，牟博等译，商务印书馆 1998 年版，第 152~182 页。

隐含意义，就需要更多数据。格莱斯给出了理解隐含意义的整体样式，并认为会话含义有整体与具体之分，前者适用于更多场合，后者只适用于一个具体场合。[1]

　　哈贝马斯认为，格莱斯将语言表达的常规意义，混同为言说者意向的非常规意义，言说者的意向与语言表达的具体语境紧密相关。这样，言说者为了实现自己的意向，往往在策略行为层面进行交往，他将策略行为看成了交往行动，认为只要实现了自身的意向就是成功交往了，这在理论方面明显存在缺陷。

---

　　[1]　[美] Paul Grice：《言辞用法研究》，顾曰国导读，外语教学与研究出版社、哈佛大学出版社 2002 年版，第 24~40 页。

法律交往语用学中的真值论批判

总体来说，依照哈贝马斯的观点，意义理论最终被确立为一种形式科学，仅仅从"指示语义学"走到"真值-条件语义学"，并没有将语义学发展到语用学层面，从而只关注到客观世界的一个方面，而遗忘了主观世界与社会世界。由弗雷格建立、并经早期维特根斯坦到戴维森与达米特的语义学，将舞台中心让给了句子与事态之间的联系，以及语言与世界之间的联系问题。

哈贝马斯认为，就交往语用哲学而言，真值语义学的出发点还是一种逻各斯中心主义。他们认为断言命题的真实性关联和用于实现一定意向的意向性命题的间接的真实性关涉，为解释语言观念提供了一个恰当的起点。逻各斯中心主义集中体现为这样一种断言：只有语言呈现事态的功能才是人的一种垄断能力。由于人与动物都有所谓的召唤功能与表达功能，因此，只有再现功能对于理性具备构成意义。一旦我们离开判断或命题的分析层面，把分析扩大到言语行为与对命题的交往使用，我们就会发现，语言的三种基本功能具备相同的源头，也具备相同的价值。基本的言语行为展示出一种结构，在此种结构中，三种因素相互交织：表现事态的陈述因素、建立人际联系的以言行事因素以及表达言说者意图的语言因素。真值语义学是从弗雷格到达米特与戴维森而发展起来的。它的出发点是：断言命题的真实性关联与用于实现一定意向的意向性命题的间接的真实性关涉，这为解释语言观念提供了恰当的起点。因此，真值语义学得出了这样一条基本原则：我们要想理解一个命题，首先就要了解使这个命题为真的条件。[1]

塔斯基与弗雷格都断言"真"这个概念在自然语言中的不可定义性，并且都明确规定为"真"的条件；前者在形式系统内为"真"给出了"令人满意"的定义，后者区分出句子的涵义与所指（真值）；"真"的定义构成了戴维森真值条件语义学的理论起点，将句子分为各个层面，则是达米特真值条件语义学的重要来源[2]。

第一节　弗雷格的真值论

弗雷格认为，如果没有符号，我们就无法思维。语言作为最常见的一种符号，具有天然的缺陷，即无法做到一义性。为了实现一义性，我们注意到算术中的概念符号既具有简明性，也具有一义性，使用此种概念符号的方式加以表达，应该受到哲学家的关注[3]。

弗雷格被认为是现代语言哲学之父，他的语言哲学核心就是他的意义理论。这一理论由两部分组成，一部分是关于涵义

---

〔1〕［德］于尔根·哈贝马斯：《现代性的哲学话语》，曹卫东等译，译林出版社 2008 年版，第 324~325 页。

〔2〕黄华新："塔斯基与弗雷格的求真方法之比较"，载《浙江大学学报（人文社会科学版）》2001 年第 2 期。

〔3〕［德］弗雷格：《弗雷格哲学论著选辑》，王路译，商务印书馆 2006 年版，第 41~43 页。

的理论，另一部分是关于所指的理论〔1〕。弗雷格的"真值"理论，主要包括真值的范围、性质、表达、本体论地位、真值与思想的关系以及真值在逻辑中的地位等几个方面的内容〔2〕。他的真值理论是一个系统的、全面的理论。它不仅直接为创立现代逻辑提供了哲学上的基础，也为创立意义理论提供了基本概念与方法。因此，这一理论在弗雷格逻辑哲学中占有关键的地位，弗雷格的逻辑哲学就是围绕这个中心理论展开的。无论是从历史的维度看，还是从现实的维度看，弗雷格的"真值"理论对于现代语言哲学都具有非常重要的意义。

一、真值概念

在弗雷格看来，不论是一个符号、语词还是表达式，都有其涵义或者意谓，但是作为一个句子，如果其构成部分需要找到意谓时，才需要找到其真值。也就是说，一个句子的真值就是其意谓，就是其为"真"或为"假"的情况〔3〕。

发现"真"是所有科学的任务，而逻辑是认识"真"的规律〔4〕。弗雷格认为，逻辑的研究对象是"真值（或称真）"，它指明了逻辑的研究方向和本质，逻辑是关于"真"的最普遍规律的科学〔5〕。因此，划定"真"的范围，也就划定了逻辑研究的范

〔1〕 王路："涵义与意谓——理解弗雷格"，载《哲学研究》2004年第7期，第65~71页。

〔2〕 张燕京："从逻辑哲学看弗雷格的'真'理论"，载《自然辩证法研究》2003年第6期，第39~42页。

〔3〕 ［德］弗雷格：《弗雷格哲学论著选辑》，王路译，商务印书馆2006年版，第100~117页。

〔4〕 ［德］弗雷格：《弗雷格哲学论著选辑》，王路译，商务印书馆2006年版，第129页。

〔5〕 张燕京："从逻辑哲学看弗雷格的'真'理论"，载《自然辩证法研究》2003年第6期，第39~42页。

围；确定"真"的客观性与抽象性，也就确定了逻辑规律的客观性与抽象性；辨明了"真"的表达，也就辨明了逻辑与语言学之间的区别；澄清了"真"的本体论及它与思想的关系，也就澄清了逻辑学、心灵科学与自然科学之间的界限，也就明确了逻辑科学的特征。

但是，弗雷格明确表示，"真"是不能被定义的，它非常基础且单一，却具有独特性。对于"真"的应用领域，不能落在物理世界或者是物体方面，而是落在语言方面。比如说，人们经常把表象和现实联系在一起，认为如果表象和现实是一致的，那么就是真的，反之则是假的。弗雷格认为，这样的做法本身就是对"真"的一种预设，这对逻辑来说于事无补。就如同说"2 加 3 等于 5"，我们在说之前就断定"2 加 3 等于 5，这是真的"。我们不需要"真"这个词，也可以表达真的东西。这就是"真"所具有的独特性的表现所在。

王路[1]认为，从弗雷格语言哲学的基本模式可以看出，其语言哲学具有如下特征：首先，以概念文字为基础，即以形式语言和一阶谓词演算为基础的系统。弗雷格引入函数和自变元。依此分析句子，区分出句子的完整、满足与否。其次，以逻辑为基础，提供逻辑语义的"意义"，并对语句意义做出说明。最后，从意谓方式为基础，或者从句子结构和意谓的角度出发，或者从意义和意谓的角度出发。弗雷格的意义理论是一种严格的逻辑语义理论，清楚表明句子的部分与整体间的关系、表达思想与句子真值间的关系。弗雷格通过语言，区分了意义、意谓、思想、真值，并且提供了有效的系统方法。

哈贝马斯认为，以弗雷格为代表的现代语言哲学是一种形

---

〔1〕　王路："弗雷格的语言哲学"，载《哲学研究》1994 年第 6 期，第 69~76 页。

式语义学。此种形式语义学遵循的是语言表达的语法表现形式，它赋予语言以独立性，使得语言主体不受意图与语境的影响。最直接的表达式就是："如果我们知道命题为真的实际情况，我们就理解了一个断言命题。"[1]语言作为一种规则系统，其意义在于语言表达，而非语用学。我们如何能准确理解一种表达，关键不在言说者的意向与语境，而在于语言表达本身的形式特征与生成规则。此种形式语义学将意向与语境剥离，只做语言语义分析，也就是说，只关注语言的逻辑语义关系。他们将语义单位中的命题作为分析中心。一言以蔽之，"命题即思想"[2]。

伴随着此种存在论转向，语义理论自身与如下观点划清了界限，表征功能可以在指代客体的命名模式上得到廓清。句子意义以及对句子意义的理解，不能从语言与陈述的有效性之间的联系分离开来。每当言说者与听者知晓在何种条件下的意义为真，他们就理解了句子的意义。相应地，每当他们知道字词在构成句子真值中做出了何种贡献，他们就理解了字词的意义。因此，"真值-条件语义学"发展了如下论断：句子的意义取决于其真值条件。语言表达的意义与所形成的句子的意义之间的内部联系首先产生，并在有关事态的语言表征的维度下实现这一点。确切点说，此种理论致力于以宣称句模式分析所有句子。一旦使用句子的不同模式处于形式考察之下，此种进路的缺点就暴露无遗了。

---

〔1〕［德］于尔根·哈贝马斯：《后形而上学思想》，曹卫东、付德根译，译林出版社2001年版，第65页。

〔2〕［德］弗雷格：《弗雷格哲学论著选辑》，王路译，商务印书馆2006年版，第132页。

二、意义理论

弗雷格的意义理论由两部分组成：含义理论和指称理论[1]。在弗雷格看来，一个表达式的含义是根据其指称加以说明，也就是说指称概念是用来解释含义概念的。对于专名含义，是识别其指称的方式或方法；句子含义，是认识其指称真假的方式或方法，是通过句子含义来认识其指称的。因此，没有指称概念也就没有含义概念。弗雷格认为，句子是由各构成部分组成，其指称是其构成部分的指称加以确定。从逻辑上看，句子的指称就是其真值，即句子或真或假。句子的构成部分的含义共同构成句子含义，即思想。指称理论是含义理论的基础，也是围绕指称理论展开的，其核心是关于句子真值的理论，即"真"理论。由于"真"理论是指称理论的核心，而指称理论是含义理论的基础，含义理论是整个意义理论的组成部分，所以，"真"理论在弗雷格意义理论中具有核心的地位。

哈贝马斯认为，弗雷格真值理论的出发点，是从对心理分析主义与表征语义学的双重批判开始的。在弗雷格看来，意义分析是以语言表达的形式特征为基础，这些表达被认为是客观的，并且可以公开接近的。对客体的命名，不再成为语言学意义的模式，而是成为句子与事态之间的联系。在此语境下，句子成为意义的最基本构成单位。其决定性的一步，就是在真值意义上将意义与有效性连接在一起。通过简单宣称句，弗雷格发展出了真值-条件语义学的基本论断：一个人理解了句义，如果他知晓该句为真的条件的话。从此论断出发，弗雷格区分了"宣称力"与"命题内容"，前者使得一个句子成为一个宣称，

---

〔1〕　张燕京："从逻辑哲学看弗雷格的'真'理论"，载《自然辩证法研究》2003年第6期，第39~42页。

后者是句子内部所陈述的事物。句子所宣称的一切，可以参考真值条件得以完全阐明；此外，所有的宣称力是这些应该得到满足的条件。作为命题句"P"，同时可以表达上述两个方面的任何一个。

依照哈贝马斯的看法，真值论的长处在于，它认识到了语言的内在结构，语言表达的思想可以通过研究语言本身的特性即命题这一路径，世界的事态可以通过命题真值体现出来。作为听者，只要知晓了言语为真的真实性条件，就可以知晓言说者所说的意义，也就理解了当下的世界。弗雷格意识到意义与有效性之间的关联，但是并未采取语用学角度阐释意义，而是通过命题真值本身与世界达成理解，这明显更容易找到缺口。

第二节　早期维特根斯坦的真值论

早期维特根斯坦的贡献主要集中体现在其早期代表作《逻辑哲学论》之中，该著作深受弗雷格与罗素关于语言哲学理论构建的影响。早期维特根斯坦也坚持真值理论，并认为理解了命题，就是理解了事实。如果我们理解了命题的真实性条件，也就是理解了世界。命题与事态站到了一起，二者之间的桥梁纽带就是"真值"。

一、命题事态

维特根斯坦认为，真的思想从总体上看就是一幅世界的图像，我们可以构造事态的图像。语言是由命题组成，一个命题就是实在的一幅图像，它具备多样性，并且是复合的，它由词构成。词只在命题中起作用，离开了命题，词就没有任何功用，也没有任何意义。[1]命题是实实在在的，每当我理解了一个命题，我就知道了它表述的内容，而且不需要向我解释其意义，我就能理解这个命题。命题能够表达意义，要传达新的意义，仍然离不开已有的表达式。

命题不是词的混合，而如同音乐的旋律一样可以有节奏地说出来。意义存在于命题之中，只有在命题的联系关系中我们才能有指称，我们可以采用表达式的形式来表征命题中的意义。[2]

命题是"可说的东西"的单位。一个命题是对事实、对实际情况的一个描述。命题要么是真的，要么是假的。[3]命题就是其真值条件的表达式。如果一个命题对于所有基本命题的真值可能性都为真，我们称之为重言式；如果一个命题对于所有真值可能性都为假，我们称之为矛盾式；无论是重言式，还是矛盾式，对于命题来说，就是什么也没说，因为前者是一种无条件为真，后者是任何条件为假。[4]换句话说，事情可以是这样或那样，但是在给出命题的定义时，我们可以这样说，"命题就是某种可真可假的东西"，我们在语言中将真值函项演算用在其上的东西称为命题。这种命题就是使用"真"概念加以表述，并使得这个"真"与适合的东西，就是一个真命题。

---

〔1〕〔英〕维特根斯坦：《维特根斯坦剑桥讲演录》，周晓亮、江怡译，浙江大学出版社 2010 年版，第 12~13 页。

〔2〕〔奥〕维特根斯坦：《逻辑哲学论》，贺绍甲译，商务印书馆 1996 年版，第 32、35 页。

〔3〕〔英〕维特根斯坦：《维特根斯坦剑桥讲演录》，周晓亮、江怡译，浙江人学出版社 2010 年版，第 50 页。

〔4〕〔奥〕维特根斯坦：《逻辑哲学论》，贺绍甲译，商务印书馆 1996 年版，第 59 页。

二、语言使用

依照维特根斯坦的看法，行为方式能够通过规则加以决定，一切事物都可被搞得符合规则，但是一切事物也可被搞得与规则相冲突，因而这里既没有符合规则，也没有与规则相冲突一说，这就是我们面临的悖论。也就是说，在将行为本身和规则挂钩以后，每当事物行事的时候，所谓的行为规则经常存在被打破的情形，这种所谓的"遵守规则"与"违反规则"在常人看来就是一种悖论。

对于规则的使用，落实到语言之中，可以通过对语词的使用加以展示。规则是"死的"，语词也是"死的"，是什么赋予其生命呢？是对其的使用，也就是说，规则、语词的生命力在于它的使用[1]。

一个词的意义，就是对其意义的说明所说明的东西，想要理解"意义"这个词的使用，就得找到被称为"对意义的说明"的东西，想要理解这种东西，我们可以看看棋子的用法。

语词与棋子很相似；知道怎样使用一个词，就像是知道怎样移动一个棋子。一个词的意义是由使用它的规则确定的，而不是由语词带有的情感确定的。"这个词是怎样使用的？"与"这个词的语法是什么？"两个问题，在维特根斯坦看来，它们是同一个问题。[2]他认为，只有我们知道怎么使用一个名称做事，我们才能有意义地问上面的问题。比如说，国际象棋中的"王"的意义，就在于其如何使用，而非其形状，我们只有掌握了

---

〔1〕 〔奥〕维特根斯坦：《哲学研究》，李步楼译，商务印书馆1996年版，第193页。

〔2〕 〔英〕维特根斯坦：《维特根斯坦剑桥讲演录》，周晓亮、江怡译，浙江大学出版社2010年版，第50页。

"王"的用法，才能说我们知道了其意义。

要实现语词的意义，如果我们只关注了其对应的东西，忽略了其名称的承担者，那就错误地理解了意义。一个语词的意义，就在于其在语言中的使用，这种意义有时候需要他所指向的承担者来说明。

第三节　达米特的真值论

达米特认为，作为语言哲学之父的弗雷格，其语言哲学的核心就是他的意义理论，该理论包括关于"涵义"的理论和关于"所指"的理论。其中，关于"所指"的理论，是其关于"涵义"的理论的基础。其理论的基本思想是：句子的涵义是句子的思想，句子的意谓是句子的真值[1]。

一、意义

江怡[2]认为，达米特反复强调，语言哲学的核心内容是意义理论，只有通过对语言意义的分析，才能真正实现关于语言所表达的内容的把握。在这种意义上，把握表达式内容就是把握思想，而把握思想的前提就是要分析表达式的意义，因为认识真理、实在、心灵、世界等问题都必须通过意义分析手段来实现。

达米特在这两篇同名文章《什么是意义理论》中的论述，把意义理论归结为如下几点：首先，掌握一个表达式的意义，

---

[1]　土路："涵义与意谓——理解弗雷格"，载《哲学研究》2004年第7期，第65~71页。

[2]　江怡："达米特论意义和真"，载《世界哲学》2005年第6期，第57~63页。

就理解了它在语言中的作用。因此，完整的意义理论，就是完整了解语言作用的理论。其次，理解意义理论，就是一个人了解语言时所知道的东西，即他知道该语言表达式和句子意义时所知道的东西。最后，他区分了"适度的"意义理论和"全面的"意义理论。前者只打算完成有限任务，而后者是追求解释语言初始词项所表达的概念。另外，在意义理论形式上，他反对整体论，反对把意义理论看作某种真值理论。达米特把说话者的语言知识看作一种"隐含的"知识，这是一种背景知识，说话者不需解释自己说出的话语，且在具体场合中无法做出解释。依据弗雷格的思想，达米特把意义理论分为三部分，即指称理论、含义理论和语力理论。他认为，指称理论或真理理论应是意义理论的核心内容，因为这一理论陈述了某个句子为真的条件。含义理论是指称理论的外壳，它说明了指称理论的知识如何构成，将说话者的实践能力与该理论的命题联系起来。语力理论是上述两种理论的补充，用来说明一个句子可能具有的不同的约定意义，即不同类型的语言行为。依照达米特的观点，意义理论的任务就是要说明语言是什么。换句话说，在不做任何预设的情况下，描述出我们学会说话时学会了什么。语言的使用，乃是理性主体的一种有意识的理性活动，而且是唯一的理性活动。对一个词的意义的把握，就是对于它如何一般地为它出现于其中的语句的意义起到作用的把握。[1]

二、真值

达米特认为，对于"真值"是什么，意义理论和逻辑学有不同的认识。在逻辑学中，"真值"概念是理所当然；在意义理

〔1〕［英］迈克尔·达米特：《形而上学的逻辑基础》，任晓明、李国山译，中国人民大学出版社 2004 年版，第 88、96 页。

论中，我们必须揭示出"真"与意义之间的关联。弗雷格的意义理论与达米特的意义理论是两种不同形态的意义理论〔1〕。达米特从理论构建的出发点、理论核心概念——"真值"概念的诠释、认知因素在意义理论中的地位等三个方面分析了二者差异的根源，表明"真值"概念是意义理论的核心概念，"真值"概念从实在论的形态到反实在论形态的转化，导致了意义理论从实在论形态到反实在论形态的转型，从而例证了当代意义理论研究中发生的认知论转向。

　　达米特坚持认为，对于一个句子的真实性，需要满足其真实性的实现条件，这些真实性条件同时规定了这个句子的意义。"此种真实性条件的知识在于，人们知道，人们应该怎样确立，这些真实性条件的知识在一定情况下是否应该兑现或者不应该兑现。"〔2〕也就是说，达米特可以将一些语境纳入对命题真实性条件的理解之中，并得到满足。一种意义理论应该包括两方面的内容：一部分是描述特定语词如何对语句的核心特征及语句的构造产生作用；另一部分是揭示这一特征与其他特征之间的关联。

　　哈贝马斯认为，达米特将真值条件、言说者以及听者具备的知识连接在一起。如果还不知晓这些真值条件，就会对理解句义没有效果。这一转变远离了句子为真的客观条件，支持认识论条件，因为言说者与听者要确定并承认这些真值条件，不仅是要解释其对句子的理解，而是试图要扩展形式语义学的应用领域，并将一直回避分析的句子类型包括进来。也就是说，

---

　　〔1〕　张燕京："弗雷格与达米特意义理论的特征差异及其根源——从逻辑哲学的观点看"，载《自然辩证法研究》2004年第2期，第43~46页。

　　〔2〕　[德]哈贝马斯：《交往行动理论·第一卷——行动的合理性和社会合理化》，洪佩郁、蔺青译，重庆出版社1994年版，第400页。

如果言说者为句子的可能真值所提供的理由，对其意义来说是构成性的，以及通过此种方式，句义通过潜在证立的方式与其有效性联系在一起的话，在真值意义上，反事实陈述、模态陈述、有时间指示词的陈述等，就都向真值-条件语义学研究开放了。通过此种动作，达米特尚未对认知主义抽象有任何贡献，更别提对语义学抽象的贡献了。对于他提出的证实主义程序，是想建立能在独白层面上可以实现的真值条件，这仅仅符合宣称句的真值条件。因此，证实主义还不能与不同有效性诉求的话语证实的主体间效果画上等号。

这样，达米特要了解断言命题及其真实性条件，就需要借助一种间接知识或者说是通过观察情境并加以验证，也就是说，听者必须了解言说者的真实性条件需要满足哪些理由。

哈贝马斯认为，达米特对于有效性诉求的语用学阐释走出了第一步。真值-条件语义学可从如下情境加以抽象：宣称句的真值条件何时能像简单述谓观察句那样得到满足。依赖"真值"与"宣称"之间的语用区分，即句子的真值与通过句子有权作出宣称之间的语用区分，达米特用间接知识取代了真值-条件知识。如果必要的话，听者必须知晓言说者给出的理由，从而维持自身的诉求，这才能表明若干真值条件已经得到满足。如果知晓言说者能够提出理由，说服听者有权提出句子的真实性诉求，我们就理解了这个命题句。因为，理解的条件必须在日常交往中得到满足，这些条件指向了论证游戏的预设观点，也就是说，其中的言说者与对方一样，都需要说服听者有效性诉求可以证立。紧随真值条件语义学的认识论转向，句子的有效性问题，不能再看作是一个语言与世界之间的客观联系问题，因为它远离了交往进程。

第四节 哈贝马斯的真值论

依照哈贝马斯的看法，所有有效性诉求的范式都是命题"真值"，即使是语言的交往用法，也必须预设具备真实性诉求的语言的认知用法，因为标准言语行为总是包含命题内容。我们称事态存在的陈述为"真"或"假"，并以宣称句表征出来。如果一个陈述表征一个真实事态或事实，我们称其为"真"。宣称句可以证立，也可能不能证立。通过宣称某事，我们所宣称的命题为真。真实性不是宣称句的一个特性。然而，我们使用诸如宣称的陈述性言语行为，对命题提出"真""假"的有效性诉求。这样，元语言陈述宣称，"宣称 P 可以证立"，与意思是说"P 是真的"一样，与陈述"P"或"P"作为许诺的结论的简单陈述无关联。元语言陈述仅仅显示了隐性提出的有效性诉求，它将意味的一切都具体化了。每当作出宣称，或通过宣称，我们陈述了命题，因此真实性意义只能通过参照言语行为的一个具体类型的语用学得以解释。我们所说的命题真假，只能通过考察陈述性言语行为的实施情况加以展现。

一、真值对应论

前文提到，真值论在言语哲学层面的直接贡献应该归于弗雷格，他对"真"的意义研究将逻辑哲学推进到了一个新的高度。我们知道，哲学的一个中心问题就是追寻"真"和"意义"，但是哈贝马斯认为，因为普遍语用学是对真实性意义给以陈述的场合，我们可对"真值对应论"的不足之处给以了解，不论是塔斯基与卡尔纳普的语义方式，还是来自亚里士多德传统的存在论方式都是这样。

真值的语义意义的外显模式是：

（1）S 是真的，当且仅当 P 是真的。

在此，S 是一个宣称句，意思是 P。这一模式表明，真值的语义概念中要解决的问题是命题真值概念。塔斯基用句（2）来取代句（1）：

（2）S 是真的，当且仅当 P。

仅仅因为他认为等式：

（3）P＝P 是真的。

但是，这一等式掩盖了问题的真正所在，因为通过 P，意味一个真命题，唯有我们将宣称句 S 植于采用宣称方式的言语行为之中。如果想论述一下隐含在宣称句中的有效性的话，就必须澄清陈述性言语行为中提出的有效性诉求，我们就不能满足于等式（3）。这样，以逻辑语句形式直接表达"真"的意义，只能在宣称句中存在，在诸如祈使句等其他语句中并不能成立。

二、真值顺应论

"真值顺应论"对于真值问题的经典努力，是对命题与作为表征的事实之间相关性的存在论解释，显然也没有把握住真值的意义，既然图像与复印或多或少与其表征的原版相同，然而真命题不能或多或少地与现实相同。哈贝马斯的这个比喻非常形象地说明，真值不是真实，更不是现实本身。如同奥斯汀与塞拉斯提出的那样，真实性不是一个相对特征。真值存在论的真正困难，是在命题与事实之间，或与作为所有事实整体性的现实之间，反过来只能在命题中得以表征。如皮尔斯表明的那样，我们唯有通过命题的真值意义与现实保持一致，并通过"真命题"来引介"真实"概念。真实性是所有事态的整体性，以及对真实陈述得以可能的整体性。真值顺应论妄图超越语义"王国"，但是唯有在此"王国"，言语行为的有效性诉求才能得到澄清。这也说明，真值无法离开语义学，但是也不能直接和现实对应在一起。

三、真值证据论

哈贝马斯认为，真值的意义不在于确定真值的方法，有效性诉求的意义也不能不诉诸补偿、限制或反对的可能性得到决定。这是为何"真值证据论"，诸如胡塞尔的版本，通过参考意图直觉实现来定义真值。真值证据论的基础就是关于意图直觉的考量。依照胡塞尔的说法，真值的意义是指立即给予一切的直觉证据。如果我们能够给予所有的直觉证据，我们就可以实现真值和意义。哈贝马斯认为，我们不需重复从皮尔斯到波普尔与阿多诺发展的这一论辩，从而反对此种原哲学。在胡塞尔看来，真值证据论的不可能性，出现在证明存在普遍命题的非感觉直觉的尝试中，其中的普遍词被认为是不言而喻的。但是，即使作为第一命题的认识判断，包含至少一个普遍表达，诸如匹配、计量、关系，或者感觉允许下可观察语言中的一个述谓。这一术语的语义内容，不能通过有限的特定观察可以穷尽。在此，哈贝马斯看到了胡塞尔发现的情形：有限直觉观察，不可能为哲学提供普遍性意义。因为，就如维特根斯坦通过引介"语义规约"一例展示的那样，字词与句子的意义隐含着普遍性要素，并超越所有可能的特定范例，这就是为什么有效性诉求隐含在宣称句中，不能依靠经验证据加以实现的原因。经验上有意义的宣称有效性，显然依赖证据，在某种意义上，有效性诉求就是建立在经验基础之上。但是，我们经常发现，主体间经验千差万别，经常存在不和谐特征。考察经验的不和谐特征，这一经验意味着什么，包括伽达默尔与波普尔都强调过。

尤其是皮尔斯及紧随其后的语用学者，将认识论重心放在如下事实，即我们只能让期望落空才能学会。唯有修正我们的期望，驱使我们重新定位自身，我们才以强调的意义谈论经验。哈贝马斯提醒我们，我们没有注意到，我们的期望何时得到证实。证实中的经验是基础，生活世界的日常实践落脚于其上。它们提供给确定性，但是确定性总是主观的，它们随时通过不和谐经验让我们伤心。从相信主体的视角出发，确定性是信仰的真实有效性的相关事物。在此程度上，经验即不断合作的经验，基于陈述言语行为，提出真实性诉求。这就是说明，我们在不断合作的过程中，经验为我们提供了真实性诉求。经验基础意味着通过诉求来稳定诉求，"只有经验能够教育我们"。

事实上，我们没足够理由怀疑真实性诉求，即使我们知道每当我们提出怀疑，都不能通过经验加以解决，只能通过论辩。真实性诉求可否实现，不是取决于经验本身，而是在论辩的过程中对经验进行考量。当然，经验可在论辩过程中得到迎合，但是方法论要迎合经验，如同实验一样，本身依赖于解释，唯有在话语中才能展现其有效性。经验支持宣称句的真实性诉求，只要存在不和谐经验，我们就坚持这一诉求。但是，这些真实性诉求只能通过论辩得到履行。基于经验的诉求临时的支撑，每当它出现问题，我们就会发现，基于经验的诉求根本不是一个得到证立的诉求。总之，哈贝马斯坚持认为，单凭直觉无法定义真值，因为我们无法得到一切主体的普遍性的直觉，除非我们能够通过论辩商谈的方式对证据加以考量。因此，真值证据论无法为我们提供一种真正意义上的真。

四、真值共识论

哈贝马斯坚持认为，真值共识论能避免上面三种论点的不足，同时在社会学意义上实现命题的真实性。真值常常发生在陈述性言语行为之上，但是陈述言语行为的有效性诉求，即宣称命题具备的真值，依赖于两个条件：第一，它必须基于经验，即陈述与不和谐经验不发生冲突，第二，它必须在话语上可以履行，即陈述一定能够对抗所有的反论辩，并且在话语中命令所有的参与者同意。第一个条件得到满足，才能使第二个条件按要求得到满足。隐含在宣称句的语用学真值意义，如果我们能够通过有效性诉求的话语履行得到澄清，这是"真值共识论"的任务。

依此理论，我们可将一个述谓归于一个客体，当且仅当所有其他人与我进入话语，也能将同一述谓归于一个客体。为了区分真假命题，我要诉诸他者的判断，即所有他人的判断与我一起进入话语，包括反事实的所有话语参与者。这充分说明，命题的真值条件就是所有他者的潜在同意，所有他者都能说服自身，认为我在预测客体 X 具备 P 属性，并能与我达成一致。因此，真值的普遍语用意义，是由达成理性共识的要求决定的。有效性诉求的话语履行，导致理性共识概念的产生。依照哈贝马斯的看法，这样的"基于话语履行"的共识，并非前面提到的真值对应论、顺应论和证据论，而是以语言为中介进入论辩，并与世界相契合的共识。也就是说，人们通过商谈对三个有效性诉求加以审查，并参照三个世界的划分，使得人们的言语行动与之契合[1]。

---

〔1〕　童世骏：《批判与实践——论哈贝马斯的批判理论》，生活·读书·新知三联书店 2007 年版，第 111～112 页。

CHAPTER 7

法律交往语用学中的使用论批判

弗雷格已经区分了宣称句或问句的"宣称力"或"疑问力",与命题句的"结构"。沿着这条路线,后期维特根斯坦、经由奥斯汀到塞尔,将句子的"形式语义学"扩展到了"言语行为"层面。言语行为不再局限于语言的表征功能,而是对"言后力量"的多样性加以公正分析,并持开放态度。"意义使用论"的产生,让语言表达的语用学方面也走近了概念分析那里。在语言哲学层面上讲,是从语义学走向了语用学,语言的意义不再局限于概念分析本身,而是和社会实践结合在了一起,这是语言哲学的重大进步。"言语行为理论"的产生,就是走向"形式语用学"的第一步标志,此种"形式语用学"扩展到使用的非认知模式。从斯泰纽乌斯开创,经由肯尼到塞尔,对言语行为类型的系统化努力都表明,言语行为理论仍旧受到"真值-条件语义学"的狭隘存在论预设的羁绊。

哈贝马斯认为,意义理论能够达成交往理论的整合性层面,是由比勒的语言图式方案发展出来的。唯有能够为语言的呼唤与表达功能提供系统基础才是成功的,当然可能还包括诗性功能,它与语言手段本身关联。语言学家雅各布森也强调这一功能,如同"真值-条件语义学"方式一样,可以处理那样的表征功能。哈贝马斯对"普遍语用学"的反思，就是采取了此种路径。

语言的意义不再局限于语言意义，而是行为、行动本身。哈贝马斯看到了言语行为理论所具有的对语言意义和功能的强大解释力，尤其是对奥斯汀、塞尔的言语行为整体持赞同的立场。在构建自身的交往行动理论过程中，把语言作为交往媒介看待，实现了商谈共识达成的可靠媒介。有学者认为，在哈贝马斯那里，"交往行动"与"言语行为"几乎是同样的概念[1]。首先，哈贝马斯与维特根斯坦一样，强调语言是作为主体的人的一种行为，任何语句不仅具备陈述功能，而且具备实施行为功能。因此，言语行为是最根本的行为，而其他形式的社会行为，都是此种根本行为的衍生品。哈贝马斯的普遍语用学所研究的重点就是言语过程，即言语行为。进一步说，哈贝马斯接受了奥斯汀关于以言表意行为与以言行事行为之间的划分，并认为这两种行为不可分离。所有言语行为，都包含"以言表意成分"与"以言行事成分"这个"双重结构"，且言语行为的"以言行事力量"的运用，似乎构成了所有语言运用模式的基础。它通过命题内容行事，起着"角色交往"的功能作用。依照此种观念，哈贝马斯把建立以语言运用的行为为主题的规范性理论，作为其交往行动理论的核心。对他来说，一个成功的交往行动，并不意味着什么实体性的东西，而是表示对理性谈话抽象原则的全面遵循。此种理性交往的原则，即对话参与者所必须遵从的言语有效性诉求，如句子的合语法性，陈述的连贯性、行为规范的正确性等方面都具有先验性，并构成了直觉性评价的基础。

---

[1] 任晓："哈贝马斯交往行动理论及其哲学基础"，载《马克思主义研究》1999 年第 4 期，第 58~64 页。

维特根斯坦认为，哲学命题的表述形式应该是"我不知道出路在何方"，哲学不应该干涉语言的实际使用，而只能是对语言的实际使用加以描述，哲学既不能给语言的实际使用提供任何基础或帮助，也不能改变任何东西。因为我们一旦定下了某种规则，制定了某种技术并依此行事，结果经常会出乎我们的预料[1]。"每一个记号就其本身而言都是死的。是什么赋予了它生命呢？它的生命在于它的使用。"[2]

第一节　后期维特根斯坦的游戏论

有人批评维特根斯坦关于语言是什么的表述，认为他没有谈到何为语言的本质、语言游戏的本质，从而也就绕开了关于命题的一般形式和语言的一般形式的研究[3]。众所周知，在《哲学研究》中，维特根斯坦使用了范例：语言如同游戏。他通过例子引介了游戏概念[4]。

第一组例子是由简单计算组成，它们能够在符号与将符号结合在一起的用法规则的帮助下实施。他反复使用的范式是自然数序列。

第二组例子是由儿童游戏构成，其具备的优势，是它们能够协调多个参与者的活动。

---

〔1〕［奥］维特根斯坦：《哲学研究》，李步楼译，商务印书馆1996年版，第75页。

〔2〕［奥］维特根斯坦：《哲学研究》，李步楼译，商务印书馆1996年版，第193页。

〔3〕［奥］维特根斯坦：《哲学研究》，李步楼译，商务印书馆1996年版，第46页。

〔4〕［奥］维特根斯坦：《哲学研究》，李步楼译，商务印书馆1996年版，第47~48页。

第三组例子由对手游戏、策略游戏构成，诸如棋类、扑克游戏等。与日常言语与行动不同的是，语法规则与游戏规则之间的比较，强调了固有与反复出现的类型：这是维特根斯坦所谓的"语言游戏"。

哈贝马斯试图想表明此种自然语言分析模式所具有的优势，并且指出其强加在语言分析上的局限性。

一、游戏模式

维特根斯坦的"游戏模式"将分析的注意力集中到习惯性的、以语言为媒介的互动之上，从而忽视了规则的真正的语言维度。这些规则制约着单词串如何生成，支持制约言说者彼此如何交往的语用学规则维度，因此语言游戏的"语法"不应该与语言的"语法"相混淆。前者所包含的规则，能产生可能的相互理解情境。语言游戏的结构决定了如何使用句子形式的言说，并屈从于共识。

依照哈贝马斯的看法，如果维特根斯坦真的发展了"语言游戏"论，就得采取"普遍语用学"的方式。虽然维特根斯坦没有考虑到此种理论方案，但是哈贝马斯将此加以细化详述，并作为"社会交往理论"的基础。维特根斯坦从来没将"语言游戏"的语法研究看作是一种理论研究，反而将其看作是使用间接消息的一种特定程序，即理论上不能接受的描述，伴随着让言说者知道"语言游戏"如何产生功能这一补救式的意图。依照维特根斯坦的说法，如果将"语言游戏"看作是一个规则系统，其中的言说者能够形成共识，"语言游戏"的语法能够得到展现，但是不能以理论陈述的形式得到表达。在回到这一理论缺陷之前，哈贝马斯提及了维特根斯坦的"游戏模式"对于自然语言分析具备效果的三种路径。

（一）能 力

维特根斯坦在"游戏模式"中的主要兴趣，是关于游戏规则的地位与掌握此种规则的游戏者的"能力"。游戏规则决定了允许何种符号，以及实现何种运算。每当我们不知道一个棋子或者一步的意义是什么的时候，我们必须依靠这些"游戏规则"。

"意义使用论"坚持认为，字词或句子的意义是其在语言系统中扮演的角色，并来源于此种模式。当然，"游戏规则"虽然能够描述，但是未必真能理解规则的作用。一个棋手理解规则，即他能在游戏中移动棋子，且不需要他能描述这些规则。规则的特定本质掌握在那些掌握规则的棋手手中，而不是会描述规则的棋手的能力中得到表达。理解游戏就是具备某种知识，意味着掌握一种技能。此种技能掌握，表达的是一种自发性，通过它我们能够独立适用这些获得的规则，而且包括产生新情况的创造性，这些可以看作是遵守规则的范例。这解释了维特根斯坦对于如下事实的兴趣，即一个已经学会特定数字序列的学生，当他"知道自己如何操作"这个序列的时候，就是理解了相关的规则。作为老师，在一系列数字末尾写出的"等等"，是要去展示该规则，代表实施无限多的进一步运算与生成无限多的新情况的抽象可能性，这都与规则一致。我们学习一个游戏或语法规则中获得的能力，就是一种生成性能力。维特根斯坦从来没有尝试解释，为何理解一个规则需要具备的认知能力的同时，也需要一种实践技能，即能够依照规则行为的"能力"。此种能力就是一种实现游戏规则的能力，学会了游戏规则，就意味着主体具备了遵守和实践规则的能力。

哈贝马斯坚持认为，规则的意义虽然具备普遍性，但我们只能通过有限的情形加以展示，并通过似是而非的训练将其解释给他人。当且仅当学生们学会展示在他们面前的事物，通过可以发现关于某事的例子，才能掌握此种普遍性。即使是一个简单的例子，也可以实现这一目标："是规约例子的规则，使得它成了例子。"[1]作为例子的客体或者行动本身，从来不是规则的例子。只有适用规则，才让我们认识到特殊性中的普遍性。每次应用规则的时刻，本身都包含着一个创造时刻。已经学会一个规则的学生，就已经变成了一个潜在的老师。因为他具备生成性能力，他自己现在可以创造例子：不仅是新例子，甚至是虚构的例子。

（二）互动

让维特根斯坦感兴趣的"游戏模式"还具有另一特征，即共识必须存在于"何为规则"的游戏者之中。"语言游戏"这一术语，表达的是语言与实践之间的联系，不完全是通过参照规则而生成符号串的运算得以论述。当维特根斯坦将语言"语境"或"活动"称为"语言游戏"时，他想到的是不同种类的行动，即"互动"，这是哈贝马斯对于维特根斯坦的语言游戏论的一个解释。例如，命令就是能够通过行动而实现或违反的语言表达："假如你是位探险家，进入了一个陌生的国家，对其语言一窍不通。在何种情形下，你说那里的人们在下命令、理解、服从或背叛命令等等？人类的普遍行为是表征系统，通过此种手段我们理解一种陌生语言。"[2]"语言游戏"的语法制约其意义结构，并以互补方式体现在句子中，诸如做鬼脸与打手势等身体语言表达及行动。它们是"语言游戏"的要素，并使言说

---

〔1〕［奥］维特根斯坦：《哲学语法》，韩林合译，商务印书馆 2012 年版，第二部分，第 9 节，第 272 页。

〔2〕［奥］维特根斯坦：《哲学研究》，李步楼译，商务印书馆 1996 年版，第 142 节，第 122~123 页。

融入互动之中。哈贝马斯认为，作为"交往行动"的组成部分，语言言说也具备了行动的特征。

在实施诸如命令、提问、描述或警告等言语行为时，我们不仅使用了"行动"的互补方式，而且参与到人类的共同行为之中。在互动语境中，言说、行为主体与共享的事物相联系，这就是关于习惯性规则的共识。作为身处陌生语言国家的一个人，会认为他所观察到的互动是基于某种特征的规定。他只能通过超出自身起初仅仅观察的交往之中得到这一规则，就是基于自身特征的前理解。成功参与与否，是评价他的理解充分性的唯一标准。如果他的假设发生错误，那么伴随其行动的策略共识就终止了。"语言游戏不以我所认为的方式产生其能力"的经验，就是断裂性共识的经验。依照哈贝马斯的说法，那不是观点的一致，而是生活方式的一致。对于交往集体的主体间有效性或者承认，因此具备了约束特征。在讨论"游戏规则"时，维特根斯坦对此作出了澄清："服从一个规则，做一场报告、下一次命令或者下一盘棋，都是习惯，也是一种用法或机构。"[1] 这样一种游戏规则，必然不仅具有规则特征，更具有了共识特征，在此过程中的互动，具有非常关键的作用。

（三）意义

作为"游戏模式"的第三方面，让维特根斯坦感兴趣的是，组成新语境的"意义"。"游戏规则"具备任意性，如果我们说发现了新游戏，就可以修改旧规则。这样的话，我们在脑海中不需要具备特定的目的或结果。然而内在于游戏概念，尽管它可能是一种枯燥或者让人兴奋的游戏、机会游戏或者技能游戏，成为一个或多个游戏者提供的游戏，它的结果只能在成为一种

---

〔1〕 〔奥〕维特根斯坦：《哲学研究》，李步楼译，商务印书馆1996年版，第199节，第120页。

游戏中构成。"语法规则"或"游戏规则"都不是技术规则，它们能通过顺应结果加以决断，并通过这一结果得到实现。维特根斯坦给了一个例子，并对此做出解释："为什么我不认为烹调规则是任意的，为什么我试图把语法规则看成是任意的？因为我认为'烹调'概念要通过烹调结果得以定义，但是我不认为语言概念是通过语言的结果得到定义。如果你在做某事过程中使用规则，而不是正确的规则，你做的事很差；但是如果你顺从其他规则，而不顺从另一游戏的棋类规则……。……规则与字词'做事'的语法之间的联系不同于棋类规则与'下棋'之间的关系，或者乘法规则与单词'乘以'语法之间的关系。"[1]与"游戏规则"一样，"语法规则"是构成性的。它们不能规制行为方式，而是创立一个行为方式的新类型，因为此种方式独立于它们而存在。此种生成性规则所关联的目的通过这些规则本身得以构成。这样，我们不能将语言看作是一个机构，或者服务于特定目的，诸如达成共同理解等，因为语言概念已经包含在此交往概念中了。

因此哈贝马斯认为，不论何种情形，游戏的规约特征表明，以游戏模式理解语言的想法具备局限性。维特根斯坦本人提到一点关于游戏的任意性问题，我们已经达成一致，语言的顽固性通过传统传承下来，我们必须服从其语法。语言不单单是一种游戏，我们必须严肃对待它："那么，意义真的仅仅是字词的用法吗？不是此种方式使得此种用法与我们的生活相混同吗？此种用法不是我们生活的一部分吗？"[2]在此段落中，维特根斯

───────────

〔1〕［奥〕维特根斯坦：《哲学语法》，韩林合译，商务印书馆 2012 年版，第一部分，第 133 节，第 184~186 页。

〔2〕［奥〕维特根斯坦：《哲学语法》，韩林合译，商务印书馆 2012 年版，第一部分，第 29 节，第 65 页。

坦表达了自身的思想不同于语言用法，仅仅是一种"游戏方式"这一思想。对我来说，要能理解它，就"必须与我自身生活相混同"。〔1〕这意味着我们选择语言规则的方式，不同于我们选择游戏规则的方式。诸如下棋的策略游戏，不是语言的适当模式。语言的两种构成性特征不同于策略游戏。

策略游戏外在于游戏主体，但是语言弥漫着言说者自身的个性结构。游戏仅仅通过规约建立起来，为了让游戏持续进行下去，游戏规则被排除对话之外。在游戏过程中，他们不能同时成为"游戏是关于什么的规则"。这好比是说，我们大家做一个游戏，游戏本身有其固定规则，但是游戏主体间可能具有不同策略来实施游戏规则。这种实施策略并不是游戏规则本身所具有的特征。有时候，我们会说"一个游戏玩得好不好，和游戏规则本身无关，这得看自己"。游戏主体在游戏过程中也没有改变其能力，是其对于游戏规则的一致观点的生成性能力，并依此行动。他们的个性结构属于游戏的辅助条件，却不是改变其本身价值的因素。对于"语言游戏"的语法来说却不是这样，言说者的"交往能力"也不是这样，这两者都隐含在语言交往的发展过程中。"语言游戏"的语法在其文化过渡过程中形成，然而言说者是在其社会化过程中形成，这两种过程都在语言媒介本身中发生。"语言游戏"确实不像策略性规则那样，因为它们不是基于规约，即能不断成为元交往客体的语法规则。在游戏主体面前，所有的游戏规则都是共同规约的结果。但是作为言说主体，如果他们想要理解任何事物，同时在得到其情境前理解的制约条件下，他们总是会发现自身。因为他们作为言说者的能力，本身就是语言为媒介互动的结果。"游戏规则"能轻

―――――――

〔1〕［奥］维特根斯坦：《哲学语法》，韩林合译，商务印书馆2012年版，第一部分，第66页。

易让我们忘记这一事实，即言说者完全以符号建构的个性，是"语言交往"结构的一部分。言说者与语言在不同但更加紧密的方式中综合在一起，这要比游戏者及其游戏本身更加紧密，但是维特根斯坦没有对此加以系统论述。

哈贝马斯认为，维特根斯坦没有更多注意到，语言的语法不能构成独立于外在制约条件的意义，如同在"游戏规则"下的规约引介的情形一样。当然，语言游戏的语法不能通过实证表述得以否决，它不依赖于自然法而是先于经验。但是，如同策略游戏规则的方式一样，语言语法先于经验。游戏中挪动一步棋子所具备的意义，对于外在于游戏的语境没有任何意义。不论刮风下雨，国际象棋的棋子如何挪动的规则不会发生变化。但是，语言是指世界中的客体，我们谈论的东西不是语言中的东西，而是世界中的东西。在游戏语境中，我们根本做不了游戏之外的任何事情。与句子不同，游戏不表征任何东西，这就是为什么说语法规则是构成性的，并具备不同于游戏规则的意义，因为它们构成了经验的可能性。尽管他们先于这一可能经验，但也不是独立于制约条件之外。这些制约条件既与我们的生物构成的不变特征相联系，而且与我们自然环境的常量相联系：唯有在规范性情形中，字词的用法才能清楚表达；我们知道，我们无疑在此或另一情形中说了什么。情形越不正常，我们所说的一切变得越让人怀疑；而且如果事情非常不同于实际的话，例如，没有痛苦、恐惧或开心等的特征表达，如果规则成为例外以及例外规则……这将使我们规划语言游戏丧失其落脚点。[1]这一问题不仅在意义的自我包含语境中出现，而且在构成可能经验的主体意义中也会出现，这就不同于游戏规则。

---

〔1〕〔奥〕维特根斯坦：《哲学研究》，李步楼译，商务印书馆 1996 年版，第 142 节，第 84~85 页。

此种差异也没有得到维特根斯坦的系统论述，而是在其抛弃了普遍语言概念之后，用以表征事物且具备超验地位。

二、主体间关系

哈贝马斯认为，行动的意向性与意义的同一性有密切联系，意义的同一性则依赖规则的主体间有效性。一个人不可能实现私自遵守规则，而是在主体间遵守规则[1]。维特根斯坦和奥斯汀首先发现，语言具有行事与命题集于一身的双重结构，"语言主体间关系"与"事物主体间关系"这两个维度，超越语言游戏模式的局限性，并发展了语言哲学。

对于语言的主体间关系，维特根斯坦将意义的同一还原为规则的主体间承认之上，但是没有考察接受规则的两个主体之间的相互关系。对于言语主体来说，一个规则，例如一个语义规约，是有效的。每个伙伴必须能够预期对方的期望，这一事情并非无稽之谈。米德是首位分析"意向行动"基础的学者。[2] 规则有效性的"主体间性"，以及意义的同一性，都具备同一基础，这就是规则指向的行动必须得到共同的评论。反过来说，这需要的不是行为的互惠，而是关于行为期望的互惠。主体 A 必须能够预期与确认主体 B 的期望，如同主体 B 对于主体 A 来说也是这样。这一关于期望的相互自反性，就是关于双方伙伴能够参与到相同期望，确认这是规则客观定位的条件，以及分享其符号意义的条件。我们称此期望为"意向"。我们有共同的"意向"，这让我们走到了一起；我们有共同的"期望"，这让

---

〔1〕 童世骏：《批判与实践——论哈贝马斯的批判理论》，生活·读书·新知三联书店 2007 年版，第 55~56 页。

〔2〕 [美] 乔治·赫伯特·米德：《心灵、自我和社会》，霍桂桓译，译林出版社 2012 年版。

我们走到了一起。此种共同意向和期望，是我们实现意义同一性和主体间性的前提。

"意向"是以意义为结构的期望，它指向相同的意义，且其内容可以理解。它们可能不是主体的简单期望，亦不是能够成为自反的期望，一旦它们已经成为进一步期望的客体，不是是否同一或不同的主体。在符号意义层面，不可能存在此种简单期望，因为期望总是通过期望的相互自反性得以构成。这表明，唯有在同时发生的元交往条件下，通过意义的"交往"才是可能的。通过共享意义的"交往"，需要达成关于某一事物的理解，且同时达成对于所交往内容的主体间有效性的理解。通过符号意义手段，不在场的东西变得在场。在此，至少有两个能够言说与行动的主体可以分享此种表征，但这远远不足以将意义的身份还原到对于期望的相互自反性上。因为，此种相互性反过来预设了主体间的相互承认，通过参与到这一期望，主体们构成了"意义"，使它们能够共享此"意义"。此刻，我们必须假设，他们自身形成的是能够言说与行动的主体，仅同相互承认的行为相联系。因为唯有其"交往能力"即言说与行动的能力，使得他们成为主体，"主体间性"将自身显示为一种自相矛盾的关系。

在哈贝马斯看来，相互承认的主体必须将彼此看成是同一的，每个主体都将自身与对方放在同一类型中看待，同时相互承认的联系也需要自我与他者的不同。事实上，每个主体必须确信自身完全不同于他者，因为成为一个主体，包含着对个体化的诉求。此种自我的辩证关系，首先由费希特与黑格尔发展出来。这一辩证法，从一开始就进入到一种通过人称代词系统的"主体间性"的自相矛盾关系之中，洪堡尤其注意到了这一点。甚至连黑格尔也意识到，期望的相互自反性之中的同一意义得以构成，需要每个主体能够确定与具备从自身与他者在场同样的期望。反过来，这要求对话角色同时承认，一个能够言说与行动的自我，可以将自身与他者相统一。每当两个主体在"主体间性"层面上相互遭遇，以便彼此言说与互动，他们就掌握了这一自相矛盾关系。若能进入"主体间性"的此种自相矛盾关系中，就暗含着所有逻辑一致的交往，这就要求言说者必须具备以规则一致的方式适用人称代词的能力。他必须对自身说"我"的同时，要将自身界定为"我们"，而与所有外部人士"他"或"他们"相区分，并且是交往中的潜在参与者。此种主体间关系，通过言说的基本单位的语法方式"言语行为"加以详述。例如，"我答应你我会来""我建议你别做这事""我给你描述一下你如何去"，等等。

每个"外显言语行为"的公式"Mp"之中，M是包含第一人称的人称代词，既可以成为语法主语、宾语的第二人称的人称代词，或者包含成为述谓的行为动词。我们在言语中使用此种方式的句子，是为了生成与表征建立于相互承认之上的"主体间性"关系。"言语行为"给予相互关系。问答、承认与否决或者命令与服从的角色，原则上是能够相互变化的，但是这与相互变化的同时承认对话角色，原则上是不可替代与独特的。"言语行为"的成功，除了其他因素，还依赖于言说者通过使用人称代词进入主体间关系。同时，此种关系使得相互之间同时承认身份或非身份的自我与他者成为可能，其特定方式能够通过研究人称代词用法的逻辑得到进一步澄清。

三、事物间关系

对于言语与世界事物之间的关系，维特根斯坦在《逻辑哲学论》中，研究了表征事实的"普遍语言"的形式。这种形式，就如同其书名所说的那样，是一种逻辑哲学的表现形式。早期的维特根斯坦就是将语言逻辑看作是一种普遍语言。在这样的形式中，所有语言的句子与命题，只有在句法上是正确的，才是实证上有意义的。唯有这些命题与事实相对应，"普遍语言"才能决定自然科学的可能经验与科学命题的客体领域，并可宣称具备超验地位。依照哈贝马斯的看法，除了逻辑困难挡在实施此方案的路上外，更重要的是一个动机驱使维特根斯坦放弃了他的原初观点：他发现了语言的"交往用法"。维特根斯坦注意到了"言语行为"的语用维度，借此我们能生发出达成理解可能性的多种语境：存在……难以数计的对于"符号""字词""句子"的用法种类。这是后期维特根斯坦语言哲学的中心，即语言的意义离不开使用，离不开主体间的互动和共同实践。"新的语言种类、新的语言游戏，如我们所说的那样形成了，同时其他的种类变得过时与遭到遗忘。"[1]当然，是此种观点把维特根斯坦引上了迷途。发现描述与解决事实，是言语行为的一种类型，使得维特根斯坦不仅同陈述事实话语的语言游戏的错误垄断决裂，或者同"作为区分语言标记的逻各斯"决裂了，这让他屈从于忽视语言认知用法的优先角色。在他的语言游戏表中，描述客体、物理计量以及证明假设都放在了一个层面，诸如命令、提建议或许诺等。维特根斯坦没有认识到，唯有语言的认知用法，打开了所有言语行为必须参照的维度，才可能再度在言语基本单位的语法形式中发现。

哈贝马斯认为，每个基本言语的形式"Mp"包含一个从句p，它表达了要达成共同理解与一致的命题内容。此种言语行为的二元结构，整体上反映出言语的结构。要实现相互理解，必

---

〔1〕〔奥〕维特根斯坦：《哲学研究》，李步楼译，商务印书馆1996年版，第23节，第17~18页。

须在两个层面上同时操作：（1）主体间性的层面，听者与说者彼此言说；（2）客体或事态层面，他们彼此"交往"。在每个言语行为中，言说者对世界的客体进行"交往"，对于事物与事件，人或其言语进行"交往"。如果"that p"的命题内容没有以宣称命题的方式在语言的认知用法中表达的话，即使是交往用法，也是不可能产生命题，也不会有其命题内容。这就是说，命题的真实性是以宣称命题的方式实现的，但是如果没有交往，其真实性无法成立。在哈贝马斯看来，维特根斯坦的语言游戏分析，只关注了语言的意义构成及其用法，却忽略了其知识构成方面，即语言的表征功能。语言游戏的整体性分析，没有认识到所有言语行为的二元结构。因此，在语言条件下，现实成为经验的客体。虽然交往语境的生成不能以可能经验的模式加以构想，但是后者也不能在语言的交往层面得到充分理解。

　　总而言之，哈贝马斯认为，维特根斯坦试图补救意向语义学理论之不足，他的语言游戏论如果想获得成功，就需要采取普遍语用学方式。维特根斯坦不关心言语中句子的用法，而是关心语境中使用句子的规则。语言在任何一个形而上学时代都占据着主导地位，在语言学层面看，语言本体论就建立在句法与词汇当中。反过来，本体论又决定了世界的基本结构，而语言共同体又都存在于世界当中。对于任何一个语言共同体而言，一般意义上的语法解构预先都已经明确了，哪些表达堪称是完整的、有意义的或有效的。就揭示世界功能而言，海德格尔认为，语言是一切现实条件的总和，这些条件本身没有合理不合理之分，它们从先验的角度决定了基本概念范围内的一切，哪些是理性的，哪些又是非理性的。[1]

---

　　〔1〕［德］尤尔根·哈贝马斯：《后民族结构》，曹卫东译，上海人民出版社2002年版，第192页。

维特根斯坦与海德格尔的相同点在于，他们都是从语境主义视角看待问题的。他们都认为，否定语言具备创造世界的功能，是哲学传统与形而上学的一大弊端。理性如果是绝对的与纯粹的，如果超越了一切语境，并具备普遍意义，那么，它的先验表象在心理主义范式中就被彻底蒙蔽了。[1]说到底，语言使用所具有的表征功能，和陈述功能一样，都是不可或缺的。

第二节 奥斯汀的言语行为论

奥斯汀的言语行为理论对于哈贝马斯的交往行动理论的直接启示意义不言而喻。依照哈贝马斯的说法[2]："所谓交往行动，是一些以语言为中介的互动。在互动过程中，所有的参与者通过他们的言语行为行事，所追求的都是以言行事的目的，而且只有这一个目的。"哈贝马斯将言语交往或者互动这一行动看作是言语行为理论可以实现的重要目的，从而对言语行为理论做了深刻剖析和拓展。

奥斯汀从晚期维特根斯坦的"语言游戏论"出发，发展出了言语行为理论。大家知道，奥斯汀区分了"言说行为""言后行为"与"言后效果行为"。[3]依照奥斯汀的说法，"说某事就是去做某事""说了某事就进行某事"或者是"通过说某事进行某事"，这就是上面三种言语行为的具体表述。

奥斯汀反复强调，这三种行为之间既有联系，又有差异。

[1] [德]尤尔根·哈贝马斯：《后民族结构》，曹卫东译，上海人民出版社2002年版，第192~193页。

[2] 傅永军："交往行为的意义及其解释"，载《武汉大学学报（人文科学版）》2011年第2期，第61~68页。

[3] [英] J. L. 奥斯汀：《如何以言行事——1955年哈佛大学威廉·詹姆斯讲座》，杨玉成、赵京超译，商务印书馆2013年版，第94~108页。

他认为，言后效果行为是在实施言说行为与言后行为的同时，我们必然实施另一种行为，它就是言后效果行为。说出某事，常常会对听者、言说者以及其他人产生感觉上、思想上、行动上的若干后续影响。[1] 他最早区分了以言表意行为和以言行事行为：

以言表意行为——断言命题——意义——真实/错误

以言行事行为——完成行为式命题——力量——成功/失败[2]

但是，此种划分方法也存在诸多不足，后来由塞尔发展并详细划分了言语行为的具体类型。

一、言语行为划分

（一）言说行为

"说出某事"的行为，即"言说行为"，在其完整正常的意义上，应该是实施一个言说行为。同时，研究言语本身，自然就是研究言说，或者是研究言语的完整单位。[3] 言说行为，大体上相当于说出具备一定意义与所指的某一个句子，也大体上相当于传递意义中的"意义"。[4] 所谓"言说行为"，大体上就是说出一个具备某种意义或所指的句子，这个"意义"更像是传统意义上的。

---

〔1〕[英] J. L. 奥斯汀：《如何以言行事——1955 年哈佛大学威廉·詹姆斯讲座》，杨玉成、赵京超译，商务印书馆 2013 年版，第 101 页。

〔2〕[德] 于尔根·哈贝马斯：《后形而上学思想》，曹卫东、付德根译，译林出版社 2001 年版，第 104 页。

〔3〕[英] J. L. 奥斯汀：《如何以言行事——1955 年哈佛大学威廉·詹姆斯讲座》，杨玉成、赵京超译，商务印书馆 2013 年版，第 94 页。

〔4〕[英] J. L. 奥斯汀：《如何以言行事——1955 年哈佛大学威廉·詹姆斯讲座》，杨玉成、赵京超译，商务印书馆 2013 年版，第 109 页。

哈贝马斯认为，奥斯汀用"言说行为"指代命题句的内容（"p"），或者是名词化的命题句（"that p"）。通过言说行为，言说者表达了事态，言说了事物。

（二）言后行为

实施一个"言说行为"，自然就是在整体上实施了一个"言后行为"，在此并无神秘之处可言。[1]我们在说的过程中实施了言后行为，诸如提醒、命令、警告等，都具备某种力量存在。[2]

通过言后行为，言说者通过言说事物而实施了一个行为。言后行为角色确立了作为陈述、许诺、命令、宣誓等诸如此类句子的模式（Mp），它通过施为性动词手段以第一人称现在式表达出来；行为意义可以在如下事实中发现，比如，"郑重"能够加到言语行为的言后行为成分之中："我郑重向你承诺（命令你、向你坦白）……"

（三）言后效果行为

"言后效果行为"，就是我们通过说出某事所带来或实现的行为，诸如说服、恐吓、误导等。[3]依照奥斯汀的观点，虽然说研究言后行为并无神秘之处，但是问题就在于不同意义的存在，使得诸如"我们以何种方式使用它"的表达，变得非常模糊不清。这就是言语行为本身以及"言后效果行为"所关注的对象。[4]最后，通过"言后效果行为"，言说者对听者产生一

---

〔1〕 ［英］J. L. 奥斯汀：《如何以言行事——1955 年哈佛大学威廉·詹姆斯讲座》，杨玉成、赵京超译，商务印书馆 2013 年版，第 98 页。

〔2〕 ［英］J. L. 奥斯汀：《如何以言行事——1955 年哈佛大学威廉·詹姆斯讲座》，杨玉成、赵京超译，商务印书馆 2013 年版，第 109 页。

〔3〕 ［英］J. L. 奥斯汀：《如何以言行事——1955 年哈佛大学威廉·詹姆斯讲座》，杨玉成、赵京超译，商务印书馆 2013 年版，第 109 页。

〔4〕 ［英］J. L. 奥斯汀：《如何以言行事——1955 年哈佛大学威廉·詹姆斯讲座》，杨玉成、赵京超译，商务印书馆 2013 年版，第 99 页。

种效果。通过实施言语行为，言说者带出了世界的事物。这样，奥斯汀区分的这三种行为，可以用如下短语加以描述其特征：言说事物；通过言说事物而行为；通过言说事物而行为，从而带出世界的事物。

哈贝马斯认为，奥斯汀是切割了概念，这在奥斯汀的代表作《如何以言行事？》中对于行为动词的类型划分中看得出来。言语行为（Mp）由言后行为与命题成分组成，言说者表现为一种自足行为，总是怀着一种交往意图实施这一行为，也就是说，言说者的目标是听者能够理解并接受他的言语。言语行为的自足性，可以理解为言说者的交往意图与言后行为目标跟随者所说的外显意义。这不同于目的行为，因为目的行为的意义是与其作者所追求的意图与想实现的结果联系在一起的。所言说的意义，对于言后行为来说是构成性的，而行为人的意图，对于目的行为来说是构成性的。

同样，奥斯汀所谓的"言后效果"，会使言后行为在行为的目的语境中扮演一定角色。言语行为与整体上的行为一样能够产生副作用，这是行为人没有预见的，哈贝马斯认为这是无足轻重意义上的言后效果，没有多大探讨的必要。尤其无足轻重的还包括如下内容：由于如下事实而产生的言后效果，言后行为有时在策略互动的语境中扮演一定角色。每当言说者以成功为指向行为时，同时与具备意图的言语行为联系在一起，并且出于与所言说意义发生偶然联系的目的而加以工具化的话，这些效果就会随之产生。

更深层的意义是，实施一个言说行为，也同样进入了言后行为，同样也会实施另一种行为。言说某事经常或者正常来说，会产生若干影响效果，无论对于情感、思想或听众的行为，或者对于言说者或其他人都是这样；我们就会认为，言说者通过命名实施了一个行为，此种指涉或者是倾斜的，或者根本不会指涉，对于实现言说行为或言后行为来说。我们称实施此种行为为，实施言后效果行为或言后效果。[1]

哈贝马斯认为，奥斯汀对"言后行为"与"言后效果"加以界定产生了更广泛的争议，从而又产生了四种区分标准。

一是言说者通过言语所言说的意义是构成性的，追求言后行为目标，此种言语行为在此种意义上来说是自我确认的。哈贝马斯认为，在言后行为的帮助下，言说者让人知晓或者想让人理解所说的内容，可能是打招呼、下命令、警告、解释等方面，他的交往意图没有超出想让听者理解言语行为的外显内容这一范围。对照来说，言说者的言后效果目的，如同指向目标的行为所追求的目的一样，没有跟随言语行为的外显内容，这一目标唯有通过行为人的意图能够实现。例如，对于理解作为一种要求的听者来说，几乎不能知晓言说者言说的其他内容，就如同一个观察者发现匆匆走过的熟人，不知道他为何行色匆匆。一个言语行为所产生的言后行为及其效果，在此层面上没有得以区分，也就是说，作为观察者，无法理解言者的言后行为的真正意图，从而也无法判定其言后行为的后果。听者最多能从语境来猜测言说者的言后效果目标。剩下的三个标准与言语行为的这一特征自我确认有关。

二是从对言语行为的描述出发，如下面的（1）（2）那样，能够演绎出言说者言后行为成功的相应条件，但不能演绎出言说者指向成功的行为的言后效果成功的相应条件。在既定情形下，实施这一言语行为，或者是想成功，或者已经成功。通过言后效果的描述，如下面（3）（4）那样，它们超越了所说的意

---

〔1〕［英］J. L. 奥斯汀：《如何以言行事——1955 年哈佛大学威廉·詹姆斯讲座》，杨玉成、赵京超译，商务印书馆 2013 年版，第 101 页。

义，也超越了听者能直接理解的意义。

（1）S 向 H 宣称，他给公司发了通知。

如果 H 理解 S 的宣称，并接受认为是真实的，那么 S 就通过（1）句表征的言语获得了言后行为的成功。这就是说，如果听者理解了言者的宣称内容，作为言者，就是实现了其言后行为。同样的是，

（2）H 警告 S，不要向公司发通知。

如果 S 理解 H 的警告，并且接受认为是真实且正确的，H 就通过（2）句表征的言语获得了言后行为的成功，这要依赖在既定情境中是否具备预测意义或者合乎道德的意义。不论何种情形，接受（2）句这一言语，就为听者以某种方式行为的义务提供了理由，或者为言说者的相应期望提供了理由，不论行为所期望的后续实现是否对言后行为成功具备影响。例如，如果 S 没有发出通知，这就不是言后效果实现，而是交往实现的一致结果，也是听者自身对言语行为要约说"是"。现在看看：

（3）通过告知 H，他给公司发了通知，S 让 H 吓了一跳（因为他想这么做）。

通过这一描述，我们得到的结论是，（1）句中描述的宣称所获得的言后行为成功，不是实现言后效果的充分条件。换一语境，听者可以如释重负地对同一言语做出回应。同样，

（4）H 通过警告要给公司发个通知，让 S 感到非常不安。

换一语境，同样的警告可能强化 S 的决心，例如，如果 S

怀疑 H 对他没有好意。言后效果的描述因而指涉一种目的行为语境，这就超越了言语行为。

三是出于此种考虑，奥斯汀得出结论说，言后行为成功与言语行为具备规约或内部联系，对言后效果来说，反而处于所说意义之外。言语行为的可能言后效果依赖偶发语境，它与言后行为的成功不同，不受规约的羁绊。[1] 当然，有人会用句（4）作为反例使用。唯有听者严肃对待这一警告，此种不安才是一种有说服力的反应，而且唯有他没有严肃对待这一警告，此种心安理得的感觉是一种有说服力的反应。在若干情形中，行为述谓的意义规约使得言后行为排除了言后效果的若干类型。不论怎样，此种效果不仅以一种规约方式与言语行为发生联系。如果听者接受 S 的宣称为真，他的命令正确，他的承认真诚，也就内在地宣布，自己情愿将其进一步行为受到若干规约义务的管约。对照来说，这位朋友不安的感觉是通过警告而产生的，从而严肃对待，此种感觉状态可能随之而来，也可能不会随之而来。这充分说明，言后行为效果是否真正实现，需要满足哈贝马斯所谓的言语有效性诉求，即可理解性、真实性、真诚性、正确性，而且缺一不可。

四是类似的考虑驱使斯特劳森用另一界定标准取代规约性标准。作为一位言说者，如果想要成功，可能不想让自己的言后效果目标为人所知，但是言后行为目标唯有通过表达出来才能获得成功。言后行为可以公开得到表达，但是言后效果可能不是这样得到"承认"的。此种差异在如下事实中亦可见到，比如描述言后效果行为的述谓，诸如"吓人一跳""引起不安""产生怀疑""让人不悦""误导""冒犯""惹怒""羞辱"等，

---

〔1〕　〔英〕J. L. 奥斯汀：《如何以言行事——1955 年哈佛大学威廉·詹姆斯讲座》，杨玉成、赵京超译，商务印书馆 2013 年版，第 118 页。

不能出现在实施言后行为的述谓中，只有通过这些述谓的帮助，相应的言后效果才能得以实现。言后效果行为构成了目的行为的亚类，它在言语行为的帮助下实施，前提条件是行为人不宣布或不承认他这样的目标。

哈贝马斯认为，区分"言说行为"与"言后行为"的意义，是把命题内容作为言语行为模式在分析意义上的不同方面分离开来。对此两类行为加以区分，并且区分"言后效果行为"，在特征上看，根本不是分析性的。"言后效果"在言语行为帮助下得到实现，唯有后者作为手段化身为目的论的、以成功为指向的行为才可以。也就是说，言者实施言语行为后，自然会产生言后效果。"言后效果行为"，是将言语行为整合进策略互动语境的指示，它们是期望的行为后续，或者是目的行为结果的后续，是行为人通过某种成功的言后行为方式试图影响听者。也就是说，言后效果行为本身，就是言者所实施的一种有目的、有意图、有指向的言语行为而产生的。确实不错，言语行为唯有适合于实现言后目标，才能服务于影响听者这一非言后目标。如果听者没有理解说的是什么意思，作为目的论行为与以成功为指向的言说者，就不能通过交往行动手段让听者以其期望的方式行事。在此程度上，我们起初所说的"以结果为指向的语言用法"，就不是语言的最初用法，而是言语行为的涵摄，并在指向成功的行为条件下为言后目标服务。

但是需要指明的是，由于言语行为经常根本不是以此种方式发挥功能，也就有可能不需参照目的活动的结构就可廓清语言交往的结构。指向成功的目的论行为人，对于成功实现达成理解诸进程来说不是构成性的，尤其是这些进程并入策略互动之中更不是这样。我们所谓的"达成理解"，以及指向达成理解的态度，只能通过与言后行为联系起来才能廓清。"达成理解"

这一努力得到言语行为的帮助，如果在奥斯汀意义上的言说者实现了自己的言后目标，就算成功了。我们可以得出结论说，我们不能以目的行为成功的条件来解释言后行为的成功，言后行为目标不同于世界事物的描述而获得的那些目的。

言说效果与整体上的目的行为的成功结果一样，可以描述为是通过干涉世界事物而实现世界的事态。对照来说，言后行为的成功，在人际联系层面得到实现，交往参与者彼此对世界的事物达成理解。在此意义上，它们不是现世的，而是超越现世的。至多是说，成功的言后行为，发生在交往参与者所在的世界，并形成达成理解进程的背景，它们不能通过描述因果而实现。此种指向达成理解的行为模式非常模糊，不像奥斯汀区分言后行为与言后效果所展示的那样。

通过哈贝马斯对上述问题的研究，我们似乎能把言后效果行为看作是策略互动的一种特殊类型，言后行为成了行为目的语境的手段。像斯特劳森表明的那样，这一用法要屈从若干附带条件。目的论行为人要实现其言后行为目标，比如，让听者理解他所说的一切，就有义务接受言语行为中包含的要约，且没背叛其言后效果目标。这一附带条件，让言后效果行为具备了隐秘策略行为的特定不对称特征。在这些互动中，至少有一位参与者实施了策略行为，他欺骗另外的参与者，并且没有满足言后行为目标正常实现所具备的前提条件。基于这一原因，此种类型的互动，虽然得到了言语行为的言后管约效果的帮助，但也不适合于作为解释协调行为机制的分析模式。出于这一目的，我们应该选择一种不受不对称性与言后效果附带条件的拖累的互动类型，哈贝马斯把此种互动类型称为"交往行动"，互动中的所有参与者彼此协调个人行为计划，因而毫无保留地追求他们的言后行为目标，这一交往行动，就是其超越了奥斯汀言语行为理论之处。

奥斯汀也分析了互动语境中的言语行为。他的进路，就是找出基于机构制约的言语行为的施为特征，诸如洗礼、打赌、任命等，因为实施言语行为所产生的义务，无疑受到相应的行为机构与规范的制约。但是奥斯汀混淆的是，他不认为这些互动是不同类型的互动，也就只是局限于不同机构特征下的不同行为类型。依此不同类型的互动，他分析了言语行为的言后管约力与言后效果发生的其他互动。比如，有人打了赌、提拔一位军官为最高指挥官、讲了一个故事、作了忏悔、暴露某事等等，并且是交往地行为，并不能在同一互动层面产生言后效果。唯有言说者欺骗对方的事实是出于策略行为，他才能追求言后效果目标。例如，当他下令攻击想让自己的部队陷入包围，或者提议打 3000 美元的赌而让某人感到难堪，或者傍晚给客人讲故事想让客人延误离开时间等，都是负面意义上的言语行为策略，而非哈贝马斯意义上的交往行动。我们深信，在交往行动中，随时会发生意图之外的结果，但是每当出现的危险是这些结果，且可以归因于言说者的意图效果，后者就需要给出解释或者否认。如果需要的话，为了消除言后效果的副作用，还得作出道歉。要不然的话，他可能得到的就是其他参与者感到受骗，因而反过来采用一种策略性态度，并与指向达成理解的行为断绝关系。当然在复杂行为语境中，直接实施与接受的言语行为，依照交往行动的前提条件，同时具备互动其他层面的策略性地位，也就是说，对第三方具备言后效果。

哈贝马斯认为，以语言为媒介的互动的交往行动，其所有的参与者通过自己的言语行为追求言后行为目标，而且只有言后行为目标。以语言为媒介的策略行为，往往是其中至少有一位参与者使用言语行为，向对方产生言后效果。奥斯汀没有将此两种情形分离为不同类型的互动，因为他将言语行为本身，即达成理解的行为，等同于以语言为媒介的互动本身。他没有发现，言语行为的功能是与其他行为之间的一种协调机制。哈贝马斯想要表明，交往行动不同于策略行为之处，就是是否具有互动、协调，是否达成理解、一致的特征。它们在并入策略互动之前，一定不属于交往行动语境。言语行为与互动语境之间的差异，通过实现行为协调而构成，如果不像奥斯汀那样的话，不要仍旧固定在机构制约的言语形式模式，就能够得到认可。

二、言后力量

哈贝马斯认为，实施一个行为，在言语行为理论的意义上，应该是实施一个言后行为，也就是说，实施一个行为，就是通过说出某事而非实施说出某事这一行为本身。奥斯汀将此种行为称为实施"言后"，并将此刻语言功能的不同类型的信条，称为"言后力量"信条。[1]"言语行为"的主要任务，就是澄清语言中言语的施为性地位。奥斯汀分析了"言语行为"中"言后力量"的意义。

言语的言后力量由什么组成？奥斯汀与塞尔通过寻找言语行为成功或失败条件，分析了言后力量。言说内容获得特定交往功能，需要相应人际联系的标准条件得以实现。通过言后行为，言说者提出可以接受或拒绝的要约。言后行为实现的企图可能"告吹"，可能就是偶然地拒绝听者进入所提供的联系，此种情形在当前语境没有多少作用。我们关心的是，此种情形中的言说者本人应对言语行为的失败承担责任，因为其言语是不

---

〔1〕〔英〕J. L. 奥斯汀：《如何以言行事——1955 年哈佛大学威廉·詹姆斯讲座》，杨玉成、赵京超译，商务印书馆 2013 年版，第 99~100 页。

能接受的。每当言说者的言语明显不含有严肃的要约，他就不能指望他所期望的联系产生出来。

哈贝马斯所说的言语行为的成功，是在听者不仅理解言说的句义，而且确实进入到听者所期望的联系之中，并在"可接受性"条件下分享言语行为成功的条件。既然从一开始就限制在交往行动中，即指向达成理解的行为中，就需要言说者不是简单冒充，而是真诚作出严肃要约。

哈贝马斯分析了言后行为的不可接受性的其他理由。他认为，奥斯汀发展出他的"非适切性"论断，主要基于机构范围的言语行为。由于上述原因，"失灵"之类的例子诸如求助错误、执行错误、适用错误等，都是违反规则的所有可能情形的典范。因此言语行为的不可接受性，可能根源于违反了行为的潜在规范。如果婚礼上的牧师念错固定的婚姻格式，或者根本没念，发生错误的层面与一位大学讲师在课上向其学生发出命令一样，对方能这样回答（假设正确）："你确实能要求我的支持，但是你不能向我下命令。"这样的话，可接受性条件虽然没有得到满足，但是上述两种情形的这些条件通过行为的预设规范定义出来。对照来说，我们寻找的是可接受性条件，它处于机构上非限制的言语行为之中。

与奥斯汀不同，塞尔分析的是，如果其言后力量能够理解并能接受的话，不同类型言语行为必须得到满足的规约性前提条件。在"预备性规则"名头下，他将言语行为的可能类型的整体化与限制性语境加以具体化。例如，如果下列条件不能满足的话，该诺言就不能接受：

（a）听者 H 希望言说者 S 做行为 A，而不是不做行为 A，S 也相信确实是这回事；

（b）对 S 与 H 来说，不一定 S 会在正常事件中做出行为 A。[1]

如果此种规约性前提条件没有满足，许诺行为就是无稽之谈，也就是说，言说者试图实现言后行为就没有意义，且从一开始就注定要失败。机构上非限制的言语行为的整体语境条件，不同于适用行为的既有规范条件。此两类适用条件集、行为类型集以及行为既有规范集，必须在很大程度上彼此独立发生变化，如果机构上非限制的言语行为表征一个场合，作为行动主体，在一定数量类型的帮助下，能够将任何数量的规范一致的行为放在一起。

哈贝马斯认为，言后行为的特殊力量，不能通过言语行为类型的语境限制手段加以解释。唯有通过特定前提条件的帮助，即塞尔在"基本规则"名头下引介的这些前提条件，才可能解释这一力量。这样的话，塞尔似乎仅仅实现的是解释了相应施为性动词的意义，例如，要求"让听者 H 做行动 A 的企图;"或者提问"从听者 H 打听消息的企图"。但是有趣的是，这些限制所共有的是一种具体化"做……的企图"。言后行为获得成功的基本前提条件在于，言说者作出具体承诺，从而使听者对他有所信赖。言语可以看作是诺言、宣称、要求、提问或宣誓，当且仅当言说者作出要约，情愿做出善事，从而让听者接受。言说者必须亲自承诺，即在若干情境中，他为行为产生若干后果。义务的类型决定了承诺的内容，并依此内容承诺的真诚性得以区分出来。塞尔称这一条件为"真诚规则"，在指向达成理解的行为情形下必须经常得到满足。因此，哈贝马斯在探讨言

---

〔1〕　〔英〕J. L. 奥斯汀:《如何以言行事——1955 年哈佛大学威廉·詹姆斯讲座》，杨玉成、赵京超译，商务印书馆 2013 年版，第 63 页。

说者的承诺时预设，承诺具备具体内容且言说者确实情愿作出他的承诺。因此，塞尔前面对言语行为的分析还不能令人满意，因为它们尚未弄清楚言说者的承诺，依此承诺才有其言语的可接受性。

言说者情愿真诚进入某种具体人际管约联系，这同整体语境条件相比，具备特殊地位。限制性语境是，言语行为具体类型必须（a）存在且（b）对相关人员认为是存在的。因此哈贝马斯认为，我们必须承认如下两个表述：一种表述的大意为，语境获得效果，确实是成问题的言语行为类型需要的这些语境；一种表述的大意为，言说者与听者都认为这些语境要取得的表述。有趣的是，以同样方式分析言说者承诺的具体前提条件毫无意义，因而承认如下两种表述：一种表述的大意为，对于言说者来说存在某种承诺；另一种表述的大意为，听者认为这一承诺是言说者要取得的承诺。

有人会选择这一分析策略，但哈贝马斯认为这一策略不适当。因为它表明的是，我们从言说者的角度谈论承诺的存在，与我们谈论限制语境的存在意义相同。我们可以通过观察或者提问，以适当方式确定若干情境是否取得；另一方面，我们只能检验言说者是否以一具体方式作出承诺，并对行为的若干后果具备若干义务；我们最需要的是，是否存在足够的指示器来推测要约将经得起检验。

言说者通过实施言后行为，情愿进入一种管约关系，这表明在其言语后果中保证会满足若干条件。例如，每当给出满意答案，问题就算解决；当宣称被证明错误，就算是放弃；当他发现自己处于与听者相同情境，就算听从自己的建议；当其不遵从要求，就要强调；与宣誓表明的意图保持一致地行动，等等。这样，可接受性言语行为的言后力量，在于它能驱动听者

信任言说者的典型言语行为义务。但是，如果言后力量不仅仅
具备建议性后果，什么东西能驱动听者把行动建立在如下前提
之上，即言说者严肃表明自己的承诺意图呢？当这是一个机构
限制的言语行为的问题时，他可能信赖行动既有规范的管约力。
但是，在机构非限制的言语行为情形下，言后力量不能直接追
溯到规范背景的管约力。因此哈贝马斯认为，言后力量言说者
通过实施自己的言语行为，对听者产生影响，这一力量得以理
解，除了个人言语行为这一条件外，唯一条件是我们考虑听者
对言说者内隐提出的有效性诉求所作的"是""否"回应。

通过言后行为，言说者与听者提出有效性诉求，并要求得
到认可。但是，既然有效性诉求具备认知特征，而且能够得到
检验，就不需要非理性地服从。因此哈贝马斯提出如下论断：
言说者能够言后地影响听者，反之也是这样，是因为典型言语
行为义务与认知上可以得到检验的有效性诉求联系在一起，也
就是说相互管约联系具备理性基础。作为言说者作出承诺，通
常与具体意义产生联系，他想采取具备主题上强调有效性诉求
的人际联系，并借此选择具体的交往模式。因此，言说者承诺
的内容是由如下两项决定的：建立人际联系的具体意义，以及
主题上强调的普遍有效性诉求。

通过此种方式，宣称、描述、分类、估计、预测、反对等
等各自具备具体模式意义，但是在这些不同人际联系中提出的
诉求，或者是建立在相应命题的真实性上，或者是建立在主体
具备认知能力之上，这是真实性诉求的表达。相应地，像要求、
命令、警告、承诺、同意、抱歉、承认等具备具体的模式意义，
但是在不同人际联系中提出的诉求，或者建立在规范的正确性
之上，或者建立在主体承认责任的能力之上，这是正确性诉求
的表达。我们会说，在不同言语行为中，言说者承诺的内容取

决于迎合同一主题上强调的普遍有效性诉求的具体方式。作为迎合普遍有效性诉求的结果，典型言语行为义务具备提供理由与证明值得信赖的义务特征，听者可以通过言说者承诺接受对方要约，得到理性驱动，这是真诚性诉求的表达。哈贝马斯试图通过三种交往模式，对此作出澄清。

在语言的认知用法中，言说者提供的是言语行为固有地提供理由的义务。这就是哈贝马斯关于命题真实性的有效性诉求，其命题内容以陈述性言语行为表达出来。陈述性言语行为包含的要约是，如果必要的话，可以重现经验来源，借此言说者确保自己的表述真实。如果这一直接理由没有驱散某一怀疑，或者一直成问题，真实性诉求就可以成为理论商谈的主体。

在语言的互动用法中，言说者提供的是正当性义务，这一义务也是言语行为中固有的。这就是哈贝马斯关于规范正确性的有效性诉求，其规范内容以规范性言语行为表达出来。当然，规范性言语行为对于言说者来说包含要约，如果必要，言说者可以表明规范性语境，而且他的言语是正确的。再者，如果这一直接正当化没有驱散某一怀疑，我们可以将其放在话语层面，在此情形是实践商谈层面。但是，此种商谈中考察的主体不是与言语行为直接关联的正确性诉求，而是隐含规范的有效性诉求。

最后，在语言的表达用法中，言说者也进入一种言语行为中固有的义务，即证明值得信赖的义务，也就是说，通过行动的后果，表明正当表达真正指导他的意图。这就是哈贝马斯关于表达真诚性的有效性诉求，其表达内容通过其意图是否真诚表达出来。为了防止表达言说者自己表达的直接保证难以驱散某种怀疑，言语的真诚性可以通过其后续行为的一致与否加以检验。在其行为后果中，与言语行为本身采取的义务证明已经达成满足，不像规范背景情形那样，诉求的有效性游离于言语之外。

　　每种言语行为中固有的义务可在两个层面取得，或者是在言语语境中直接取得，或者是在商谈与一致后续行为中间接取得。但是，唯有在提供理由并证明值得信赖的义务，并与陈述性与表达性言语行为一起进入这一情形，我们才在两个层面上指同一真实性与真诚性诉求。正当化的义务指的是如下诉求：实施的言语行为符合存在规范背景，我们进入了规范性言语行为。但是，当我们进入实践商谈时，谈论的主题是规范有效性本身，言说者的正确性诉求就是来自这一主题。

　　通过反思，哈贝马斯认为，我们可以得出如下临时结论：言语行为获得成功，即产生了言说者 S 所意欲的人际联系，如果这一言语行为能够理解与接受，以及被听者接受；言语行为的可接受性依赖的是（还有其他）满足两个语用前提条件，即存在典型言语行为限制的语境（预备性规则），以及对于言说者一方，存在能够认可的承诺，进入若干典型言语行为义务（基本规则、真诚性规则）；言语行为的言后力量在于，有能力在言说者严肃意味的承诺这一前提下，驱动听者行动的能力，即在机构限制的言语行为情形中，言说者可以直接从存在规范的义务力借来这一力量；在机构非限制的言语行为情形中，言说者通过驱动听者认可有效性诉求，发展这一力量。上述规则与义务，是在满足了有效性诉求之后，产生了言后力量。言说者与听者可互相驱动对方，以便认可有效性诉求，因为言说者承诺的内容，取决于迎合主题上强调的有效性诉求的具体方式。依此，言说者以一种可检验的方式假定，即哈贝马斯的三个有效性诉求：真实性诉求，提供的是理由的义务；正确性诉求，提供的是正当性的义务；以及真诚性诉求，证明的是值得信赖的义务。

　　每当我们说出一个诺言、宣称，或者是一个警告的同时，我们同时使用相应的句子实施了一个行为，我们试图许个诺言、提个宣称、提出警告,通过说事进行这些事情。在此,诺言是在真诚性诉求上得到验证,宣称是在真实性诉求上得到验证,警告是在正确性诉求上得到验证。除了上述这些,也存在使用语言的其他模式,诸如写诗与开玩笑,其言后用法似乎是言语其他用法的基础。写诗与开玩笑,虽然可以看作是一种言语行为,但是由于缺乏相应的语境或难以满足相关有效性诉求,多被放置在言语行为理论的边缘地带。每个言语,要在既定情境中得到理解,必须至少内隐地建立或者表达了言说者与听者之间存在的某种联系。我们也可认为,言语行为的言后力量,在于将言说内容的交往功能固定下来。

哈贝马斯认为,言语的内容与联系方面之间的区分,从一开始就显得微不足道。在言说中,所使用的句子植于语境之中,确切地说,植于特定人际联系之中。每个外显的施为性言语,以某种方式建立与表征了至少两个言语与行动主体之间的人际联系。从联系的角度看,我们仅仅将言语的特征与语义内容作一对照,环境就微不足道。如果言语行为的言后力量并没有更多意义,"言后"概念就能更好用来廓清言语所具备的行为特征,即言语行动的特征。我们在言语行为的特别"生成性力量"中发现了它。

三、生成性力量

依照哈贝马斯的看法,奥斯汀将言说行为与言后行为对照起来,将对意义理论的澄清带入更广泛的讨论之中。他保留了具备命题内容的句子的意义概念,但在具备命题内容的言说句子的言后行为中使用"力量"这一概念,从而出现如下划分:

意义——意义与表征——言说行为

力量——试图达成共识——言后行为

奥斯汀可以指出，具备同样命题内容的句子，可以在具备不同言后力量的不同类型的言语行为中说出，或者在不同言后模式中说出，但这一区分不能让人满意。如果有人仅在语言学意义上引进意义，诸如句子意义或者被看作是字义的一个函数，或者如弗雷格那样将字义看作是可能句子意义的函数，对言语行为的命题成分加以限制就不具备说服力。对于外显施为性言语此种情形，所使用的施为性动词具备词汇意义，以一种类似于具备命题内容的句子所依赖的方式具备了意义。奥斯汀所谓的言语的言后力量，是其意义的一个方面，它或者通过外显的施为性前缀得以传递，或者通过使用这一表达得以传递。

哈贝马斯认为，这一看似有说服力的观点，却忽略了如下事实，即在特定意义上，"力量"这种事物，只属于言语而不属于句子。言语更多属于语用学层面的研究对象，句子更多属于语言学层面的研究对象。这样，人们可能首先想到了将力量保留为意义内容，通过说出而归于句子那里，即植入言语结构之中。我们当然可以区分开意义现象与句义现象，前者通过言语中的句子使用而产生。我们可在语用学意义上谈论言语意义，如同我们在语言学意义上谈论句子的意义一样。比如说，阿尔斯通就认为，同一言语行为可用不同句子加以施为，作为将语用意义看作是优先于语言学意义的一个理由。同一贯的意义使用论相一致，阿尔斯通认为句子与单词意义是言语行为意义的函数，并且"首先"使用。这一观点的困难在于，它不能充分论述句义的相对独立性，并同意义的偶然变化关联，每当句子在不同语境中使用时，句义就发生了变化。进一步说，句子的意义与言语的意义相比，显然更少依赖言说者的意图。

即使句子经常在不同意图下及变化的语境下使用，其语言学意义也没有发生变化。这是因为在语言学层面谈论意义，不同于在语用学层面谈论意义。前者是语言学意义，后者是语用学意义。在语言学层面，句子意义就是那样固定不变地"存在"在那里，在语用学层面言语意义随着交往主体的意图、语境与社会规范的变化而发生变化。例如，每当某些社会角色提前规定，命令是以要求的方式说出。作为命令的言语的语用意义，根本没有改变言说句子的语言学意义。这是单独选出标准条件的另一个原因，依此条件，外显言语行为的语用意义，与句子的语言学言语保持一致。但在标准形式的外显言语行为情形下，最初使用在命题句中的意义，与言后力量（以及表达意图）的意义之间存在类差异。这表明，参照句子的语言学意义与言语的语用意义的差异，要澄清"意义"与"力量"概念毫无意义。

言语行为能够成功与否，哈贝马斯将其追溯到这一"生成性力量"。可以这样说，如果言说者与听者之间产生联系，且是言说者所试图达成的，如果听者能够理解并接受言说者所意味的内容的话（例如，作为诺言、宣称、建议等），言语行为就算成功了。因此，这一"生成性力量"在于实施言语行为的言说者，能以此种方式影响听者，并使其与自己产生人际联系。依照哈贝马斯的观点，作为试图重构指向达成理解的行为条件的交往理论不一定需要作为其基本分析单位的补充性言语行为——也即是说，相互实施并加以接受的言语行为；但是它至少需要言说者的言语不仅能够理解，而且能够被具备言语与行为能力的至少另一主体所接受。当然，这不仅发生在言语行为中，而且发生在所有的互动中，他们建立了人际联系。不论它们是否具备外显的语言形式，交往行动与行动规范与价值的语境产生了联系。如果没有常规、角色与生活的习惯方式，个体行动就仍处于不确定状态。所有的交往行动满足或违反规范性社会期望或规约。满足行为中的规约，意味着有言说与行为能力的言说者与至少一个这样的主体存在人际联系。因此，人际联系的建立，就是我们实现目的时的一个评判标准。我们将分析限制在语言上外显行动的范式情形上，这一行动指向达成理解。这样，我们可从标准范式出发，言语行为理论就是这样发展出来的。下面的例子就是典型的言语行为形式：

"我+［动词］+你+［句子］。"

例如："我（特此）向你保证，我明天会来。"

"你+［动词被动式］+句子。"

例如："你被要求停止吸烟。"

"我+［助动词］+［动词］+你+［句子］。"

例如："我能保证你，这不是我的错。"

四、外显言语行为

"外显言语行为"作为奥斯汀使用的一个术语规则，如果是由一个言后成分与一个命题成分组成的话，它就满足了其表层结构的标准形式。外显言语行为中的言后成分，是由得到施为句帮助而实施的言后行为构成。它可以由现在指示句、宣称句形式构成，并有其逻辑主语的第一人称，以及逻辑（直接）宾语的第二人称；述谓句在施为表述的帮助下建构出来，整体上允许"特此"这一成分存在。哈贝马斯指出，在外显言语行为类型中，宣誓是例外。每当外显的时候，宣誓也可采取否定形式。例如："我不想向你隐瞒……"该施为成分需要通过命题成分加以完善，后者是在具备命题内容的句子的帮助下建构起来的，在陈述性言语行为中它采用的是命题句形式，这是命题真实性诉求所依靠的语句形式。

命题句的基本形式中包含名称或指示表述，通过它言说者表达了客体，这就是想宣称的事物；以及包含整体特定化的述谓表述，言说者想认可或否决客体。在非陈述性言语行为中，命题内容没有表达出来而是提及罢了，在此情形下命题内容与非宣称命题保持了一致。这样，我们区分了表达一种事态的名词化命题"that p"，与表征一个事实的命题"p"，并将其宣称力归功于宣称类型的言语行为之中，从而与宣称性言后行为发生了联系。当然，在形式逻辑中，我们将命题作为自治单位对待。将真值派到"p"，并与"that p"对立，就是这一植入某个陈述性言语行为之中的命题被系统地忽略了。与普遍的做法不同，哈贝马斯认为，不应该区分"命题"与"宣称"。我们采用的方式，尽管得到宣称的命题植于特定言语情境，但是没有从那里得到其宣称力。反而是命题的宣称力不能得以重构，除非通过有效性诉求，任何扮演有能力的言说者的人在宣称过程中提出这一诉求。如果必要，这一诉求是否能在话语层面得到辩护，也就是说，命题是否"有效（为真）"，要看它是否满足若干真值条件。当然，我们能在单一逻辑下，将命题看作是具备真实性价值的抽象符号形式，并与说话者无关；但是我们可以从言语情境中确切地抽象出来。在此情境中，"命题内容有可能被宣称为一命题"这一事实，与现实产生了联系。也就是说，满足了"真、假"的前提条件。这一抽象自然表明，言说者提出的真实性诉求是普遍性的——也就是说，就是此种性质能在任何时候对任何人的怀疑加以辩护。

哈贝马斯称此种在命题上加以区分的结构为"言语行为"。它们不同于以符号为媒介的互动，例如，呼喊"着火了！"并伴随着互补性行动、援助或飞行，因为言语的命题成分与言后行为耦合在一起。这样产生的结果是：一方面，命题内容在言后潜力的变化面前保持不变；另一方面，包括表征、表达与行为期望等的整体论模式，能够被言语的区分性模式取代。我们现在应该指出的是，这一言语区分层面，是行动的表征功能的能力的前提条件，它是陈述世界事物的能力，可以直接以宣称形式或间接在非陈述性言语行为中，通过提及命题内容实现这一点。

哈贝马斯认为，奥斯汀的"外显言语行为"总具备命题内容，而且言语行为的事态在其中得到表达。但是，非言语行为通常缺乏这一成分，因此它们不能实现表征功能。通过向出租车司机打招呼，可以在早上 8 点准时到办公室上班；听到孩子在学校考试中打了低分而垂头丧气，加入游行队伍；通过不参加晚会表明拒绝邀请；考生通过考试而握手祝贺，等等，我们遵守或违反了规约。这些规范性期望具备命题内容，如果表达的行为得到理解，命题内容就已为参加者知晓，诸如准时上班、父母的回应、参加游行等情形都是一种行动。因为非口头言语本身没有表征功能，它不能将预设的规范所具备的命题内容带入表达，它可以理解为一种指示，提醒我们注意预设规范的命题内容。

作为命题上得以区分的"言语行为"，由于具备表征功能，给予行动者更大程度的自由来顺从规范。如果早上 8 点开始上班，我们的选择就只能是出现或不出现，或者是按时到达或者迟到，或者是请假或不请假等。作为"非言语行为"，经常是"是"或"否"决定之后的结果，但是行动者通过言语表达自身时就具备诸多选择。他可以通过诸如命令等不同方式表达同样的言语行为，他也可以利用不同言语行为实现同一角色成分，诸如英语教师在课堂听写中实现这一角色。简言之，命题上得到区分的言语给行动者更大程度的自由，此种自由同公认的规范性背景相关联，并比非语言互动更加自由。

当然，命题上得到区分的言语并不总具备语言形式，因为不同的主体可能采取不同的表达形式，例如，聋哑人的标准语言就表明了这一点。在聋哑人那里，他们的言语行为不是我们常常看到的口头方式言说，而是采用肢体动作即语言加以表达。指示性手势同样表征使用了表征术语，也就是辅助性命题言语。另外，也存在没有在命题上得以区分的言语行为，例如作为打招呼方式的"你好!"这样的言后简化言语行为，或者像下棋时"将!""将军!"这样的施为性表达以及结果。命题成分所缺乏的情境，常常将口头言语放在规范性非口头行为的层面上，但是非口头行为确实是指预设的规约命题内容，但它们并不表征这样的内容。

哈贝马斯认为，作为界定语用分析单位的第一步，我们可以确定命题上得以区分的言语行为的子集，但是这一具体化还不够具备选择性，因为我们在这些言语中发现了诸如"打赌""洗礼""提拔"等言语行为。奥斯汀称其为"机构限制的言语行为"。尽管具备命题上得到区分的内容诸如"打赌""洗礼""提拔"等，也必定属于单一机构。它们可以看作是实现预设规范行为的等同物，可能是以非口头方式或言后简化的方式实现。这些在机构上得到限制的言语行为可发现如下事实，允许性命题内容受到"打赌""洗礼""提拔""结婚"等规范意义的严格限制。运用"机构限制的言语行为"，特定机构总能加以具体化。

每当我们运用"非机构限制的言语行为"，为了成功实现相应行为，唯有整体语境条件可以具体化并得到正常满足。作为"机构限制的言语行为"，以同一非媒介方式表达一特定机构，这与命题上没有区分与非口头行为表达一预设规范的方式一样。比如，要解释"打赌"行为意味着什么，我们必须参考打赌或机构。对照来说，命令、建议或提问并不表征机构，而是表征言语行为的类型，它能适合不同机构。在权威关系得到机构化的场合，命令就能存在：提拔预设了特定、官僚制发展的组织存在；婚姻需要一个我们能普遍发现"脱单"的机构。机构上不受限制的言语行为，如果具备任何规范性意义，它是指行为规范的整体方面而言的，但它不是通过特定机构得到定义的。

哈贝马斯认为，我们能将欲分析的单位定义为"命题上得以区分的言语行为"与"机构上不受限制的言语行为"。不过确切点说，唯有具备外显语言形式的那些言语行为适合分析。当然，言语行为内植其中的语境经常使用标准语言形式，例如，每当施为性意义完全取决于言语的语境；或者每当施为性意义仅仅通过曲折变化、标点、字词位置或诸如"不是吗？""对吗？""确实""很明显""当然"等类似表达的成分显示或表达出来。

最后，我们以标准形式出现的这些外显言语行为，经常出现在产生意义变化的语境之中。每当依赖语境的言语行为的语用意义偏离了句子使用中的意义的情形就是这样。塞尔的"可表达原则"认为，言说者准确清晰地且字面上表达了自身意图，原则上对每个实施的言语行为，或者能够在复杂句中完全可以具体化实施的言语行为，都是可能的。

哈贝马斯将该原则表达为如下形式："对每个意义 X 来说，如果言说者 S 在语言社区 P 中意味着 x，就有可能 P 社区语言的表达，就是 X 的确切表达。"[1] 出于目的考虑，我们可以弱化这一论断，要求既定语言中的言说者，想要外显地与其语言社区的另一成员具备人际联系，适当的施为性表达可以将可得到的表达或者新引入的表达包含进来。不论何种情形，其启发意义都非常明显，如果"可表达性原则"这一论断有效的话，可

[1] Habermas, *On the Pragmatics of Communication*, Trans, by Maeve Cooke, MIT, 1998, p. 61.

以将分析限制在标准形式下、机构上不受限制与外显的言语行为之上。图 2 是哈贝马斯界定言语行为类型观点的总结[1]：

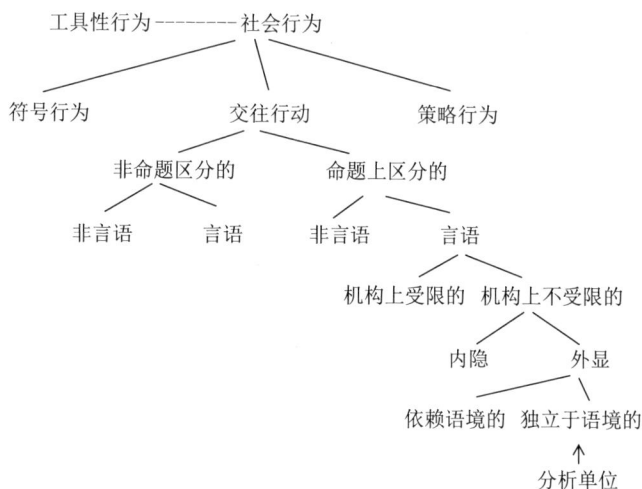

图 2　言语行为理论分析单位的延伸

五、言语的双重结构

作为结构主义语言学的创始人，索绪尔将语言现象区分为语言与言语两个层次[2]。所谓语言，就是指在一个社会共同体中，言者与听者所共同运用与遵守的以规则为框架的一种符号系统，并具备规范性。所谓言语，就是指个人所说的言语，具备异质性与私人性。尽管索绪尔将语言学分为了语言语言学与言语语言学，但他仍将语言作为语言学研究的基本单位，而不是言语。哈贝马斯并不反对索绪尔关于语言的观点，认为语言

---

　　[1]　Habermas，*On the Pragmatics of Communication*，Trans，by Maeve Cooke，MIT，1998，p. 62.

　　[2]　刘志丹："交往如何可能：哈贝马斯普遍语用学新探"，载《中南大学学报（社会科学版）》2012 年第 1 期，第 34~39 页。

是某种基于形式表达而建立的规则系统，但他并不认为言语具备异质性与私人性的观点。哈贝马斯认为，所谓言语，是指有能力的言者在交往过程中对语句的使用。哈贝马斯不仅区分了语言与言语，而且区分了行为与言语行为。广义的行为包括日常活动与言语行为，狭义的行为是指行为者通过选择与使用恰当手段实现既定目标，即以成功实现为取向的目的行为。所谓言语行为，是指言者通过言语与他者就世界中的事物达成共识，即以实现理解为取向的目的行为。此刻，哈贝马斯找到了"言语行为"这个普遍语用学分析的基本单位。

奥斯汀认为，所谓"言语行为"，其实质是"我通过说出某事而做了某事"，或者可以这样说，"说了就是做了"。每个语句都有其具体含义与不同用途，但是二者有着严格的区别。由此，奥斯汀将言语行为划分为三种基本模式：以言表意行为、以言行事行为与以言取效行为。哈贝马斯接受了奥斯汀言语行为的三分法模式，但是反对奥斯汀将以言表意行为与以言行事行为对立起来的二元论思路，认为此种二元论不可能长久地维持下去。塞尔也不同意奥斯汀的二元论思路，并认为任何句子都包含命题显示项与功能显示项两部分。施事行为或说话用意就是句子意义的功能，二者的关系是同一个事物的两个方面。用奥斯汀的话说，就是以言行事行为是以言表意行为的功能，以言表意行为与言行事行为是同一个言语行为的两个不同侧面，不是相互对立的两个言语行为。为此，塞尔将言语行为划分为五种基本模式：断定式、指令式、承诺式、表情式、宣告式。哈贝马斯接受了塞尔将以言表意行为与言行事行为视为同一言语行为的两个侧面的一元论思路，但不接受塞尔有关言语行为的五分法模式，认为塞尔努力解决却未能成功的问题，在于对基本模式本身的划分。哈贝马斯综合了奥斯汀关于言语行为的三分法与塞尔关于言语行为一元论的思路，提出具备双重结构的言语行为理论。

哈贝马斯认为，应该把"言语行为"理解成一个复合型的双重结构，即包含以言表意成分与以言行事成分的双重结构，二者是同一言语行为的两个不同侧面，处于交往的不同层面。以言表意处于表达性内容的层面，通过信息传递起着"内容交往"的功能，话语为听者提供可供理解的描述性内容，使交互双方在描述性内容这个层面交往；以言行事则处于主体间性的层面，通过描述性内容行事，发挥"角色交往"的功能，交互双方都参与到以达成理解为目的的表达过程之中，交往行动参与者在成为各自不同角色这个层面交往。哈贝马斯给出的区分是：①主体间性的层次。在这个层次上，通过以言行事行为，言说者与听者建立起互相理解的关系；②命题内容的层次。它具有交往性。

哈贝马斯认为，言语的双重结构特征可从言语行为的标准形式看出来。显然，作为言后与命题的两个成分，它们彼此可以发生独立变化。也就是说，言语行为的类型不同，但是我们总是坚持一个不变的命题内容。从"宣称性命题"抽象出命题内容的过程中，语言的基本实现得到表达。命题上得以区分的言语本身，区别于以符号为媒介的互动，这在灵长类动物那里被观察到了。对于不同言语行为模式，其命题内容不发生变化的例子不胜枚举。例如，命题内容"彼特在吸烟斗"：

"我认为彼特在吸烟斗。"
"我请求你（彼特）吸烟斗。"
"我问你（彼特），你吸烟斗吗？"
"我警告你（彼特）不要吸烟斗。"

从生成论视角看，言语行为中命题内容没有发生变化，在言语行为形成与转型中，表现的是言后与命题内容的非耦合。这一非耦合是区分言语双重结构的条件，即分离两个交往层面的条件。如果他们想彼此交流意图的话，此刻的言说者与听者必须同时达成理解。哈贝马斯将其区分为主体间性层面以及命题内容层面。主体间性层面的言说者与听者，通过言后行为建立联系，允许他们彼此达成理解。命题内容层面，是前一层面中具体化的交往功能中试图达成理解的内容。从每一言语能够分析的观点出发，与联系内容方面相对应的是，存在标准形式的言语行为的言后与命题成分。言后行为固定了命题内容使用的意义，行为实现决定了在特定交往功能中理解为"为何物"的内容。解释学中的"作为"，能在两个交往层面加以区分，在命题"p"中，预设存在的可确定的客体能够成为"为何物"，例如"红色的""柔软的""理想的"客体。通过植于言语行为之中言后行为相关联，这一命题内容反过来能称为"为何物"，例如，作为一个命令或宣称。

语言的基本结构，与言语的双重结构及其内在自反性相联系。直接或间接提及言语的标准化可能性，仅仅使得自我指涉外显出来，这一指涉已经包含在每个言语行为之中。实现言语双重结构过程中，对话中的参与者同时在两个层面加以交往。他们将内容的交往与"元交往"即对交往内容所使用的意义的交往，结合在了一起。

哈贝马斯认为，"元交往"这一表述可能给人误导。它与元语言有关，且表现出语言层面的思想，因而在每个更高层面，对更低层面的客体语言的元语言陈述可以进行下去。语言等级这一概念通过形式语言介绍进来，但在形式语言中自然语言的自反性缺失了。进一步说，在元语言中，某人宣称事实或观察事件的客观化态度中，总是指涉客观语言，就将元语言陈述形式化了。对照来说，在言语的"元交往"层面，精确陈述是不可能实现的事情。在此层面，我们选择了言后角色，其命题内容得到使用；对于意义的"元交往"层面，要使用具备命题内容的句子的话，就需要交往各方具备施为性态度。这样，自然语言的特殊自反性，首先落在了内容交往的结合上。它在客观化态度中发生作用，而与联系方面相关的元交往，则在施为性态度中发生作用，这都是从内容得到理解的观点出发的。

当然，作为对话中的参与者，为了进一步客观化陈述性言语行为内容，有权选择所实施的每个言后行为。他们可以对已经实施的言语行为持客观化态度，并将这一成分转变到命题内容层面。自然，他们唯有通过实施一个新的言语行为才能这样做，这一新的言语行为反过来包含一个非客观化的言后成分。直接或间接提及言语，会将此种对自然语言自反性外显的可能性变得标准化。发生在言语行为 tn 的主体间性层面的元交往，能在进一步陈述性言语行为 tn+1 的命题内容层面加以展现。另一方面，他们不可能同时实施与客观化一个言后行为。

哈贝马斯认为，在这一选择优势情形下，甚至连语用学理论也会犯一种描述主义错误。我们唯有在一种客观化态度中，才能像分析其他客体一样分析言语的结构。这样，相关的伴随性言后成分，如我们上面发现的那样，不能依序成为客体。此种情境，会让许多语理论家误认为交往进程发生在单一层面，即传递内容层面。从这个视角出发，联系与内容相比，失去了其独立性，言说的交往角色丧失其构成性意义，并被看作是信息内容的一部分。在形式化的表征中，陈述的语用算子是言语的言后成分，不再被解释为对命题内容达成理解的特定模式，而被错误地解释为所传递信息的一部分。因此，言语双重结构的构成性意义，在理论进路中遭到忽略。

句义的语言学分析，试图从其与现实的若干联系抽象出来。这些联系植入所言说的句子，也从有效性诉求中抽象出来，这些分析放在了诉求之下。如果不参照可能用法情境，对意义的一致分析根本不可能。每个语言学表述都能用来形成陈述句，甚至是言后短语在进一步陈述的帮助下，能够得到客观化。这表明，确保语言表达意义的语言学分析的某种一致性非常合理，需要其在每种情形下，与命题句中使用这些表达的可能性联系起来，但这仅对诸如能完全出现在言语的命题成分中的表述有意义。对照来说，语用表述的意义，需要通过参照言后行为中使用的可能性加以澄清，对于最初的意图表述的意义来说，需要参照直接表达意图中使用的可能性加以澄清。对于"承诺"意义作一个语言学澄清，应该将自身定位在使用如下句子的可能性方面：

（1）我郑重承诺你……

而不是定位于使用如下句子的可能性方面：

（2）他承诺她……

相应地，对"憎恨"意义的澄清，应该参照如下句子：

（1'）我憎恨你。

而不是如下句子：

（2'）他憎恨她。

哈贝马斯认为，只要意义的语言学分析遭遇偏见，支持命题化形式（2 或 2′）时，它有必要使用言语的言后力量的意义，以及言说者意图的意义，来补充命题句的意义。毫无疑问，这一情境促动奥斯汀作出对意义与力量的区分。对使用者来说，最好从表达的语言学意义开始，并同言语的语用学意义相对；表达的语言学意义，就可通过言语行为中使用这些意义的普遍可能性，及其相应的有效性诉求加以区分，并要参照这些表达最初发生的情境。但是，此语境中的"最初"是什么意思呢？我们看看下面两个例子：

(3) 我告诉你，父亲的新车是黄色的。

(4) 我问你，父亲的新车是黄色的吗？

理解两个不同的言后行为，同其他前提条件联系在一起，而不是同理解其一致命题内容联系在一起。每当这些条件必须通过不懂英语的人可能学会其意义的情境得到实现，差异就能够感知到了。

听者能够理解具备命题内容的句子"父亲的车是黄色的"的意义，条件是他学会了正确使用命题句：

(5) 父亲的新车是黄色的。

例如，为了在此情形中表达相应经验，他观察到父亲的新车是黄色的。必须要提前预设这一或类似观察能力，才能正确使用句（5）中的命题句，并需要言说者至少要服从如下条件：

(a) 存在性前提条件：存在一个且仅有一个客体，能将"父亲的新车"应用其上。

(b) 识别性前提条件：命题内容包含在"父亲的新车"这一称号之中，并且在既定语境中，对于听者选择应用其上的当且仅当一个客体来说，是个充分标志条件。

（c）陈述行为：述谓词"黄色的"能够用到所指客体的属性之上。

相应地，要理解句（5）所包含的命题句意义，需要听者服从如下条件：

（a）共享言说者前提条件；

（b′）满足言说者前提条件，即真正确定所指代的客体，以及

（c′）实施陈述行为。

对于言语（3）与（4）的言后成分来说，这是一个不同问题。听者能够理解告知或询问意义的条件，是他已经学会成功参与到如下类型的言语行为之中：

（6）我（郑重）告知你……

（7）我郑重询问你是否……

也就是说，作为听者，他已经学会扮演言说者角色与听者角色。实施一个言后行为，不能像命题句的使用那样可以报告观察到的情形，也一定没有在此基本预设的感知能力。但是完全不同的是，实施言语行为是经验可能性的一个条件，即交往经验可能性的一个条件。每当听者接受内含于欲实施的言语行为要约时所具备的此种经验，并与言说者进入一种人际联系，其中的一方告知或通知另一方，另一方接受这一告知或通知，或产生一方询问，另一方回答的此种联系所具备的经验。

理解句（5），预设了具备感觉经验的可能性，此种经验类型是观察。对照来说，理解了句（6）与句（7）本身，表征了一种交往经验，此种经验类型是参与性观察。言后理解作为一种经验，通过交往使其成为可能。

上述"最初言后意义"与"最初命题意义"之间的差异，

也就是奥斯汀所谓的"力量"与"意义"之间的差异，并能够追溯到可能学习情境中的差异。我们唯有在言语行为中采取参与者的施为性态度，才学会了言后行为的意义。对照来说，我们对正确表征经验的命题句采取非施为性态度，即客观性的观察者态度，就学会了具备命题内容的句子所具备的意义。在同交往经验联系中，我们获得了"最初言后意义"，在进入主体间性层面中，并在建立人际联系过程中，我们具备了这一交往经验。通过报告世界中的客体与事件所具备的经验，我们学会了"最初命题意义"。尽管存在这样的差异，在施为性态度中，学会的意义当然也发生在具备命题内容的句子中：

（8）我向你保证，他昨天告知我……

（9）我现在告诉你，她昨天问我是否……

这一事实可以解释为什么两类意义之间存在暗含差异，却经常没被注意到。但是，在具备命题内容的句子中，我们可以区分在施为性态度中使用的表述意义，与只允许作为具备命题内容的句子意义成分的单词意义，诸如句（5）中的名词与述谓表述。在句（8）与句（9）这样的言语中，"告知"与"询问"包含在言后角色中具备的力量来源意义的阴暗部分，像在句（6）与句（7）中那样。

哈贝马斯认为，我们可以保留奥斯汀在两类意义上所做的"力量"与"意义"的区分。"力量"代表的是与言后行为相联系的最初使用的表述意义，而"意义"代表的是与命题相联系的最初使用的表述意义。这样，我们将"力量"与"意义"作为两类意义加以区分，并出现在交往的整体语用功能之中：一方面建立人际联系，另一方面表征事物、报告事实或事态。意义的第三种类型与表达功能相对应，即与主体经验的暴露相对应，尽管对实现言后行为的反思也适用于意图句。

哈贝马斯通过上述批判，得出如下结论[1]：①最好不要保留言语行为的命题成分的概念意义，也不要仅仅通过语用算子（命名—特定言后力量）对言后成分的意义加以确定；②用完全与具备命题内容的句子的意义相同的方式重构施为句的意义，不能令人满意，言语行为的言后成分既不表达命题，也不提及命题内容；③不能将言后力量等同于意义成分，这一意义成分通过既定语境中说出的行为而增加意义；④从普遍语用学观点出发，语言学表述的意义，能够依照其是否仅仅出现在扮演表征功能的句子中，或者是否能特定服务于建立人际联系或表达言说者意图的句子中，而实现类型上的区分。

总之，哈贝马斯将奥斯汀的言语行为理论的缺陷列举如下[2]：①研究没有达成充分的概括化；②它们把自身限制在工具手段里，甚至在不足以搞清语用关系时也执拗而行；③它们错误地引导人们进入概念的形式化领域中，却没有认真地加以分析；④它们是从某种孤立的、目的合理的行为者模型开始，因而未能重构有关相互关系的特殊要求。

第三节　塞尔的规则类型论

奥斯汀通过对于言语行为类型学划分，在言语行为理论方面打下了基础，并在类型学方面小试牛刀。他基于施为性动词所具备的言后力量，罗列了言后行为动词，同时区分了五类行

---

〔1〕　Habermas, *On the Pragmatics of Communication*, Trans, by Maeve Cooke, MIT, 1998, p. 72.

〔2〕　陈登："哈贝马斯的普遍语用学"，载《湖南大学学报（社会科学版）》2000 年第 4 期，第 86~90 页。

为动词（裁决类、行使类、承诺类、表态类与阐述类），也没有否认这一分类所具备的临时性特征。

塞尔认为，所有语言交流都牵涉语言行为。语言交流的单位，不是通常我们认为的符号、单词或句子，甚至不是指号，而是在实施言语行为过程中的生产符号、单词或句子。也可以这样说，言语行为是语言交流的基本或最小单位。[1] 说一门语言，涉及高度复杂的规则制约行为形式，学会并掌握一门语言，就是学会并掌握这些规则。知晓如何说一门语言，涉及掌握一个规则系统，能让我们规范系统地使用此门语言的各种要素。塞尔在言语行为理论上的重要贡献，体现在如下几个方面，下面我们逐一介绍。

一、可表达性原则

对于"任何具备意义的事物都能说出"这一原则，塞尔称之为"可表达性原则"，它是理解塞尔语言哲学理论的关键。[2]

塞尔将言语行为作了如下划分：说出字词（语素、句子），这等于实施说话行为；指称与述谓，这等于实施命题行为；陈述、提问、命令、承诺等，这等于实施言后行为。说话行为仅仅简单地说出成串的字词；言后行为与命题行为的特征是在某种语境、某种条件以及某种意图下，使用句子说出字词。对于奥斯汀所提出的言后效果行为，它与言后行为相互关联，是此种言后行为所具备的后果或影响。[3]

---

〔1〕 ［美］John R. Searle：《言语行为：语言哲学论》，涂纪亮导读，外语教学与研究出版社、剑桥大学出版社 2001 年版，第 16 页。

〔2〕 ［美］John R. Searle：《言语行为：语言哲学论》，涂纪亮导读，外语教学与研究出版社、剑桥大学出版社 2001 年版，第 19 页。

〔3〕 ［美］John R. Searle：《言语行为：语言哲学论》，涂纪亮导读，外语教学与研究出版社、剑桥大学出版社 2001 年版，第 23~25 页。

对于命题这一概念，塞尔专门强调说，每当两个言后行为包含同样的指称与述谓，并且所指称的表达具备相同意义，那么它们就表达了同一个命题。陈述与宣称都是行为，但命题不是行为。命题是在宣称行为过程中所宣称的内容，是在陈述行为过程中所陈述的内容。宣称是对命题真值的一种非常特别的承诺。表达一个命题是一个命题行为，但不是一个言后行为，命题行为不能独自发生。也就是说，我们未做任何事，就不可能表达一个命题，从而实施一个完整的言语行为。命题能够得到表达，必须在实施言后行为中才能实现。[1]

二、规制性规则与构成性规则

塞尔区分了两类规则，分别是规制性规则与构成性规则。前者用来规制预先存在或独立存在的行为方式，后者不仅用来规制新的行为方式，而且创造或定义新的行为方式。前者诸如礼仪规则，用来规制人际联系，或者诸如足球或棋类规则，不仅规制如何踢足球或下棋，而且创造了此类游戏的可能性。前者规制一种预先存在的活动，并在逻辑上对立于规则，或者构成一种活动，并在逻辑上依赖于规则。[2]

塞尔认为，言后行为是在发出声音或者划出痕迹过程中得以实施。那么发出声音、划出痕迹与实施一个言后行为有何差异呢？差异就在于前者是在言后行为实施过程中"具备意义"，以及通过前者可以"意味某事"。换句话说，通过说出某事，我们可以意味某事；我们发出的声音串可以具备某种意义。在此，

---

〔1〕〔美〕John R. Searle：《言语行为：语言哲学论》，涂纪亮导读，外语教学与研究出版社、剑桥大学出版社 2001 年版，第 29 页。

〔2〕〔美〕John R. Searle：《言语行为：语言哲学论》，涂纪亮导读，外语教学与研究出版社、剑桥大学出版社 2001 年版，第 33~34 页。

塞尔认为自己发现了格莱斯关于意义的理解存在两大缺陷。首先，它没有解释清楚再何种程度上意义与规则或规约联系在一起；其次，将意义定义为意图取得的效果，混淆了言后行为与言后效果行为。也就是说，格莱斯关于意义的论述没有厘清语言中"通过说出某事，某人意指某事"与"某人说出某事，实际意味某事"之间的联系，以及在试图实施言后效果行为过程中，说出某事与意味某事仅仅试图实施言后行为，而非必然是言后效果行为。[1]

对于言后行为的结构，塞尔通过"许诺"的言后行为研究，给出了成功实现许诺的充要条件。依照塞尔的说法，如果一个言说者S在听者H面前说出句子T，那么S当且仅当在如下九个条件下真诚、完整地向H承诺了命题p：

①具备正常的输入、输出条件；

②S在句子T中表达了命题p；

③通过表达命题p，S预设了一个未来的行为A；

④H希望S做出行为A而非相反，同时S相信H希望他做行为A而非相反；

⑤对于S与H来说，S在事情正常情形下会做行为A，这不是显然的事情；

⑥S有做行为A的想法；

⑦S会想到，说出句子T，将使他有义务做出行为A；

⑧S试图让听者T知晓，说出句子T就会使S有义务做出行为A。S试图通过认可自己的意图，从而让对方知晓，并通过H知晓句子T的意义得以确认；

〔1〕［美］John R. Searle：《言语行为：语言哲学论》，涂纪亮导读，外语教学与研究出版社、剑桥大学出版社2001年版，第42~44页。

⑨S 与 H 说话的语义规则是，当且仅当具备上面八个条件，T 得以正确、真诚地表达。[1]

塞尔作为言语行为理论的推进者，在检视奥斯汀的言语行为理论后，提出了实现言语行为的规则，并将言语行为的社会性规则定义为构成性规则。这类规则不能违反，如果违反了，就没有此种言语行为了。构成性规则包括上述九个条件，条件①、②、⑧、⑨是成功实施任何一种言语行为所需具备的一般条件，并不涉及具体何种言语行为。其他条件是实施"许诺"行为所必须满足的条件，塞尔将其归纳为四类条件，包括：

①命题内容条件：说话人言及一个他自己将要去做的行为；
②准备条件：说话人相信他所要做的行为是符合听话人的利益的，但这个行为并非是他经常做的；
③诚意条件：说话人意欲做这一行为；
④根本条件：说话人承担起做这一行为的义务。[2]

塞尔认为，语言学研究的经典时期，有些哲学家经常提到如下说法："好"一词用来赞扬（哈尔）；"如实"一词用来背书或确认陈述（斯特劳森）；"知道"一词用来保证（奥斯汀）；"可能"一词用来衡量践诺（图尔敏）。上面的每个说法都用到了"W—词用来实施言语行为 A"这样的句式，但是由于充分条件不足，言语行为分析无法满足上述说法，因为上述句式无

---

〔1〕　[美] John R. Searle：《言语行为：语言哲学论》，涂纪亮导读，外语教学与研究出版社、剑桥大学出版社 2001 年版，第 54~61 页。
〔2〕　[美] John R. Searle：《言语行为：语言哲学论》，涂纪亮导读，外语教学与研究出版社、剑桥大学出版社 2001 年版，第 62~63 页。

法满足"说出 W 一词就是实施言语行为 A 本身"。[1]

三、言语行为类型

事实上，依照哈贝马斯的看法，奥斯汀只对承诺类行为动词给出了清晰的区分标准。言说者通过承诺、威胁、宣布、发誓、签约等动词，承诺未来将实施若干行为，言说者进入一种规范管约关系，使他有义务以某种方式行事。对于其余类型的区分，奥斯汀没有给予令人满意的定义，甚至是论述该分类的描述性特征也是这样，这不能满足澄清与分类两大要求。他的分类方案无法将不同现象指派到不同类型上，也不能将一个现象指派到一种类型上。

对于裁决类行为动词，构成的是在评价与评估意义上的做出"判断"与"裁决"的言语，奥斯汀此刻没有区分具备描述性内容的判断与具备规范性内容的判断。对于阐述类与行使类行为动词，也存在若干重合现象。首先，行使类行为动词构成了所有的宣称句，这是机构赋权做出决定的表达方式，诸如宣判、采纳、提拔、任命、辞职等都是这样。这不仅与诸如命名与颁奖等裁决类行为动词重合，而且与诸如抗议等表态类行为动词重合。反过来说，这些表态类行为动词构成的类型的异质性比较严重，它不仅包括诸如抱怨、怜悯等描述情感的标准表达，也包含诸如祝贺、诅咒、祝酒、欢迎等机构范围内的言语，以及诸如道歉、感谢、所有善意的表达等需要满足的表达。其次，阐述类行为动词没有在陈述句与交往句层面上进行区分，前者用来表征事态，后者指代诸如询问、回应、作报告、引述等言语本身。与上述类型还需区分的表述，是那些我们用来指

---

〔1〕〔美〕John R. Searle：《言语行为：语言哲学论》，涂纪亮导读，外语教学与研究出版社、剑桥大学出版社 2001 年版，第 136~138 页。

代诸如推断、确认、计算、归类等等实施运算行为。

塞尔试图强化奥斯汀所作的上述区分。他不再局限于一特定语言中施为性动词的罗列，而是关注了言后行为的意图与目的，言说者希望使用诸类言语行为，实现自身的上述意图与目的，并独立于个体语言所使用的语言形式。

针对奥斯汀划分类型的不足之处，塞尔提出了非常清晰且直觉上非常具备说服力的言语行为类型区分：直陈类（或陈述类）、承诺类、指令类、宣称类与表达类。塞尔首先引介了直陈类或者叫陈述类或表征类言语行为，此种类型得到良好定义。

在奥斯汀的基础上，塞尔进一步强化了承诺类，并将其与指令类对立起来。言说者通过承诺类对自身行为负责，通过指令类试图驱动听者实施某种行为。塞尔将诏令、要求、指令、祈使、邀请以及提问与恳求都包含在指令类之中。他此刻没有区分诸如请愿、训斥、命令等规范授权的祈使类与单纯的祈使类，即非授权的意志表达类。因此，他对指令类与宣称类之间界限的划分不太清楚。对于宣称句来说，确实需要特定机构确保诸如提拔、退位、宣战、下通知等如下行为的规范义务特征，但是其规范性意义与指令类一样。最后一类是表达类言语行为。此类言语行为通过其目的得以定义，并通过此类言语行为真诚表达其心理态度。但是，塞尔在使用此种标准时显得有些犹豫不决，诸如宣誓、揭露以及揭发等情形没有被包括进去，对于道歉与快乐、同情的表述仅仅简单提及。有证据表明，塞尔听任自己迷失于奥斯汀对表态类特征的描述，并将此类型放在诸如祝贺与打招呼之类的机构限制的言语行为类型之中。

塞尔将奥斯汀的言语行为类型学加以强化，标志着讨论的出发点已经出现两种走向：第一种走向的代表是塞尔本人，他努力提供言语行为五类型说的存在论基础；第二种走向是从实证主义语用学的在场出发，试图发展言语行为的类型学，以便有效分析日常交往中的言语行为序列。

哈贝马斯认为，沿着后一种走向，我们见到的是诸如温德里希、坎贝尔与克雷克尔等语言学家或社会语言学家的作品。对于实证主义语用学来说，社会生活语境本身表现为交往行动，并在社会空间与历史时间中发生扭曲。在特定语言中实现的言后行为力量的类型，反映了这些行为网络的结构。

实施言后行为的语言学的可能性，不论是语法模式的固定形式，还是施为动词、助词、语调的灵活形式等，都为建立人际联系提供了图式。言后力量构成交往社会化网络的节点，言后行为词汇构成此网络的截面，语言与社会的机构秩序在此截面相互穿透。此种语言的社会超结构，本身出于流动状态，它依赖机构与生活方式并随之发生变化。但是，此类变化也体现了语言学的创造性，它给予不能预见的情境的革新性把握以新的表达形式。

作为与言语情境的整体维度关联的指示器，对从语用学上划分言语行为类型来说非常重要。从时间维度来说，存在的问题是，参与者指向的是未来、过去还是现在，或者其言语行为在时间上是否中立。从社会维度来说，存在的问题是，与互动序列相关的义务出现在言说者、听者还是双方身上。从客观性维度来说，存在的问题是，主题的重点是更多放在了客体、行为还是行为人之上。克里克尔使用这些指示器，以日常交往的分析为基础，划分了言语行为类型，请看表6[1]：

---

〔1〕 Habermas, *On the Pragmatics of Communication*, Trans, by Maeve Cooke, MIT, 1998, p. 159.

表 6　依照三大指示器在范式上的区分

言说者（S）	听者（H）
认知指向的（C） 现在是否表明言说者采纳了听者的信息？ 例子：同意、承认、反对	认知指向的（C） 言说者是否试图影响听者的世界观？ 例子：直陈、争论、宣称
人称指向的（P） 过去言说者是指代自身与/或者其过去的行为？ 例子：证立、辩护、哀叹	人称指向的（P） 言说者是指代听者本人与/或者听者的过去行为？ 例子：诅咒、批评、挑逗
行为指向的（A） 未来言说者自身对未来行为负责吗？ 例子：承诺、拒绝、屈服	行为指向的（A） 言说者是否试图让听者做事？ 例子：建议、挑战、命令

哈贝马斯认为，这一分类与类似分类的优势在于，它们为我们提供了民族语言学与社会语言学描述系统的指导路线，它们能比类型学更好地处理自然语境的复杂性，因为类型学是从言后行为意图与目的出发，而不是从情境特征出发。但是，它们通过放弃对语义分析联系在一起的直觉上的分类特征，考虑的是语言的基本功能，诸如事态的表征、经验的表达，以及人际联系的建立。通过归纳，并依照语用指示器的相应手段建构起来的言语行为的分类，不能强行放入以直觉为证据的类型之中，它们缺乏启示我们直觉的理论力量。

塞尔通过研究言后行为意图及其特征，与言说者实施直陈类（陈述类）、指令类、承诺类、宣称类与表达类言语行为时的命题态度，向言语行为类型学迈进了一步[1]。哈贝马斯认为，塞尔将世界模式看作是存在事态的整体性，将言说者/行为人看

---

[1]　Habermas，*On the Pragmatics of Communication*，Trans，by Maeve Cooke，MIT，1998，pp. 159 161．

作是外在于世界的权威，并且认可行为人与世界之间确实存在两种以语言为媒介的联系，包括确定事实的认知联系，与实现行为目标的干涉论联系。那么，言后行为的意图特征，就是句子与事实之间形成一致的方向。哈贝马斯给我们提供了如下表达式，其中向下的箭头（↓）指的是句子与事实相符；向上的箭头（↑）指的是事实要符合句子。这样的话，陈述性言语行为的"直陈力量"以及指令性言语行为的"祈使力量"就表现如下：

陈述类├↓C（p）
指令类！↑I（听者产生p）

此时的 C 代表认知或思维的命题态度、观点、信仰等方面的命题态度，I 代表意图或者愿望、希望或期望等方面的命题态度。

"直陈力量"的意思是，S 在 H 当面提出了对"p"的有效性诉求，即他对直陈事实（↓）的句子的一致提出保证；"祈使力量"的意思是，S 在 H 当面提出了力量诉求，因为"H 产生p"，即他对事实与祈使句（↑）达成一致提出保证。

哈贝马斯认为，通过语言与世界之间的关联方式，塞尔对言后行为力量加以描述，并诉诸了直陈句与祈使句的有效性条件。他发现，言语行为类型的立足点是有效性维度。但是，塞尔把自己限制在言说者视角之中，没有注意到有效性诉求的协商与主体间承认的动态学，即共识形成的动态学。孤立行为人与单一客观世界之间联系模式，对于交往参与者之间存在的主体间联系来说，没有存在空间。交往中的参与者彼此对世界事物达成理解，每当实施时，塞尔的存在论概念就显得非常狭隘。

承诺类言语行为乍看起来似乎能轻易适合该模式。通过此类言语行为，S 在 H 当面对事实与所说出的意图句（↑）达成一致提出保证：

承诺类 C′↑I（S 产生 p）

但是哈贝马斯认为，通过分析意图句我们发现，承诺类言语行为的言后力量，不能通过某种方式下所宣称的意图满足条件加以解释。通过承诺类言语行为，言说者在规范性义务的意义上管约自身意志，而作为宣布意图的可信度条件，完全不同于言说者作为行为人实现自身意图时需要满足的条件，因此塞尔必须区分开有效性条件与成功条件。

通过类似方式，我们区分开诸如指令、命令等规范授权的祈使句，与单纯的祈使句。言说者通过前者提出了规范性有效性诉求，通过后者提出了外部制裁的权力诉求。因此，甚至是简单的祈使意义，也不能通过使用祈使句的满足条件加以解释。即使这都得到了满足，塞尔也难以将指令类限制在真正的祈使句类型之内，也难以将前者与指令、命令清晰划界，因为他提出的模式不能满足规范的有效性条件。每当塞尔处理宣示类言语行为的时候，此种不足就显得更加明显。

很显然，宣战、辞职、会议开幕、宣读法案等言后行为力量，亦不能依照满足两个方向的方案得到解释。作为生产机构事实的言说者，根本不可能指代客观世界的事物，反而依照社会世界的合法秩序加以行动，并开始新的人际联系。塞尔将此意义通过双向箭头指向客观世界，这纯粹是不得已而为之：

宣告类 D↑（p）

宣告类言语行为并不需要任何特定命题态度。此种不得已情形，在表达类言语行为那里再次出现，其言后行为力量几乎不能以行为人与存在事态之间的联系表达其特征。塞尔方案的无法操作性，通过既不/也不符号给出表达：

表达类言语行为 Eø（p）

但是认可命题态度的表达皆有可能。

如果我们从如下事实出发，既可避免塞尔类型划分所存在的困难，还可以保留其有效理论进路。也就是说，言语行为的言后行为目标，可以通过对权力与有效性诉求的主体间承认获得，如果我们从行为人/世界联系的方式出发，像引介真实性诉求一样，引介规范正确性与主体真诚性诉求，就可以实现上面的目标。

四、哈贝马斯的类型划分

哈贝马斯认为，指向达成理解的言语用法纯粹类型，适合作为建构语言为媒介的互动类型学的指导路线。在交往行动中，个人参与者的行为计划，与言后行为管约效果合作在一起。基于这一理由，陈述类、规范类，以及表达类言语行为，也构成以语言为媒介互动的相应类型，这对于规范类与表达类言语行为来说显然正确。乍看一下，似乎没有任何互动类型能以相同方式与陈述类言语行为对应，但是存在某种行为语境，主要不是服务于实施交往协调的行为计划，即目的行为，而本身使得交往成为可能并且稳定，整体来说，某种语境中的对话本身就是结果。在此类情形中，达成理解这一进程，远离了作为协调行为机制的工具角色，主题的交往协商获得独立，并成为对话的目的。每当以此种方式将重心从目的活动转向交往行动的时候，我们谈的就是"对话"。其中，"论证"可能就是最重要最特殊的对话情形。因为，此刻所协商的主题旨趣处于主宰地位，对话中的陈述类言语行为具备构成性意义。

通过参照塞尔的言语行为类型划分，哈贝马斯重新区分出四类言语行为，作为其普通语用学的言语行为理论基础[1]。

第一类言语行为，哈贝马斯称其为交往类，它用来表达此类语用意义的不同方面，它通过言语澄清意义。每个言语预设存在关于言语交往意味着什么的事实前理解、理解与误解言语、达成共识或没达成共识，即关于如何使用语言。此类言语行为的例子包括说出、表达自身、说话、谈话、提问、回答、答复、反驳、抵触、反对、承认、提及、提供、引用等。交往类言语行为构成另一类言语行为。它们亦可理解为规范性言语行为的一个亚类，诸如问与答、作报告、反对、承认等，用来组织言语，并安排进话题与兴趣点、分配会话角色、规范话论等。但是，如果把交往类言语行为看作是一种独立类型，并且通过交往进程的自反联系加以定义，似乎更有道理；这样，我们也可以直接指向有效性诉求的言语行为，诸如确认、否认、保证、确定等，或者通过论证处理的有效性诉求的言语行为，将诸如讲理、证立、否决、假设、证明等方面包括进来。

第二类言语行为，哈贝马斯称其为陈述类，它用来表达句子的认知用法意义，它通过命令澄清命题意义。"宣称"是宣称模式的原型动词，由于表面上不同的言语行为的两个亚类，把两个要素结合在一起。一方面，宣称包含很多例子：描述、报告、提醒、叙述、展示、注意、表明、解释、预测等，这些例子表征命题的宣称用法；另一方面，"宣称"包含的例子如：确认、断言、争论、否认、争辩、怀疑，这些例子表明了命题的真值诉求的特定语用意义。通过陈述类言语行为，言说者指代

---

〔1〕 Habermas, *On the Pragmatics of Social Interaction*, Trans, by Barbara Fultner, MIT, 2001, pp. 82~84.

客观世界的事物，通过此种方式，言说者想要表征一种事态，否决此种言语意味着 H 对 S 所陈述的命题的真实性诉求加以抗争。

第三类言语行为，哈贝马斯称其为表征类（表达类），它用来表达言说者在听众面前自我表征的语用意义，它澄清言说者自身意图、态度与经验的语用意义。具有命题内容的从句是意图句，其中的动词包括：知道、认为、相信、希望、担心、喜爱、憎恨、喜欢、盼望、愿望、决定等。还有其他一些例子，如：泄露、暴露、背叛、交代、表达、隐藏、隐瞒、假装、模糊、保密、抑制、否认（这些言语行为只在否定形式中使用，如：我对你不会隐瞒）等。通过表达类言语行为，言说者指代其主观世界中的事物，通过此种方式，言说者想要向公众表明他优先体验的经验，否决此种言语意味着 H 对 S 自我表征的真诚性诉求提出质疑。

第四类言语行为，哈贝马斯称其为规范类，它用来表达所建立的人际关系的规范意义，澄清的是与行动规范相关联的说者-听者的立场意义。例子包括：命令、需求、要求、需要、提醒、禁止、允许、建议、拒绝、反对、承认、许诺、同意、回应、确认、赞成、担保、放弃、道歉、原谅、建议、拒绝、推荐、接受、提议、警告、鼓励等。通过规范类言语行为，言说者指代共同社会世界中的事物，通过此种方式，言说者想要建立被合法认可的人际联系，否决此种言语意味着 H 对 S 的行为的规范正确性提出抗争。

还有一类言语行为，它对于机构规制行为的实施具有决定性作用，但其本身不属于语用普遍词，尽管它是促使奥斯汀首先研究言语行为本质的原因。例子包括：欢迎、祝贺、感谢、道贺、吊慰、打赌、结婚、订婚、洗礼、违反、诅咒、宣布、公开、宣称、提拔、咒骂、平反、证明、投票等。这些言语行为已经预设了机构的存在，但是对话-构成性普遍词本身生成了言语情境的整体结构，而且许多机构言语行为不需要具有命题内容的从句。

另外，在哈贝马斯的一些著作中，也介绍了一些其他类型的言语行为，比如，祈使类言语行为、运算类言语行为。通过祈使类言语行为，言说者指代客观世界的期望状态，试图让 H 产生这一状态。祈使类言语行为只能通过如下在场得到批评，即所要求的行为是否能够在成功条件的基础上得以实施；此种否定不是基于批判，而是表达一种意志。作为运算类言语行为，诸如暗示、等同、计算、归类、数数、述谓等，指代的是逻辑、语法、数学等建构规则的应用。运算类言语行为具备施为性意义，但不具备真正的交往意义，它们用来描述人们在建构与规则保持一致时所做的一切。

哈贝马斯总结说，如果将此分类作为基础，无论是承诺类、宣告类，还是机构限制的言语行为与满足类言语行为，都可认为是规范性言语行为旗下的类型。我们看出，此种基本模式需要进一步加以区分。只有在特定模式、特定语言中加以区分的言后行为力量的整个系谱分类得到成功发展，它们才可用来分析日常交往。只有很少的言后行为，诸如陈述与确定、承诺与命令、忏悔与交代等，能够看作是此种言语行为的一个基本模式。正常来说，在特定语言中，标准化的表达所具备的可能性，不仅整体上与有效性诉求产生联系，而且与言说者在其符号表达中提出真实性、正确性或真诚性诉求的方式产生联系。语用学指示器，诸如言语行为的机构依赖度、指向过去与未来、言说者/听者的定位、主题点等，可以帮助我们系统地理解关于有效性诉求的言后行为修订。唯有理论指导下的实证主义语用学，才能发展言语行为分类，这既不盲目也不空洞。

上述分类可以用来引介交往行动的三种纯粹类型，或者更好地说是有限情形，即对话、规范制约的行为，以及戏剧行为。如果我们进一步考虑策略行为、言后效果行为或祈使行为之间的内部联系，可以将以语言为媒介的互动做出如下分类[1]：

表7 以语言为媒介互动的纯粹类型

行为类型	言语行为特征	言语功能	行为指向	基本态度	有效性诉求	与世界的联系
策略行为	言后效果类	影响对方	指向成功	客观化	有效果	客观世界
对话	陈述类	表征事态	指向达成理解	客观化	真实性	客观世界
规范行为	规范类	建立人际联系	指向达成理解	规范一致	正确性	社会世界
戏剧行为	表达类	自我表征	指向达成理解	表达	真诚性	主观世界

总之，哈贝马斯认为，如果我们知晓言语行为可以接受的条件，我们就理解了言语行为。问题是有效性的客观条件，可能难以直接语言表达的语义内容那里取得，而只能从言后行为的言语有效性那里取得。这一有效性诉求依赖于在话语中得到履行的潜在理由。这些理由阐释了有效性条件，并成为条件的一部分，使得有效性诉求值得主体间承认。唯有通过这一步，

---

[1] Habermas, *On the Pragmatics of Communication*, Trans, by Maeve Cooke, MIT, 1998, p. 165.

可以远离形式语义学而走向由维特根斯坦与奥斯汀开启的语用学。

　　上述简单回顾仅想表明，要理解语言表达，需要指向有效性诉求，并成为理性驱动力，这已经内在于达成理解的语言进程之中。如果理解一个言语行为依赖于知晓其可接受性的条件的话，那么言说者得到理解的言后行为目标指向下一个目标，听者应该接受他的言语行为要约。听者接受或者同意，也就等于说承认了言说者提出的有效性诉求。言说者为了履行话语的有效性诉求，就要提出良好理由。听者对有效性诉求说了"是"，他就接受了言语行为要约，也对自己提出若干与互动序列相关联的义务，诸如面对请求、相信坦白、相信陈述、信赖诺言，或者服从命令。这就解释了达成理解的语言行为，为何首先能发挥行为协调的功能。形式语用学与形式语义学的进路之所以不同，在于理解与达成理解之间的内在联系这一洞见不同。理解一个表达，意味着知晓如何使用它的方式，以便与某人就某事达成理解。从理解语言表达的条件我们已经发现，通过此种表达达成理解，即指向参与者之间就世界事物的交往所实现的理性驱动的一致。有效性维度内在于语言之中。指向有效性诉求是可能达成理解的语用学条件的一部分，即理解语言自身的可能性的语用学条件的一部分。

法律交往语用学中的天赋论批判

第一节　乔姆斯基的语言生成论

在乔姆斯基看来，语言知识是一种语法知识，这就得从中世纪的普遍语法说起。乔姆斯基使用了"普通语法"一词，指代 18 世纪唯理语法学家们所指的语法，此种语法理论被看作是口语与书面语所共同具备的原则。与此对照的特定语法，通常被看作是一门语言的语法，此种语法不能是一种真正的科学，而是一种艺术或技能。乔姆斯基的生成语法，后期被发展为普遍语法，用来指代一种语言能力，一种语言习得机制，是一种具备基因决定性的语言能力。

一、语言天赋

为什么乔姆斯基这么看待语言，并把日常语言放在次要位置呢？因为他认为，我们研究语言，其中心问题就是语言知识，即语言的本质、来源与使用。这就引出了关于语言知识的三大基础问题：①语言知识是如何构成的？②语言知识是如何获得的？③语言知识是如何使用的？

对于第一个问题，乔姆斯基认为它与使用语言的人的思维/大脑状态有关；第二个问题与语言能力的初始状态有关，通过普遍语法的具体化可以得到答案；第三个问题与语言知识如何进入人们对思想的表达有关、与如何进入语言交流与特定使用有关。

对第一个问题的解答，在20世纪50年代出现的认知科学中出现了若干答案，他们认为思维/大脑的某些方面可以通过计算机系统的某些规则模式加以建构，这就与语言是一个系统联系了起来。传统语法与结构语法不关心第一个问题，因为传统语法没有注意到读者需要有一种内在的智力，结构语法学家们的视野非常的狭窄。30年以前（原文所指的时间），一个非常标准的对语言习得的观点，就是重复学习，语言被看作是一种习惯系统，此刻结构语法学家们面对的是一个"柏拉图的问题"。乔姆斯基总结道，语言知识是思维/大脑的一种状态，一种相对稳定的心理状态，是某种可以辨别的思维能力，我们称之为语言能力，它有特性、结构与组织形式，它是思维的一种模式。[1]

在对语言这一概念的研究过程中，乔姆斯基经常对照的是结构主义语言学家们对语言的观点，这是语言天赋论与后天论、语言能力论与技能论、语言系统论与结构论之间的一种论战。前者将语言看作是一种存粹科学论，并主动放弃了所谓语言的日常使用中的诸多要素；或者将语言看作是一种言语社区论，避免讨论存在一种理想化的言语社区。[2]

乔姆斯基认为，语言研究的科学进路已经发展出多种多样

---

〔1〕〔美〕Noam Chomsky：《语言知识：其性质、来源及使用》，程工导读，外语教学与研究出版社、格林伍德出版集团2002年版，第1~13页。

〔2〕〔美〕Noam Chomsky：《语言知识：其性质、来源及使用》，程工导读，外语教学与研究出版社、格林伍德出版集团2002年版，第15~17页。

的语言技术概念，从而取代了常识性概念。我们姑且将之称为
"普遍语法"。诸如索绪尔、布龙菲尔德、刘易斯等结构语言学
家的语言概念，都应该称之为"外化语言"：语言学家可以自由
选择一种语法，只要它能区分外化语言就行。普遍语法的观点
在许多或者所有人类语言中都是正确的，此种进路笔者称之为
"内化语言"，例如，叶斯泊森就认为言说者大脑中存在某种
"结构概念"，它必然指导他形成"自己的句子"与"自由表
达"。我们将此种"结构概念"称之为"内化语言"。此种语言
是知晓语言的人大脑中的某种构成要素，学习者可以获得，言
说者-听者可以使用。[1]

对第二个问题的解答，是由语言研究的重心从外化语言到
内化语言转变而产生的。乔姆斯基认为，语言知识是某种规则
系统知识，此种知识从某种初始状态产生，并将经验转化为一
种稳定状态，它是内化语言的组成部分。也就是说，语言能力
的获得过程，就是人们处理新的数据时加入规则库的过程或者
修缮此系统的过程。[2]

对第三个问题的解答，并非乔姆斯基的研究重心所在。

二、语言生成

哈贝马斯认为，生活世界的分析顺从知识的构成性理论模
式，生活的交往方式研究顺从普遍生成语言学分析模式。乔姆
斯基所创立的语法理论，提供了这样一种模式，但是仅仅是个
模式，这就是哈贝马斯为何对普遍语用学要发展的原因。通过

〔1〕［美］Noam Chomsky：《语言知识：其性质、来源及使用》，程工导读，外
语教学与研究出版社、格林伍德出版集团2002年版，第19~23页。
〔2〕［美］Noam Chomsky：《语言知识：其性质、来源及使用》，程工导读，外
语教学与研究出版社、格林伍德出版集团2002年版，第24~25页。

与乔姆斯基方案的比较，将促进对语言的认知用法和交往用法这两个最重要的普遍语用学理论成分的处理。生成语法理论的客体是语言过程，而不是言语过程，因为语言与言语相对立。语言现象立即走近语言学家，成为有序的表达，并可在言语情境中使用。乔姆斯基的语法理论的目的，是充分表征规则系统。通过此种手段，具备语言能力的说者与听者产生与理解了此类语言表达串。语言能力是掌握此种规则系统的能力，它具备如下两大特征，与维特根斯坦分析的规则顺从的整体能力一致：首先，言说者给能力自发生成句法上、语义上与语音上可接受的无限量的表达；其次，言说者能够对是否以及在何种程度上一个表达能够依照这三个维度做出判断。运用有限的要素，每个具备语言能力的言说者能够生成与理解无限的符号串，包括从来没有说出过的符号串。最后，言说者能够特别区分形式正确的与扭曲的表达，并且列出语法上正确而句法形式错误、模糊或语义上、语音上扭曲的表达。

在哈贝马斯看来，上述判断由言说者作出，显然是直觉默示的知识的标志，乔姆斯基的普遍语法理论试图对其解释与重构。语言学家解释、知晓何为知识，这是有语言能力的言说者在其行为中所具备的能力。普遍语法理论的任务是规则系统的理性重构，即使它实际上已被掌握且知晓，还未得到承认或理论上的特定化。理性重构能导出一个结构描述，对于语言的每个相关表达来说，更显得有必要把系统的规则变成可递归适用的形式规则。满足上述两个要求的理论，如果能够彼此关联，就能明显具体化所有语言的可能表达。

总之，生成语法的发展遵从普遍主义研究策略。我们发现，单个语言的规则系统重构，在整体化的更高层面受到影响，直到隐含所有单个语言的语法普遍性得以实现。另外，生成语法具备两个层面，即，它是一种转换语法，语言表达串被认为是表层结构，并由一系列转换规则手段形成。每个底层结构能与解释它的底层结构类型相关，此种建构在实证上已经相当好地得到了证实，可以用来对语义歧义作出句法上的论述。

第二节　乔姆斯基的语言能力论

一、语言能力

语言能力这一概念是乔姆斯基生成语法理论的重要概念。关于语言能力，乔姆斯基给出如下整体图像：语言能力是思维或大脑的一种独特系统，它存在着一个最初状态，并对所有人种适用，且明显在其基本方面非常独特。一旦有了相关经验，此种能力就会从最初状态转到某种相对稳定状态。此种状态是内化语言的体现，是具备或知晓一特定内化语言的状态。普通语法就是最初状态理论，特定语法就是各种各样内化语言的理论。[1]

为了划清普遍语用学与普遍语法之间的界限，解释乔姆斯基的语言能力概念非常重要，并必须实现理想化。在哈贝马斯看来，乔姆斯基眼中的理想言说者-听者是这样的："语言学理论主要关涉理想说者-听者，在完全同质的言语社区中，他们非常懂得语言，不受与语法无关的条件影响，如在适用实际语言知识中的记忆局限性、分神、注意力、兴趣等概念及错误。"[2]

从理论渊源上来看，哈贝马斯的交往行动理论与乔姆斯基

---

〔1〕［美］Noam Chomsky：《语言知识：其性质、来源及使用》，程工导读，外语教学与研究出版社、格林伍德出版集团 2002 年版，第 25~26 页。

〔2〕 Habermas, *On the Pragmatics of Social Interaction*, Trans, by Barbara Fultner, MIT, 2001, p. 70.

的语言能力理论、奥斯汀与塞尔的言语行为理论都有紧密联系[1]。英文"competence"一词，在汉语中有时译为"能力"。乔姆斯基的《句法理论的若干问题》中译本就译成"能力"。在此书中，乔姆斯基对"语言能力"与"语言行为"进行区分，他认为："前者指说话人-听话人所具备的关于他的语言的知识，后者指具体语言环境中对语言的实际使用。"[2]此种语言知识，实际就是一种关于语言规则的知识，在乔姆斯基看来，就是一种生成语法。"所谓生成语法，我不过是指一套规则系统，该系统用某种明确且精心设计的方法，把结构描写分配给句子。很明显，每个说一种语言的人，都已经掌握了表达他语言知识的生成语法，并使其内在化。"[3]

此种规则系统，在乔姆斯基看来，是每个正常个体在生理上都需具备的天赋能力。语言能力天赋决定着人类语言的基本形式，后天的经验习得只能决定语言的类型。例如，我们究竟是使用英语还是汉语进行交往等。乔姆斯基强调，此种能力是语言习得的初始状态，或者是习得的起点。没有此种能力，后天的经验将会无能为力。换句话说，一个主体能说出一句符合语法的句子，是因为他先天地具备一种构造句子、说出符合语法规则的话语能力。哈贝马斯没有完全反对乔姆斯基的转换生成语法理论，并认为此种理论的功能，主要是回答主体何以会说出并能够理解一个新句子。但是，哈贝马斯认为，乔姆斯基的语言能力理论，仅仅是一种主体性哲学的体现，具备康德先

---

[1]　刘晗："哈贝马斯基于交往的话语理论及其规范问题"，载《上海交通大学学报（哲学社会科学版）》2010年第5期，第62－68页。

[2]　[美]诺姆·乔姆斯基：《句法理论的若干问题》，黄长著等译，中国社会科学出版社1986年版。

[3]　[美]诺姆·乔姆斯基：《句法理论的若干问题》，黄长著等译，中国社会科学出版社1986年版。

验哲学的特征。此种先验哲学的解释，仅仅说明了人类语言何以可能的问题。此刻，言说主体还仅仅是个体意义上的，而不是处于交往对话的主体间关系网络之中。此种有关主体的语言能力的主体性哲学，并没有为交往行动提供充分的理论解释。在某种意义上说，主体性哲学不具有极强说服力，它阻碍了人们探讨语言使用的一些基本特征。乔姆斯基的转换生成语法理论，是在批判语言行为的布龙菲尔德主义理论基础上提出的，它强调主体的"语言能力"这一方面，却走向了另一个极端，将"语言作为行为"这一端遗忘了。

哈贝马斯在乔姆斯基的语言能力理论的基础上，吸收了奥斯汀与塞尔的言语行为理论并对其综合，扩展成一种交往行动理论。在改造理论过程中，哈贝马斯发现乔姆斯基的语言能力论与言语行为理论都存在缺陷，"由于乔姆斯基仅在重构框架内研究语言句法学与语义学方面的能力，把话语语用学性质留给了言语行为论。这样，哈贝马斯便有理由克服双方的偏狭，并实现互补"。[1]

在哈贝马斯看来，乔姆斯基的转换生成语法理论，只是一种抽离了普遍语用学情境的特例。也就是说，乔姆斯基放弃了对语言交往维度的社会学考察。作为言说主体，说出一个句子，只有放在话语交往过程中，才能实现其功能。在此交往过程的言说主体，必须满足话语交往的一般性条件，才能获得交往可能。"一个言说，其内容通过使相应的人际联系由其发生的标准条件得到满足，从而获得某种特定交往功能。"[2] 正是在此意

---

〔1〕 盛晓明：《话语规则与知识基础——语用学维度》，学林出版社 2000 年版，第 135 页。

〔2〕 ［德］哈贝马斯：《交往与社会进化》，张博树译，重庆出版社 1989 年版，第 60 页。

义上，哈贝马斯以言语行为理论为基础，特别是在言语行为理论关于"陈述行为"与"语用行为"的区分上，发展出话语的双重结构理论，从而将语义学与语用学结合起来，提出交往行动理论及其具体内涵。

哈贝马斯认为，话语具备双重结构，分别为"以言述事"与"以言行事"两个层面。哈贝马斯吸收了奥斯汀的言语行为理论及其思想，认为同一陈述性内容可以选择不同言语行为类型，言语的两个层面分别具备一定独立性。所谓言语的陈述性层面，是指话语在语义学分析层面上所具备的信息、内容，这跟乔姆斯基的转换生成语法有关，也就是说，一个主体能说出含有意义并能被他者理解的句子；而"以言行事"则是用言语来做事，也就是说，通过言语交往建立人际联系。但是，言语的"陈述性"层面与"以言行事"层面并非永恒地纠缠在一起。根据言语的双重结构原理，以言语为媒介的交往，哈贝马斯将之区分为两个层次：第一，是主体间的层面。"在这个层面上，言说者与听者通过以言行事行为建立并达成相互理解的关系。"第二，是陈述性内容的层面。也就是说，这是信息层面，既可传达，也能相互理解。在这个层面上，言说者让听者了解、知悉这些信息。

哈贝马斯认为，基于言语两个层面的交往对话同时进行。"在语言双重结构不断丰富过程中，对话参与者同时在两个层面进行交往，他们将内容交往与角色交往结合起来。"[1]虽然话语的陈述性内容与以言行事方式之间具备一定独立性，但它们之间并不单独存在。话语的陈述性内容，必须通过以言行事方式才能得以固定。一个具体的话语，是陈述性内容与以言行事

〔1〕［德］哈贝马斯：《交往与社会进化》，张博树译，重庆出版社1989年版，第43页。

成分的有机结合，这也正是塞尔所说的一切述谓行为最终都是语用行为。哈贝马斯批判了过去的信息交往型话语理论。此种理论认为，交往仅仅是一种信息或者内容的传递，"认为交往过程仅在单一层面、即内容或信息传递层面上发生。那么，事物的关系方面失去了相对于内容方面的独立性，言语交往失去自身的构成性意义，并被填加到信息内容之中，陈述的语用学操作难以达成陈述性内容的特定方式，而被错误地解释为被传递信息的一部分"。[1] 正是由于陈述性或者信息论者对言语的片面理解，言语仅被看成是信息传递媒介，没有被视为建立人际联系的媒介。哈贝马斯认为，在交往过程中，必须重构话语的双重结构关系。因此哈贝马斯认为，在认可话语作为传递内容的媒介时，将奥斯汀与塞尔的言语行为理论引入非常必要。也就是说，两者只有结合起来，普遍语用学的话语交往才有可能建立。

作为主体性语言理论，乔姆斯基的语言能力论需要进行言语行为理论转换。哈贝马斯的主体间性理论，即交往行动理论，其前提是认可其存在语言能力，通过提出交往能力概念，从而具备主体间性。也就是说，这是一种从合语法性向可理解性的转换。交往能力概念的提出，需要在关系网络中考察言语者的诸种能力。总而言之，作为交往行动参与者与言说者，只有具备此种交往能力，才能作为对话一方参与交往，才可能被交往中的他者认可。构造一个合乎语法的句子，说出一个语言社区中可以理解的句子，这是具备语言能力主体所必须具备的能力。如果从语用学的角度来看，会构造能理解的句子，仅仅是最基础的语言能力。哈贝马斯认为，构造一个句子与运用这个句子

〔1〕［德］哈贝马斯：《交往与社会进化》，张博树译，重庆出版社1989年版，第44页。

去交往，不是同一回事。因此，对于话语交往或者对话，只能在语用学视野中进行分析。所以，哈贝马斯认为，通过"交往能力"这个术语，以相互理解为指向的言说者，把完美构成的句子运用于现实之中，并使二者产生吻合。

哈贝马斯认为，"理想言说者"这一概念，似乎包含在语法规则的有效性诉求中的规范概念，以及与规则能力相补充的概念之中。语法规则确实不包括理想假设，理想假设只能大体上在经验范围条件下可以实现。"理想"规则能力可以在非关键意义中宣称这样的假设，通过衡量主体自身而得到理想化实施。但是对于语言来说，不是语言的理想化，而是语言学家的理想化。规范概念已经包含规范的可能偏离程度。规则的规范有效性表明，原则上的可能性常在于违反规则之过程中。无论如何，在重构语言规则系统过程中，不需要考虑所有实证条件，因为语法规则可以诸多方式得以实现。

二、语言规则

语言能力的天赋论，虽然具有理想化的一面，不过此种理想化并不神秘。哈贝马斯认为，我们有理由将其与实证假设区分开来，并给予其存在论意味。乔姆斯基认为，语言作为一种规则系统，就如皮亚杰的认知工具论所说的那样，通过生物条件成熟进程与具体阶段的刺激输入，从生成基础发展出来。儿童并不需要经历学习过程，只是通过有限的语言数据学习，便可重构其母语语法。然而，儿童通过天赋先验的对自然语言的抽象结构知识的指导，便能在其坏境中的初步语言数据中得出语法，并通过证实他的一系列假说，加以建构方案。乔姆斯基使用此种天赋语言能力，进一步假设所有规范的社会化言语社区成果。如果儿童已经学会说话，就完全掌握了抽象语言规则系统。换句话说，语言能力不能区分性地加以分配。仅仅出于这一原因，乔姆斯基就应用天赋语言能力与外部限制性经验条件的方式，解释可观察的语言表现。实际上，言语行为的实施，既分布在个人层面范围，也分布在团体层面范围，并给予完全非同质言语社区以证据。如果语言能力是统一分布的，那么真实性的不同分布必定能追寻到限制性条件。这些限制性条件必须能够论述，本身完美的底层知识为何有了不完美表现。这样，我们把语言能力看作是由所谓的语言消极知识所表征，通过心理变量解释积极语言知识，例如，记忆、注意力、动机习惯等。这些变量表明，如果经验言说者使用相应不变的语言特性，这就是理想言说所具备的特征。语言能力与语言表现之间的关系，是由语言天赋论这一假说得以理想化，而不是语言得以理想化。

由于上述原因，社会语言学反对乔姆斯基的立场，因为这一立场指向的不是理想言说者概念，而是一个错误假设，即积极语言用法只能以语言能力与经验参数为基础得到解释。社会语言学的发现支持了这一观点，然而语言能力运用也由规则系统制约。来自消极使用的语言特征所具备的选择策略本身，显然依赖于规则或编码，这些规则尽管它们不是语法系统，也是语言规则系统，也是语用学系统，这些语码决定了句子或非言语表达的语境下如何正确使用。这些语码根本不是不变的，而是依照社会文化特征而分布。但是，语码概念分析，依赖于次要意义中的理想化。如同语法分析一样，每个个人语码具备相应的规则能力，尽管后者总是要建立在语言能力之上。

与乔姆斯基的语言能力相对照，哈贝马斯提出的普遍性原则坚持认为，人际联系之间需要一种交往能力，并且需要以语言能力为基础。

依照哈贝马斯的看法，在言语行为的双重结构中，"以言行事"是目的,其成分居于主导地位,"以言表意"是手段,其成分处于从属地位[1]。若想实现"以言行事"目的,必须满足言语行为自身所固有的规范有效性诉求。只有这样,言说主体间才能达成相互理解,成功实现交往。不过,并非所有主体都能满足上述条件,只有具备相应能力的言说主体,才可能符合言语行为的规范有效性诉求,实现以言行事的目的,并达成相互理解,成功获得交往。依此进路,哈贝马斯的普遍语用学理论考察了行动主体的"交往能力"。乔姆斯基则率先区分了"语言能力(competence)"与"语言运用(performance)"。他认为,"语言能力"是指理想化的说话人或听话人具备的关于自己语言的知识,而"语言运用"是指在具体语境中对语言的实际使用。"必须把说某种语言的人对此种语言的内在知识(不妨称为语言能力 competence)与他具体使用语言的行为(不妨称为语言运用 performance)区别开来。"他认为,说话人对自己随便说出的任何句子都能理解,并在一定场合总能说出合适的句子来,就在于人类具备天赋的普遍语法结构,即人类通过语言习得机制创造性地构造出日常交往所需要的语句。此种语言的创造性,就是人类能够合乎语法规则构造语句的语言能力,即某种天赋的"语言能力"。发生认识论创始人皮亚杰,则不同意诸如乔姆斯基所坚持的先验主义或天赋论。皮亚杰认为,认识既不来自客体,也不来自具备自我意识的主体,认识是主客体之间相互作用的产物。主体与客体之间的相互作用,是依赖"动作"这一中介来实现的,主客体关系不是行为主义者华生所提出的"S—R"式的单向"刺激—反应"理论,而是一种"S==R"的双向"交往互动"关系。所以,人类的认识应该来源于作为主体的人

---

[1] 刘志丹:"交往如何可能:哈贝马斯普遍语用学新探",载《中南大学学报(社会科学版)》2012年第1期,第34~39页。

与客观事态世界与作为客体的人自身的相互作用,这是一个逐渐学习的过程,而不是先天具备的或是后天一蹴而就的。

哈贝马斯将乔姆斯基的语言能力理论,与皮亚杰的发生认识论一起揉入言语行为理论之中。哈贝马斯接受了乔姆斯基的语言能力天赋论,即"语言学是从每一成年言说者都拥有某种内在的重构性知识这一假设开始的;言语行为理论则以相应的交往能力为假想前提"[1]。同时,哈贝马斯也认为,该语言能力可以呈现学习过程及结果,并在皮亚杰的结构主义层面得到诠释。也就是说,他汲取了皮亚杰的发生认识论,尤其是关于认识来源于后天学习过程这一观点。

依照哈贝马斯的看法,交往能力蕴含、展现出的是一种交往理性[2]。它是主体间的开放与诚信,彼此达成的是主体间的"共识"(consensus)。该共识以开放与多元为前提,"自我"意义的核心不是孤立个人,而是"我者"与"他者"的关系,即"主体间性"成为哲学的首要问题。由此可见,普遍语用学理论不仅仅满足于与乔姆斯基的重构方案划清界限,而是将整个转换生成语法理论置于普遍语用学理论的有效性诉求之下。也就是说,所谓的三种类型的语句——陈述性语句、意图性动词与施行性短语,都既符合言语行为论的一般准则,也可以进入乔姆斯基的句子结构层面,但最终要满足交往的一般性前提。乔姆斯基分析了构成无限多的语法性句子的能力,但是这仅是语言能力中的一个局部,被嵌入交往情境之中,即用该种能力交往时,才是可理解的。

---

〔1〕 Habermas, *Communication and the Evolution of Society*, Polity Press, 1984, p. 26.

〔2〕 韩红:"交往行为理论视野中的普遍语用学——'哈贝马斯语言哲学思想探幽'之一",载《外语学刊》2006年第1期,第6~11页。

语言学不研究交往能力，即使用母语的人通过理解与言谈参与日常交往的能力，此种能力仅仅指较狭隘意义上的语言能力。乔姆斯基的目的，是为了表征一个掌握了自然语言规则抽象系统的理想言谈者的能力，提出了此种说法。语言意义上的语言系统的概念，不考虑语言转变成言语的实用方面的问题。哲学解释学所关心的，正是一个言谈者在这方面创造的经验。进一步说，语言学旨在重构规则系统，此种系统允许自然语言的一切符合语法与有语义学意义的因素之生成，而哲学解释学则思考有交往能力的言谈者的基本经验，他们的语言能力不言而喻是先决条件。[1]

---

〔1〕［德］尤尔根·哈贝马斯：《哈贝马斯精粹》，曹卫东选译，南京大学出版社2009年版，第123页。

参考文献

一、外文著作

1. Buhler, *Theory of Language: the representation fumction of langugage*, Trans, by Goodwin, Amsterdam: John Benjamins, 1990.

2. Chomsky, *Aspects of the Theory of Syntax*, Cambridge: MIT, 1965.

3. Cooke, *Language and Reason: a study of Habermas's pragmatics*, Cambridge: MIT, 1994.

4. Dummett, *The Seas of Language*, Oxford: Clarendon Press, 1993.

5. Habermas, *Knowledge and Human Interests*, Trans, by Jeremy Shapiro. Boston: Beacon Press, 1971.

6. Habermas, *On the Pragmatics of Communication*, Trans, by Maeve Cooke, Cambridge: MIT, 1998.

7. Habermas, *On the Pragmatics of Social Interaction*, Trans, by Barbara Fultner, Cambridge: MIT, 2001.

8. Habermas, *Vorstudien und Ergänzungen zur Theorie des Kommunikativen Handelns*, Frankfurt am Main: Suhrkamp, 1995.

9. Hallett, *Linguistic Philosophy: the central story*, State University of New York Press, 2008.

10. Heath, *A Companion to Pragmatism*, Edited by J. Shook, J. Margolis, Blackwell, 2006.

11. Heath, *Communicative Action and Rational Choice*, Cambridge：MIT, 2001.

12. Marsh, *Unjust Legality*：*A Critique of Habermas's Philosophy of Law*, Rowman & Littlefield Publishers, 2001.

13. McCarthy, *The Critical Theory of Habermas*, Cambridge：MIT, 1978.

14. Rosenfeld and Arato, *Habermas on Law and Democracy*：*Critical Exchanges*, University of California Press, 1998.

15. Searle, *Philosophy of Language*, Cambridge：Cambridge University Press, 1971.

16. Thompson, Held, *Habermas*, *Critical Debates*, Cambridge：MIT, 1982.

二、中文著作

17. ［英］维特根斯坦：《维特根斯坦剑桥讲演录》，周晓亮、江怡译，浙江大学出版社 2010 年版。

18. ［奥］维特根斯坦：《逻辑哲学论》，贺绍甲译，商务印书馆 1996 年版。

19. ［奥］维特根斯坦，《哲学研究》，李步楼译，商务印书馆 1996 年版。

20. ［奥］维特根斯坦：《哲学语法》，韩林合译，商务印书馆 2012 年版。

21. 曹卫东：《曹卫东讲哈贝马斯》，北京大学出版社 2005 年版。

22. 陈嘉映：《语言哲学》，北京大学出版社 2003 年版。

23. ［德］弗雷格：《弗雷格哲学论著选辑》，王路译，商务印书馆 2006 年版。

24. ［德］哈贝马斯：《对话伦理学与真理的问题》，沈清楷译，中国人民大学出版社 2005 年版。

25. ［德］尤尔根·哈贝马斯：《哈贝马斯精粹》，曹卫东选译，南京大学出版社 2009 年版。

26. ［德］于尔根·哈贝马斯：《后形而上学思想》，曹卫东、付德根译，译林出版社 2001 年版。

27. ［德］尤尔根·哈贝马斯：《后民族结构》，曹卫东译，上海人民出版社 2002 年版。

28. ［德］哈贝马斯：《交往与社会进化》，张博树译，重庆出版社 1989 年版。

29. ［德］哈贝马斯：《交往行动理论·第一卷——行动的合理性和社会合

理化》，洪佩郁、蔺青译，重庆出版社 1994 年版。

30. ［德］尤尔根·哈贝马斯：《理论与实践》，李黎、郭官义译，社会科学文献出版社 2010 年版。

31. ［德］于尔根·哈贝马斯：《现代性的哲学话语》，曹卫东等译，译林出版社 2008 年版。

32. ［德］哈贝马斯：《在事实与规范之间：关于法律和民主法治国的商谈理论》，童世骏译，生活·读书·新知三联书店 2003 年版。

33. ［德］胡塞尔著，［荷］舒曼编：《纯粹现象学通论：纯粹现象学和现象哲学的观念》（第 1 卷），李幼蒸译，商务印书馆 2002 年版。

34. ［德］德特勒夫·霍斯特：《哈贝马斯》，鲁路译，中国人民大学出版社 2010 年版。

35. ［德］伽达默尔：《真理与方法》（上、下），洪汉鼎译，上海译文出版社 1999 年版。

36. ［德］韦伯：《经济与社会》，林荣远译，商务印书馆 2004 年版。

37. ［法］保罗·利科：《哲学主要趋向》，李幼蒸、徐奕春译，商务印书馆 1988 年版。

38. 龚群：《道德乌托邦的重构——哈贝马斯交往伦理思想研究》，商务印书馆 2003 年版。

39. 韩红：《交往的合理化与现代性的重建——哈贝马斯交往行动理论的深层解读》，人民出版社 2005 年版。

40. ［美］唐纳德·戴维森：《真理、意义、行动与事件》，牟博等译，商务印书馆 1993 年版。

41. ［美］Paul Grice：《言辞用法研究》，顾曰国导读，外语教学与研究出版社、哈佛大学出版社 2002 年版。

42. ［美］A. P. 马蒂尼奇：《语言哲学》，牟博等译，商务印书馆 1998 年版。

43. ［美］托马斯·麦卡锡：《哈贝马斯的批判理论》，王江涛译，华东师范大学出版社 2010 年版。

44. ［美］乔治·赫伯特·米德：《心灵、自我和社会》，霍桂桓译，译林出版社 2012 年版。

45. ［美］齐硕姆：《知识论》，邹惟远、邹晓蕾译，生活·读书·新知三联书店 1988 年版。

46. ［美］诺姆·乔姆斯基：《句法理论的若干问题》，黄长著等译，中国社会科学出版社 1986 年版。

47. ［美］Noam Chomsky：《语言知识：其性质、来源及使用》，程工导读，外语教学与研究出版社、格林伍德出版集团 2002 年版。

48. ［美］John R. Searle：《表述和意义：言语行为研究》，张绍杰导读，外语教学与研究出版社、剑桥大学出版社 2001 年版。

49. ［美］John R. Searle：《言语行为：语言哲学论》，涂纪亮导读，外语教学与研究出版社、剑桥大学出版社 2001 年版。

50. 欧力同：《哈贝马斯的“批判理论”》，重庆出版社 1997 年版。

51. 阮新邦、林端 主编：《解读〈沟通行动论〉》，上海人民出版社 2003 年版。

52. ［瑞士］F. de Saussure：《普通语言学教程》，张绍杰导读，外语教学与研究出版社、杰拉尔德·达克沃斯出版社 2001 年版。

53. 盛晓明：《话语规则与知识基础——语用学维度》，学林出版社 2000 年版。

54. 童世骏：《批判与实践——论哈贝马斯的批判理论》，生活·读书·新知三联书店 2007 年版。

55. 涂纪亮：《英美语言哲学概论》，人民出版社 1988 年版。

56. 涂纪亮主编：《现代欧洲大陆语言哲学》，中国社会科学出版社 1994 年版。

57. 王健平：《语言哲学》，中共中央党校出版社 2003 年版。

58. 王晓升：《商谈道德与商议民主——哈贝马斯政治伦理思想研究》，社会科学文献出版社 2009 年版。

59. 王晓升：《哈贝马斯的现代性社会理论》，社会科学文献出版社 2006 年版。

60. 夏宏：《从批判走向建构——哈贝马斯法哲学研究》，湖北长江出版集团、湖北人民出版社 2007 年版。

61. 徐友渔等：《语言与哲学——当代英美与德法传统比较研究》，生活·读书·新知三联书店 1996 年版。

62. 杨玉成:《奥斯汀:语言现象学与哲学》,商务印书馆 2002 年版。

63. [英] 安德鲁·埃德加:《哈贝马斯:关键概念》,杨礼银、杨松峰译,江苏人民出版 2009 年版。

64. [英] 威廉姆·奥斯维特:《哈贝马斯》,沈亚生译,黑龙江人民出版社 1999 年版。

65. [英] 迈克尔·达米特:《分析哲学的起源》,王路译,上海译文出版社 2005 年版。

66. [英] 迈克尔·达米特:《形而上学的逻辑基础》,任晓明、李国山译,中国人民大学出版社 2004 年版。

67. [英] R. H. Robins:《语言学简史》,姚小平导读,外语教学与研究出版社 2001 年版。

68. 郑东升:《法庭调解语言的合法性研究》,中国政法大学出版社 2013 年版。

69. 郑东升:《中国法庭语用学研究》,中国政法大学出版社 2018 年版。

70. 郑永流主编:《商谈的再思:哈贝马斯〈在事实与规范之间〉导读》,法律出版社 2010 年版。

71. 中国社会科学院哲学研究所编:《哈贝马斯在华讲演集》,人民出版社 2002 年版。

三、中文论文

72. 艾四林:"哈贝马斯思想评析",载《清华大学学报(哲学社会科学版)》2001 年第 3 期。

73. 艾四林:"哈贝马斯交往理论评析",载《清华大学学报(哲学社会科学版)》1995 年第 3 期。

74. 曹卫东:"Communication(交往)",载《读书》1995 年第 2 期。

75. 曹卫东:"哈贝马斯在汉语世界的历史效果——以《公共领域的结构转型》为例",载《现代哲学》2005 年第 1 期。

76. 陈登:"哈贝马斯的普遍语用学",载《湖南大学学报(社会科学版)》2000 年第 4 期。

77. 陈嘉映:"索绪尔的几组基本概念",载《杭州师范学院学报(社会科学版）》2002 年第 2 期。

78. 陈启伟："布伦塔诺的意向性学说浅析"，载《中州学刊》2007 年第 5 期。

79. 冯文敬："从索绪尔的言语到哈贝马斯的语言交往：语言的在与是"，载《外语学刊》2012 年第 5 期。

80. 封宗信："格莱斯原则四十年"，载《外语教学》2008 年第 5 期。

81. 傅永军："哈贝马斯交往行为合理化理论述评"，载《山东大学学报（哲学社会科学版）》2003 年第 3 期。

82. 傅永军："交往行为的意义及其解释"，载《武汉大学学报（人文科学版）》2011 年第 2 期。

83. 郭本禹、崔光辉："意向性：从布伦塔诺到麦农"，载《华东师范大学学报（教育科学版）》2006 年第 4 期。

84. 郭贵春："哈贝马斯的规范语用学"，载《哲学研究》2001 年第 5 期。

85. 顾曰国："奥斯汀的言语行为理论：诠释与批判"，载《外语教学与研究》1989 年第 1 期。

86. 辜正坤："对索绪尔和乔姆斯基的批判与语言学新定律"，载《外语与外语教学》2004 年第 4 期。

87. 韩红："交往行为理论视野中的普遍语用学——'哈贝马斯语言哲学思想探幽'之一"，载《外语学刊》2006 年第 1 期。

88. 韩震、郑云勇："试论布伦塔诺的意向性理论"，载《学习与探索》2006 年第 2 期。

89. 黄华新："塔斯基与弗雷格的求真方法之比较"，载《浙江大学学报（人文社会科学版）》2001 年第 2 期。

90. 黄国文："Chomsky 的'能力'与 Hymes 的'交际能力'"，载《外语教学与研究》1991 年第 2 期。

91. 江怡："达米特论意义和真"，载《世界哲学》2005 年第 6 期。

92. 李佃来："语言哲学的转向和普遍语用学——试析哈贝马斯的语言哲学"，载《武汉大学学报（人文科学版）》2003 年第 4 期。

93. 李洪儒："索绪尔语言学的语言本体论预设——语言主观意义论题的提出"，载《外语学刊》2010 年第 6 期。

94. 李勤："比勒语言理论评析"，载《外国语（上海外国语大学学报）》1998 年第 6 期。

95. 李晓进："意向性分析：从胡塞尔到塞尔"，载《现代哲学》2010 年第 5 期。

96. 李忠伟："意向性的多重性与本源性问题"，载《世界哲学》2015 年第 3 期。

97. 梁彪："三种意义理论的特点与困难"，载《现代哲学》2005 年第 2 期。

98. 林丹青、曾雪媚："哈贝马斯的普遍语用学"，载《学海》2002 年第 6 期。

99. 刘晗："哈贝马斯基于交往的话语理论及其规范问题"，载《上海交通大学学报（哲学社会科学版）》2010 年第 5 期。

100. 刘志丹："哈贝马斯语言哲学思想研究"，吉林大学 2012 年博士学位论文。

101. 刘志丹："交往如何可能：哈贝马斯普遍语用学新探"，载《中南大学学报（社会科学版）》2012 年第 1 期。

102. 麻海燕、程党根："'美国哲学史上的康德'：20 世纪西方认识论和形而上学家齐硕姆传略"，《理论界》2018 年第 3 期。

103. 倪梁康："现象学背景中的意向性问题"，载《学术月刊》2006 年第 6 期。

104. 欧力同："交往理论的演变：从近代到当代"，载《上海社会科学院学术季刊》1995 年第 4 期。

105. 任暟："哈贝马斯交往行动理论及其哲学基础"，载《马克思主义研究》1999 年第 4 期。

106. 尚杰："胡塞尔的意图性概念"，载《云南大学学报（社会科学版）》2006 年第 5 期。

107. 谭代龙："语言是一种音义结合的符号系统——论索绪尔语言学核心思想"，载《外国语文》2009 年第 3 期。

108. 孙周兴："我们如何得体地描述生活世界——早期海德格尔与意向性问题"，载《学术月刊》2006 年第 6 期。

109. 涂纪亮：“意向性理论的几个问题”，载《中国社会科学》1991 年第 4 期。

110. 王路：“弗雷格的语言哲学”，载《哲学研究》1994 年第 6 期。

111. 王路：“涵义与意谓——理解弗雷格”，载《哲学研究》2004 年第 7 期。

112. 王振林：“生产、语言与交往——马克思与哈贝马斯”，载《社会科学战线》1999 年第 4 期。

113. 吴增定：“胡塞尔现象学中的‘本原’问题探究”，载《世界哲学》2017 年第 3 期。

114. 谢立中：“哈贝马斯的‘沟通有效性理论’：前提或限制”，载《北京大学学报（哲学社会科学版）》2014 年第 5 期。

115. 徐盛桓：“语用和规范——哈贝马斯的‘规范语用学’论析”，载《解放军外国语学院学报》2002 年第 3 期。

116. 徐友渔：“二十世纪哲学中的语言转向”，载《读书》1996 年第 12 期。

117. 姚大志：“哈贝马斯：交往活动理论及其问题”，载《吉林大学社会科学学报》2000 年第 6 期。

118. 殷杰、郭贵春：“理性重建的新模式——哈贝马斯规范语用学的实质（上）”，载《科学技术与辩证法》2001 年第 3 期。

119. 殷杰、郭贵春：“理性重建的新模式——哈贝马斯规范语用学的实质（下）”，载《科学技术与辩证法》2001 年第 4 期。

120. 殷杰、郭贵春：“论哈贝马斯‘语用学转向’的实质”，载《自然辩证法研究》2002 年第 3 期。

121. 于林龙：“回归生活世界交往范式的意义理论——哈贝马斯形式语用学意义理论研究”，吉林大学 2010 年博士学位论文。

122. 张庆熊：“胡塞尔的意向性学说”，载《复旦学报（社会科学版）》1995 年第 5 期。

123. 张汝伦：“哈贝马斯交往行动理论批判”，载《江苏行政学院学报》2008 年第 6 期。

124. 张廷国：“胡塞尔的‘生活世界’理论及其意义”，载《华中科技大学学报（人文社会科学版）》2002 年第 5 期。

125. 张燕京："从逻辑哲学看弗雷格的'真'理论"，载《自然辩证法研究》2003 年第 6 期。

126. 张燕京："弗雷格与达米特意义理论的特征差异及其根源——从逻辑哲学的观点看"，载《自然辩证法研究》2004 年第 2 期。

127. 郑召利："哈贝马斯和马克思交往范畴的意义域及其相互关联"，载《教学与研究》2000 年第 8 期。

129. 邹兴明："哈贝马斯'交往行动'概念述评"，载《重庆社会科学》2003 年第 3 期。